本书主题的前期研究获得国家社科基金项目"府际竞争背景下的区域环境法治研究"(09CFX039)资助。本书的出版纳入湖南省一流建设学科法学(湖南师范大学)建设项目出版计划,并获得"湖南师范大学哲学社会科学青年学术骨干培养计划"以及湖南师范大学生态文明研究院开放性项目培育。

| 光明社科文库 |

行政边界区域环境法治研究

肖　爱◎著

光明日报出版社

图书在版编目（CIP）数据

行政边界区域环境法治研究 ／ 肖爱著．－－北京：
光明日报出版社，2019.12

（光明社科文库）

ISBN 978－7－5194－5060－1

Ⅰ.①行… Ⅱ.①肖… Ⅲ.①区域环境—环境综合整
治—环境保护法—研究—中国 Ⅳ.①D922.682.4

中国版本图书馆 CIP 数据核字（2019）第 298470 号

行政边界区域环境法治研究
XINGZHENG BIANJIE QUYU HUANJING FAZHI YANJIU

著　　者：肖　爱

责任编辑：陆希宇　　　　　　　　责任校对：董小花
封面设计：中联学林　　　　　　　责任印制：曹　净

出版发行：光明日报出版社
地　　址：北京市西城区永安路 106 号，100050
电　　话：010-63139890（咨询），63131930（邮购）
传　　真：010－63131930
网　　址：http：//book.gmw.cn
E － mail：luxiyu@ gmw.cn
法律顾问：北京德恒律师事务所龚柳方律师

印　　刷：三河市华东印刷有限公司
装　　订：三河市华东印刷有限公司
本书如有破损、缺页、装订错误，请与本社联系调换，电话：010－63131930

开　　本：170mm×240mm
字　　数：223 千字　　　　　　　　印　　张：18
版　　次：2020 年 4 月第 1 版　　　　印　　次：2020 年 4 月第 1 次印刷
书　　号：ISBN 978－7－5194－5060－1

定　　价：98.00 元

探索环境法的"跨界"之理
（代序）

  2005 年，在重庆、贵州、湖南交界区域发生的"锰三角"污染事件备受国内外关注。时任中共中央总书记胡锦涛先后四次做出重要批示，原国家环保总局成立了以环监局局长为组长的调查组奔赴当地，协调三省市环保部门和地方政府共同制定了《湖南、贵州、重庆三省（市）交界地区锰污染整治方案》。2014 年，"锰三角"被纳入国家《重金属污染综合防治"十二五"规划》重点区域，由国家牵头进行专项整治，基本改变了过去涉锰企业无序发展的局面，治理也取得了相当突出的成效。但是，直到 2017 年，中央环保督察组指出"锰三角"区域还存在综合防控协调机制尚未真正建立、地方政府对"小散乱污"企业的整治力度不足、锰渣场等历史遗留污染的治理缺乏有效措施、电解锰行业污染源还不能做到稳定达标排放等问题。事实表明，"锰三角"的环境治理任务依然繁重，环境法如何应对"跨界"污染问题，也是需要理论走深、走实的"真问题"。

  肖爱随我攻读博士学位。2010 年他准备博士论文选题时，正值"锰三角"污染事件爆发后的处理阶段，环保部环境监察局正积极推动湖南、贵州、重庆三省（市）交界地区的三县建立区域环境联合治理合作机制。他在吉首大学工作，一直关注"锰三角"问题，希望能够以"锰三角"污染事件为研究对象，寻找行政边界区域生态环境事件的法律解决方案。由于这个主题过去很少有人研究，肖爱自己虽然有兴趣，但也仅仅停留于实践观察层面，离从实践中抽象出博士论文命题并加以理性论证还有很大的距离。还记得从他选择以"锰三角"事件为切入点研究行政边界区域环境法规制问题，到形成开题报告时，我曾几次否定他的写作思路。在他完成30000余字的文献综述，形成了基本逻辑自洽的写作思路后，才同意他正式开题。这个过程，虽然他做得很痛苦，但我能够从他一次又一次的不懈努力中，感受到他对问题认识的深化、对博士论文写作方式的逐渐把握。我一直认为，博士论文写作应该是对学生最严格的一次学术训练，不能有丝毫的放松；否则，只能培养出戴着博士帽的学术无能者。

2012年，肖爱以优秀通过了博士论文答辩，这是对他艰苦努力的最好回报，也是对我最大的肯定。答辩结束后，我希望他能够就答辩过程中老师们提出的问题继续进行研究，进一步完善论文并争取出版。与许多学生答辩结束后立即出版论文不同，直到2018年年底，肖爱告诉我他的博士论文入选了"光明社科文库"，即将正式出版。这些年里，他并没有放弃行政边界区域环境法规制问题的研究，围绕这个选题申报了国家社科基金项目，也取得了相应的成果。我相信他的持续研究一定会有助于博士论文的修改完善。能够入选文库本身，是对论文质量的最好说明。

研究行政边界区域的环境法规制问题，源于生态环境的整体性或者系统性与国家治理的行政区域性之间的天然张力。行政边界区域环境治理具有明显的主体多元性、利益多层性、诉求多样性特征，剪不断、理还乱。尽管法律上规定了各行政区的"属地责任"，但在本行政区的边界地带十分容易被有意无意地忽视。由于行政区边界地带的自然环境条件复杂，客观上存在一些"三不管""四不管"的区域，在这些地方因监管不够而更容易聚集各种污染性产业，导致行政边界区域的环境问题更为严重。类似"锰三角"的情况在实践中大量存在，并且很容易转化成群体性、社会性事件。长期以来，环境法对解决这类行政边界区域环境问题规定了"协商"和"协调"方式，但对为什么要进行"协商"和"协调"以及如何进行"协商"或者"协调"，在制度上缺少明确的可操作的安排，在理论上缺乏深入的具有说服力的论证。

肖爱运用新区域主义展开理论思考，结合行政边界区域环境治理典型案例的分析，提出了权益的区域动态均衡理论，以期通过培养多元主体之间信任、开放的平等沟通与协作共识，凝练行政边界区域环境法治价值目标；以实现权益的区域动态均衡为目的，厘清行政边界区域利益关系，重构行政边界区域环境法治的公共权力体系，引导区域环境法治主体间平等沟通与协调，建立健全立法协作、执法联动以及诉讼与非诉讼纠纷解决等协作机制，从而实现行政边界区域环境治理的"协同法治"，最终达至"和谐法治""良法善治"状态。他认为，行政边界区域环境法治问题源于过度依赖行政权力的传统环境法治逻辑。要构建新型的"协同法治"，必须相对弱化环境行政权力，强化各级人大对地方生态环境治理事务的决定权以及相关立法权，加强不同行政区人大沟通协调决策；同时，应优化跨行政区环境司法，将司法作为解决行政边界区域各类纠纷的最终手段，并确保其化解矛盾的最高权威性。由此，"协同法治"的初步框架为"目标判断—主体识别—利益结构与权力结构分析—立法协作—执法协作—非诉讼解纷—司法最终裁判"。值得注意的是，行政边界区域环境法治属于国家法治下的特殊的地方法治类

3

型，多元协作是行政边界区域环境法治的根本。行政边界区域环境"协同法治"只是法治的辅助性样态，在国家和社会治理结构中，建立在行政区划和"属地责任"基础上的法治才是主流和中坚。

肖爱的研究成果瑕瑜互见。近年来，环境法不断加强区域协调机制、区域联动机制的建设，然而，类似"锰三角"问题并未得到根本解决，表明寻找行政边界区域环境治理的法律方案依然具有现实与理论意义。但是，这部著作仅仅提出了理论分析框架，对行政边界区域环境法治主体间利益关系、权力关系等一些重要问题的分析尚未达到系统和精细化的程度，对中央与地方的关系、法律协作机制的建构等也还需要全面展开。希望这些有待深入的问题，能够成为肖爱继续努力的方向。期待他秉持初心，以"霸得蛮"的执着，为提出完善的行政边界区域环境治理的法律方案不懈努力！

吕忠梅

2019 年 2 月 16 日于北京

目　录
CONTENTS

导　论

一、研究的缘起

十多年来，"长三角"各省边界区域环境污染（如"沉船断江拦污事件"①）、湘渝黔边界区域的"锰三角"污染（以水污染和土壤污染为主）②、晋陕蒙边界区域"黑三角"污染（以大气污染、水污染和土

---

① "长三角"区域苏浙边界、苏浙皖边界、苏沪浙边界长期以来环境纠纷不断，其中最引人注目的是江浙边界水污染导致的"沉船断江拦污事件"：浙江嘉兴自1993年以来遭受来自上游江苏盛泽的水污染侵害，渔业资源、农业生产深受其害，这一区域民众的生存环境遭到极大破坏。嘉兴数千村民自筹资金100万元，于2001年11月21日深夜，动用8台推土机、数万只麻袋，自沉28条水泥船，截断河流拦截污水。该事件引起中央领导高度重视。参见：施祖麟，毕亮亮. 我国跨行政区河流域水污染治理管理机制的研究：以江浙边界水污染治理为例 [J]. 中国人口资源与环境，2007（3）；别涛. 关于重大跨界污染纠纷处理的法律思考和建议：江浙2001年重大跨省污染纠纷的处理及启示 [J]. 环境工作通讯，2003（5）.

② 湖南、贵州、重庆三省边界区域因为锰业污染（即"锰三角"污染），多年未解决，2004年、2005年居民自发集中发生上千人暴力砸厂、边界各村镇干部数十人联合签名辞职，要求解决污染问题。后经胡锦涛总书记先后4次做出重要批示，国务院反复督促，国家环保总局挂牌督办，由国家环保总局督查组与湘、渝、黔三省（市）环保部门及地方政府共同制定《湖南、贵州、重庆三省（市）交界地区锰污染整治方案》并严格落实，先后投资两亿来元，才于2007年全部补办了环评手续，并实现了达标排放。参见阳敏. 剧毒水污染的"民间解决" [J]. 南风窗，2005（上）：46－51；武卫政."锰三角"的变迁 [N]. 人民日报，2007－02－16；刘晓星. 清水江畔旧貌换新颜："锰三角"区域环境综合整治纪实 [N]. 中国环境报，2009－04－23.

壤污染为主)①、蒙宁边界区域的"黑三角"污染②、皖苏浙边界"太
极洞"环境资源破坏与污染③以及2010年紫金矿业跨省污染等典型的
省际行政边界区域环境问题层出不穷,这类区域性环境问题常常持续不
断、久治不愈或时有反复,并且经常引发群体性事件,对资源环境、社
会和谐、经济发展产生了很大的破坏,而"我国省级行政区陆路边界

---

① 晋陕蒙边界区域的保德县、河曲县、府谷县和准格尔旗矿产资源丰富,分布着众多
的焦炭、水泥、电石和电力企业,区域大气污染和水环境污染乃至土壤污染十分严
重,被媒体和当地人称为污染"黑三角"。《焦点访谈》等众多新闻媒体都针对该
区域环境污染问题进行了数度曝光,引起了广泛关注。原国家环保总局与有关部门
联合下发了《关于晋陕蒙宁有关地区电石铁合金焦炭等行业清理整顿的要求》等文
件,要求大力整治。2003年11月在国家环保总局主持下,晋陕蒙三省(区)环保
局、保德县、河曲县、府谷县、准格尔旗政府达成了《关于解决山西、内蒙古、陕
西交界区域环境污染问题的协调意见》,承诺依法取缔或关停该区域内"十五小"
"新五小"污染企业。但是各地仅仅对国家环保总局点名的部分污染企业进行了查
处。国家环保总局将其定为2005年全国挂牌督办的九件大案的第一案,到2009年
才部分、阶段性地取得些成效。参见:陈忠华,储国强,万栋. 晋陕蒙"黑三角"
污染调查 [J]. 西部大开发,2005 (12);张美科. 摘掉"黑帽子"走出"黑三角"
[J]. 环境保护,2009 (14);王玲. 用科学发展观治理西部"黑三角":访国家环
保总局环境监察局局长陆新元 [J]. 西部论丛,2004 (6)。
② 宁夏和内蒙古交界的荒漠地带,分布着八个以电石、铁合金等重污染中小企业为主
的工业园区,被当地人称作"污染黑三角"。企业与政府、甚至当地政府与上级政
府长期玩"猫捉老鼠"的游戏逃避治理。参见:邱奉春. 换个方式检查监督又何
妨:有感于"'污染黑三角'玩起猫捉老鼠游戏"[J]. 科学决策,2006 (7).
③ 太极洞是华东地区最大喀斯特溶洞,国家首批AAAA级旅游区。位于安徽广德新杭
镇、江苏宜兴太华镇、浙江长兴白岘乡交界处,太极洞景区管辖权属于安徽广德
县。各省的污染企业外推而落户该边界区域,采石采矿企业、化工企业等对太极洞
产生的破坏和污染非常大。国家环境保护部、国家建设部、国家林业局先后进行考
察,根据国家环境保护部的要求,三省省级环保部门建立了协商制度、三县级市之
间也建立了协商制度。但是建立长效机制的工作仍然"非常艰巨"。参见王立武.
皖名胜太极洞,惨遭"毁容"和"下毒" [EB/OL]. 新华每日电讯,2008-04-
15;跨省环保治理探索:太极洞试验半垂直管理模式 [N].21世纪经济报道,
2008-06-05;张敬波. 三省联手治污"净化"太极洞 [N]. 安徽日报,2008-
06-26;环保部召开太极洞风景名胜区环境污染和生态破坏问题协调处理工作座谈
会(2009-08-10)[2011-12-20].

线共 66 条，总长 5.2 万公里，分布了 849 个县级行政区"①，行政边界区域众多，其中跨三省以上的省际边界区域有 30 多个，横跨两省边界的区域数目更是可观，省内跨县市的行政边界区域更是成千上万。随着我国环境法治的日益发展，行政辖区环境问题不断往行政边界区域"外推""聚集"，行政边界区域尤其是省际边界区域环境问题日益凸显和尖锐，如果不解决好这类行政边界区域环境问题，我国环境保护"局部好转，总体恶化"的态势就难以根本扭转②。

行政边界区域环境问题就是指这种集中发生在行政边界两侧一定范围自然地理区域中的环境问题。究其实质，行政边界区域环境问题根源于刚性的行政区划对具有整体性的区域环境的人为分割，具体而言，导致行政边界区域环境问题的主要原因在于以下几方面。

（一）不良府际竞争的广泛存在

施蒂格勒指出，竞争具有至少与人类一样长久的历史，"竞争系个人（或集团或国家）间的角逐；凡两方或多方力图取得并非各方均能获得的某些东西时，就会有竞争"③。府际竞争即"政府间竞争"（in-

---

① 朱传耿，王振波，孟召宜. 我国省际边界区域的研究进展及展望［J］. 经济地理，2007（2）.

② 国务院 2010 年初通过的《国家环境保护"十一五"规划中期评估报告》认为："我国环境保护工作取得积极成效，但环境污染总体尚未得到遏制，环境监管能力依然滞后，形势依然严峻。"国家环境保护部副部长潘岳也在中国环境新闻工作者协会二届六次理事会表示，中国环境状况"局部好转、总体恶化"的态势未变，环境形势依然严峻。章珂. 中国环境"局部好转、总体恶化"［EB/OL］.（2012 – 02）［2018 – 12 – 20］；环境保护部副部长张力军答记者问时也表示："中国的环境质量在局部已经出现好转，但从总体上看仍然在继续恶化之中，呼吁民众环保要从细节做起。"参见李建文. 中国环境质量局部好转但总体在恶化，要重细节，［EB/OL］.（2010 – 03 – 11）［2018 – 12 – 20］.

③ 乔治·斯蒂格勒. 完全竞争、历史的反思：斯蒂格勒论文精粹［M］. 北京：商务印书馆，1999：342.

tergovernmental competition），与之紧密相关的概念至少包括制度竞争（institutional competition）和体制竞争（system competition）。任何政府机构都会与上级机构围绕资源和控制权的分配进行持续竞争，同时，又与同级其他机构在横向层面上展开竞争。德国的中国问题专家何梦笔结合俄罗斯、中国等转型经济体的发展经验，给出了政府间竞争的具体构架和流程（参见图 1－1)①。

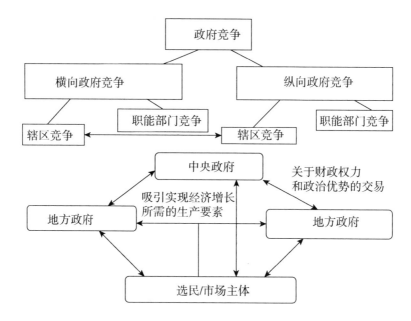

图 1－1　政府间竞争的结构和流程

　　可见，府际竞争是一个多维的网状竞争关系，随着我国市场经济的推进，尤其是 1994 年分税制改革后，各级政府甚至政府部门都具有相当的利益主体性质，彼此的竞争也逐渐全方位展开。府际竞争激发了地方政府发展经济的创造性和积极性，但是，因为刚性的行政区划与经济

　　①　周业安，冯兴元，赵坚毅. 地方政府竞争与市场秩序的重构 [J]. 中国社会科学，2004（1）.

区域、环境区域并不相重合，各行政区之间壁垒森严，甚至通过地方规范性法律文件曲解国家法律，将片面的地方利益甚至某些私己利益诉求常态化、"公益化"。如此，行政区划常常人为地分割了经济区域①和环境区域。立足于行政区划的一切以经济逻辑为轴心的发展模式，也必然导致行政边界区域低水平重复建设严重、产业结构趋同、资源无序开采和环境污染互相推责，如湘渝黔边界的"锰三角"区域景同一、人共俗，其生态功能和经济、社会功能历代共融一体。但是，在行政分割、差异政策下，面对发展经济的压力，相邻的湖南花垣县、重庆秀山县和贵州松桃县都长期以锰矿、铅锌矿的开采和初加工作为支柱产业，资源开发无序的、过度的竞争导致在土地审批、环境资源税费征收等领域的"让利竞赛"②，导致该区域生态环境恶化，最终酿成群体性事件和社会性事件。资源环境领域的这种典型的横向府际不良竞争表现在以下几点。

1. 各行政区无底线地降低企业的环境保护义务

各行政区尤其是经济落后地区为了吸引企业进入本行政区或"重点保护"为其 GDP 政绩贡献税收的污染企业，往往无底线地降低企业的环境保护义务、降低执行的环境标准。不少地方以"红头文件"的方式免除一切环境审查手续吸引企业进驻各种"开发区"，甚至"环

---

① 对此，法国克莱蒙一大国际经济发展研究中心研究员 Sandra PONCET 甚至认为："中国省际间的贸易障碍比一些国家（如美国或加拿大）内部各地区之间的贸易障碍要严重，中国各省更接近于欧盟国家之间或美国与加拿大之间的情况"，"省际边界仍像一个统一的国家的国界一样阻碍着与外界的贸易往来——中国国内市场一体化的程度是很低的""改革在推进国内市场一体化方面不成功，中国国内市场有被分割为众多子市场的趋势"，"中国国内市场有走向'非一体化'的危险。"参见 Sandra PONCET. 中国市场正在走向"非一体化"：中国国内和国际市场一体化程度的比较分析 [J]. 世界经济文汇，2002（1）.

② 任勇. 地方政府竞争：中国府际关系中的新趋势 [J]. 人文杂志，2005（3）.

评"和"三同时"验收成为企业污染的"保护伞"①；更多地方政府对高污染企业挂牌"重点保护"，发布文件规定每月超过 20 天的"企业安静生产日制度"②，严格限制环保等部门执法，法定的例行检查要向当地政府申报获得批准。这在行政边界区域更为普遍。

2. 各行政区事实上普遍实施双重环境标准

地方政府为了追求以 GDP 为核心的政绩，总是将经济发展作为几乎一切行动的全部逻辑，在区域环境问题上各行政区事实上普遍实施双重标准，使行政边界区域沦为资源供应地和污染集中地，即在行政区中心城市严格执行国家环境标准或实行更高的地方环境标准，树立"环境友好"的形象以吸引国内外投资，而对行政区边界区域则有意无意地降低环境保护标准或执行要求。这样，实际上使不利于环境保护的资

---

① 漳卫新河跨省污染 6 年不息 [N]. 人民日报，2006 - 09 - 18；热点解读：上游根治排污，下游方能安然 [N]. 人民日报，2006 - 09 - 26；赣皖环境状况：环评书成挡箭牌 排污费变人头费 [N]. 河北日报，2006 - 09 - 22.

② 如 2004、2005 两年，国家环保总局、监察部、国家发改委、国家工商总局、司法部、国家安监总局一直在清理违反环保法律法规的"土政策""土规定"，金华市委、市政府依然在 2006 年 4 月出台《关于进一步优化市区经济发展环境的若干意见》，严格限制环保等部门执法，明确要求各级政府部门不得随意到企业检查，法定的例行检查应制定方案，提前 7 个工作日报市优化办，对同一企业的例行检查，每年不得超过两次。参见：傅人友，袁勇志，芮国强. 行政改革与制度创新：地方政府改革的制度分析 [M]. 北京：三联书店，2004：202. 在 2006 年的甘肃徽县血铅超标事件中，徽县有色金属冶炼有限责任公司在 2003 年就上了县"首批重点保护企业"名单，"徽政发〔2003〕59 号"文件规定：未经政府特许，任何单位或团体，包括环保部门，没有特殊原因，不能到重点保护企业检查。"徽政发〔2006〕40 号"文件中再次强调："重点保护企业"实行每月 25 天"安静生产日制度"，除税务部门外，凡未经县委、县政府批准，任何单位和个人不得进入企业进行任何形式的检查、收费，确因工作职责需对企业检查的，先向政府申报，安排时间检查。然而，国家环保总局调查发现，该公司竟在政府支持下通过了 ISO14000 环境体系认证。同年，湖南岳阳县城饮用水源砷污染事件中，国家环保总局调查发现，湖南省临湘市委、市政府在 2005 年 4 月还公然下文对临湘市浩源化工公司、桃林铅锌矿化工厂两家非法企业进行"挂牌重点保护"。参见：陶克菲. 环保责任状：地方政府环境职责的法律回归 [J]. 环境教育，2006（10）.

源开发和加工企业、技术落后企业都往行政边界区域汇聚，结果导致县级以上行政边界区域普遍存在各行政区政府争相开发资源而消极治理环境污染和破坏的现象。环境保护和经济发展都居全国领先地位的江苏和浙江，其边界区域环境纠纷却历年不断，很大程度就在于执行双重环境标准。甚至出现两个行政区争抢项目的现象，如湘黔边界的湖南新晃县和贵州玉屏县政府都异常积极地争抢被贵州玉屏县民众合力抵制为污染项目的"上百亿林浆纸工程项目"①。我国随着西部大开发而凸显的"污染西进"现象一定程度上也是这种不良竞争的典型表现。

（二）地方政府缺乏区域环境保护的内生动力

在市场经济中，政府及其官员具有"理性经济人"的性质，面临发展经济、解决就业等压力，加上政府官员交流任职制度和长期实施的忽视可持续发展的绩效考评机制，政府尤其是地方政府缺少环境保护的内生动力，在行政边界区域更是如此。"事实上，跨界污染已成为一个反复发作的顽症了。"② 流域上游任意排污，下游一方面叫苦不迭，另一方面却又将污水不负责任地往更下游排放，这类现象十分正常。吕忠梅教授发现各地的做法惊人的一致：一是所有地方的水功能规划中水质标准均低于流域整体规划至少一级；二是所有的大型污水处理厂均集中布局在其行政边区的最下游；三是均述说遭受上游污染之害深重，很少谈本地污染情况，更不谈其对下游的污染。这必然带来流域管理的失控以及地方利益、部门利益的恶性竞争，最终形成流域的"公地悲剧"③。

---

① 陈安庆，周范才. 贵州百亿工程被指污染遭抵制 湖南争抢［EB/OL］.（2010 - 04 - 07）［2011 - 01 - 08］.
② 郎友兴. 走向共赢的格局中国环境治理与地方政府跨区域合作［J］. 中共宁波市委党校学报，2007（2）.
③ 吕忠梅. 水污染的流域控制立法研究［J］. 法商研究，2005（5）.

只有当社会环境保护意识和环境法治要求获得长足增长，形成普遍有力的环境保护舆论时，才能促成政府行政边界区域环境保护动力的生成。"锰三角"污染是在三省边界人们为阻止污染而联合砸厂，数十村委会主任联名辞职，媒体跟进宣传、呼吁的情况下，政府才采取实际行动进行区域环境保护的。"实证研究对省级环境规制行为的内生性进行了考察。辖区居民教育程度和收入水平的提高意味着环境规制压力的增强，这会促进地方政府在环境规制上的努力。工业化水平显示出了对省级环境规制强度的负向影响，这说明我国目前的工业化进程是以环境污染为代价的，地方政府有可能为了支持经济发展而选择缓和的环境规制政策。"①

（三）区域环境治理中相关利益主体缺位

无论是跨省、市、县行政区还是跨乡镇村行政区的区域环境问题的发生，其资源环境利益受到直接损害的都主要是该区域相邻的基层社区和村组，产生这些问题和纠纷的核心原因通常是各级政府基于 GDP 政绩追求，忽视基层群众资源环境利益诉求。2010 年暑假，笔者在湖南大湘西地区访谈调研中了解到，某县为了引进一家锰矿初加工企业，几处选址均遭到村民反对，县首要领导直接给某乡长电话，命令数周内必须确定选址，结果该企业迅速建成投产，连污水沉淀池都没建，没一个月下游紧邻的良田和小溪就被严重污染，村际纠纷发生，群众联名上访；同时企业给予被污土地每亩每年数百元补偿。这种行政高压和略施小惠的处理方式在解决区域环境纠纷中实际上得以广泛运用，为了短期经济发展和社会"稳定"等目标，区域内部门、单位有意无意达成了"共谋"，从社会效应看，"有效地协调了上下游的利益博弈，并在一定程度上遏制或避免了因经济纠纷引发的突发性事件"；然而，生态效应

_____

① 曾文慧. 越界水污染规制［D］. 上海：复旦大学，2005.

上，"不仅忽视了河流生态系统，而且由于它将污染事件信息控制在内部，其结果往往是加剧了河流的水污染"①，即以表象的经济争议的暂时解决掩盖了生态环境问题本身。得了小惠并感受到威压后，原子式的基层社会就不再"折腾"了，也不会轻易求诸司法途径，"古代中国人是以自己的利害为出发点，而不是以对诉讼本身的道德或价值评价为出发点去贱讼的"②。其实中国长期封建专制统治下的文化传统造就了"以自己的利害为出发点"的整体处世风格。政府、企业也常常有意无意地利用这一文化因素"共谋"处理区域环境纠纷，但是污染与民怨似乎并没有因暂时经济纠纷的平息而了断。"锰三角"各相邻村镇民众为了呼吸清洁空气、喝上干净的水，数年联合与企业和地方政府交涉，获得过一定补偿和就业机会等，但是，最后还是发展到数次联合砸厂（理性地选择砸规模相对小而违规明显的厂）、村干部们大规模联名辞职。可是事发后，呈现在国家和社会面前的只是"跨三省""跨三县"这样的概念，正是以跨省的名分而使得中央无比重视，然后进入问题解决的"快车道"，可是数年的"联合治污"行动中，活跃的是县级以上政府和有关部门以及企业，而直接受到污染侵害的乡镇村民则未能充分参与有关的监督和决策。类似情形也出现在2001年苏浙边界"沉船断江拦污事件"中，不过后一事件中位于下游浙江受污染侵害的群众最后将上游江苏盛泽的21家印染企业告上了法庭。

这些跨行政区的区域环境问题基本上是依赖行政权威，靠中央、上级政府"挂牌督办"、投入大笔治污资金解决，其实质是政府"代表民意"与污染企业（作为地方税收"贡献者"）讨价还价，而该区域中环

---

① 唐国建. 共谋效应：跨界流域水污染治理机制的实地研究：以"SJ边界环保联席会议"为例 [J]. 河海大学学报（哲学社会科学版），2010（2）.

② 范忠信. 中国法律传统的基本精神 [M]. 济南：山东人民出版社，2001：247.

境利益的社会主体缺乏充分的有组织的利益表达渠道，作为民意代表机关的地方各级人大以及作为最贴近基层民众的乡镇基层政府也罕有作为；直接受环境污染和破坏侵害的基层群众因为缺乏必要的组织形式和政策途径，而无法参与对企业行为的监督，难以与企业讨价还价，在这些方面，村委会和居委会等准政府性组织表现出几乎没有任何组织能力，与"锰三角"村干部自发联合辞职和村民自发联合选择性砸厂形成鲜明对比。同样，在几乎所有这一类偏远而敏感的跨界区域环境事件中，都未能找到其他民间组织与政府和企业对话、博弈的机制或平台。以这种方式处理跨界区域环境问题，一方面行政成本不菲，另一方面政府效率也难以保证。此外，这种处理方式使中央政府总是处于"消防员"境地，在环境污染和破坏与 GDP 比翼齐飞、行政边界区域环境问题风起云涌的现状中四处救火。

（四）缺乏解决区域环境问题的长效机制

当前环境保护工作的开展局限于行政区内，虽然环境资源法律规定对跨界环境保护由地方政府"协商解决"或上级政府"协调解决"[1]，但是如何启动协商解决程序、如何进行协商，以及如何启动和进行协调解决都缺乏基本制度[2]，所以行政边界区域各行政区政府对环境保护互

---

[1] 《中华人民共和国环境保护法》（1989）第 15 条规定："跨行政区的环境污染和环境破坏的防治工作，由有关地方人民政府协商解决，或者由上级人民政府协调解决，做出决定"。《水法》《水污染防治法》也做了类似规定。

[2] 2014 年修订，2015 年 1 月 1 日起开始实施的《环境保护法》第 20 条规定："国家建立跨行政区域的重点区域、流域环境污染和生态破坏联合防治协调机制，实行统一规划、统一标准、统一监测、统一的防治措施。前款规定以外的跨行政区域的环境污染和生态破坏的防治，由上级人民政府协调解决，或者由有关地方人民政府协商解决。"虽然与 1989 年《环境保护法》第 15 条的规定比较而言，突出了"跨行政区域的重点区域、流域环境污染和生态破坏联合防治协调机制"，但是，普遍意义上还是依赖"商调机制"。而无论是"联合防治协调机制"，还是"商调机制"，目前还还缺乏明确的系统规范。因此，本文的研究仍具有紧迫的现实意义。

相推诿，最后酿成群体性事件，震动中央，才由中央政府督办解决，甚至像淮河流域污染、江浙边界污染，中央政府虽数度督办了却又不断反复。

这种缺乏可操作性的"协商""协调"制度，致命的弱点在于过于依赖行政威权，而忽视该区域环境中直接相关的利益主体的积极作用。一方面没有将作为民意代表机关的人大作为处理跨界区域环境问题的重要力量；另一方面没有制度保证基层群众直接参加与企业的规范博弈、相互协商。跨界环境问题常常被混同于政治问题，可是区域环境问题却回避行使政治议决权力的地方人大，而事实上让行政部门以行政甚至"维稳"等政治方式去解决，不仅欠缺合理性，也有忽视人民代表大会制度之嫌；地方居民深受污染企业之害屡屡上访无果才采取"砸厂""沉船断江拦污"等万不得已的措施，然而，在问题的解决中却没有制度组织基层群众与企业博弈、对话，使最直接的利益相关者"离场"，从而埋下非合作博弈的伏笔。最后，作为任何法治国家定纷止争最终依靠的审判机关在处理跨界区域环境问题中，也面临案件管辖、取证、执行等一系列制度困境，相邻行政区罔顾法院判决和司法协助请求的现象严重①，使司法权威进而使法律权威、中央权威都打折扣。可见，当前对区域环境问题的解决方式，无论是法律规定的措施，还是实践操作方式，都是临时性的、应激性的，缺少解决区域环境问题的长效机制。

解决这类行政边界区域环境问题需要建立什么样的长效机制？产生这类环境问题的法律方面的原因是什么？从法律的视角看，哪些主体影响着这类环境问题的产生和解决？如何通过法治来调整行政边界区域各

---

① 仲夏，童童. 跨界污染遭遇执法"壁垒"[J]. 浙江人大，2002（6）.

类主体利益结构和权力结构？如何避免不良府际竞争而促成地方政府相互之间及其与区域内居民的积极协作解决这类环境问题？换言之，如何在国家法治的架构中实现行政边界区域环境法治以达致区域环境善治？这些都是"行政边界区域环境法治"所要研究的内容。

二、研究现状

"生态环境的整体性与保护的分散性之间的矛盾，国家环境资源法制的统一性与执法的地方保护主义之间的矛盾，是当前应该尽快研究解决的突出问题。"① 为探索解决这些问题的途径，从 2004 年开始，在中国法学会积极倡导下，依据国务院关于我国六大区域的发展规划，全国先后创办了六个区域法治论坛，即长三角法学论坛、泛珠三角合作与发展法治论坛、东北法治论坛、西部法治论坛、环渤海区域法治论坛和中部崛起法治论坛，开展了一系列具体的区域法治研究，环境法治成为各论坛研究的重要主题。2008 年，中国法学会发布了《关于进一步办好区域法治论坛的意见》（会字〔2008〕64 号），明确将"区域环境保护的法制建设"作为区域法治论坛重点研究的"重大法学理论和法治实践问题"。

区域环境法治必须面对府际竞争（或者说政府间竞争）问题，府际竞争直接影响环境治理，国内外都对此进行了广泛研究。B. G. Rabe 对行政区划导致的环境管理碎片化以及美国各州之间如何协调环境管理

---

① 夏勇. 论西部大开发的法治保障［J］. 法学研究，2001（2）.

做了系统研究①。Richard L. Revesz② 与 Joshua D. Sarnoff③、Peter
P. Swire④、Kirsten H. Engel⑤、Daniel C. Esty⑥ 就联邦和州际环境法治竞
争与协作展开过长期激烈的论战。Rena I. Steinzor⑦、John R. Nolon ⑧、
George William Sherk ⑨、Benjamin J. Richardson⑩ 等学者运用新联邦主
义、本地居民权利保护等有关理论，围绕土地、水等资源利用与保护的
州际竞争对区域环境法治展开研究。这些论争与分析总体上都认为应该

---

① B. G. Rabe, Fragmentation and Integration in State Environmental Management, Washing-
ton D. C. : Conservation Foundation, 1986.

② Richard L. Revesz, Rehabilitating Interstate Competition: Rethinking the "Race to the
Bottom" Rationale for Federal Environmental Regulation, 67 N. Y. U. L. REV. 1210,
1233 – 44 (1992); Richard L. Revesz, The Race to the Bottom and Federal Environmental
Regulation: A Response to Critics, 82 MINN. L. REV. 535 (1997); Richard L
Revesz. Federalism and Environmental Regulation: A Public Choice Analysis; 115
Harv. L. Rev. (December 2001)。

③ JOSHUA D. SARNOFF. A REPLY TO PROFESSOR REVESZ'S RESPONSE IN "THE
RACE TO THE BOTTOM AND FEDERAL ENVIRONMENTAL LEGISLATION". DUKE
ENVIRONMENTAL LAW & POLICY FORUM, Spring 1998; Joshua D. Sarnoff, The
Continuing Imperative (But Only from a National Perspective) for Federal Environmental
Protection, 7 DUKE ENVTL. L. & POL' Y F. 225 (1997).

④ Peter P. Swire, The Race to Laxity and the Race to Undesirability: Explaining Failures in
Competition Among Jurisdictions in Environmental Law, 14 YALE L. & POL'Y REV. &
YALE J. ON REG. (SYMPOSIUM ISSUE), 67, (1996)

⑤ Kirsten H. Engel, State Environmental Standard – Setting: Is There a "Race" and Is It "to
the Bottom"?, 48 HASTINGS L. J. 271 (1997);

⑥ Daniel C. Esty, Revitalizing Environmental Federalism, 95 MICH. L. REV. 570, 597 – 98
(1996)

⑦ Rena I. Steinzor, Unfunded Environmental Mandates and the New Federalism? Devolution,
Revolution, or Reform?, 81 W. L. R EV. 97, 1996.

⑧ John R. Nolon, GRASSROOTS REGIONALISM THROUGH INTERMUNICIPAL LAND
USE COMPACTS. 73 St. John's L. Rev. 1011 1999.

⑨ George William Sherk, Dividing The Waters: The Resolution of Interstate Water Conflicts
in the United States, 89 Kluwer Law International, 2000.

⑩ Benjamin J. Richardson, THE TIES THAT BIND: INDIGENOUS PEOPLES AND ENVI-
RONMENTAL GOVERNANCE. CLPE Research Paper 26/2008 Vol. 04 No. 05 (2008).

尊重本地（local）居民和政府环境治理的权益，应保障这些主体共同协商沟通进行决策。同时，联邦政府和州政府应该坚持自上而下（up-down）与自下而上（down－up）相协调、避免"底线竞争"（Race to the Bottom）的策略，建构区域环境法治机制。

目前国内对行政边区域环境法治的具体研究主要关注区域（流域）环境法治问题产生的原因、法律体系构建、区域（流域）环境法治中主体间关系、执法联动机制以及纠纷解决等方面。

（一）产生区域（流域）环境问题的法治方面的原因

我国当前的环境法治以行政区划为基础，以点源污染防治为重点，常常形成环境保护的空白领域；环境治理部门的错位、越位、缺位等现象也时常发生，一个重要原因就是没有形成跨行政区环境治理的较为统一的法律政策体系。但是，造成我国当前跨行政区环境污染的"根本原因不在行政区划本身，而是政府职能的转变尚未适应经济社会的发展需要"①。政府过分强调其经济职能而未将环境公共物品的提供作为其核心职能，这在环境立法中因受部门立法的影响而进一步得以加强。吕忠梅教授在论述水污染流域控制立法问题时指出，我国相关"立法不尊重水资源的自然统一性、功能统一性，缺乏对水资源管理和水污染防治的决策机制的理性认识"；权力干预、直接命令的管理制度过多，利用市场化机制的制度太少，流域层次的制度几乎没有，结果是"流域层次的污染不可避免"②。

我国尚缺乏科学的区域（流域）环境法治综合性立法。虽然我国

---

① 杨妍，孙涛. 跨区域环境治理与地方政府合作机制研究［J］. 中国行政管理，2009（1）.

② 吕忠梅. 水污染的流域控制立法研究［J］. 法商研究，2005（5）.

现行环境法中有部分涉及跨行政区环境管理方面的法律规范，但是欠缺系统性，并且目前尚没有相关的综合性法律。即使是 1995 年国务院发布的《淮河流域水污染防治暂行条例》①，不仅只是针对淮河流域，而且只是针对其水污染防治。2011 年国务院发布《太湖流域管理条例》，这是我国第一部流域综合性立法。作为当前最高级别的跨行政区水环境管理专门立法，层次显然过低，缺乏权威性。跨行政区环境法律规范实施方面也存在诸多问题：重经济发展，轻环境保护；重民事责任轻行政责任和刑事责任；对国有自然资源受到的污染或者损害，难以运用法律手段求偿；对环境行政管理法律监督乏力，对环境行政违法难以追究责任。② 在目前，环境保护地方立法现状存在重复性立法现象、立法形式不协调、法规内容存在冲突等诸项问题③，不仅在"长三角"区域如此，在其他跨行政区尤其是跨省边界区域也一样。

我国环境法没有规定现实可行的政府间环境协作机制。当前政府间环境协作是一种政府倡导的非制度性合作协调机制，许多共识是靠领导人做出的承诺来保证，缺乏法律效力和稳定性④。虽然《中华人民共和国环境保护法》第 15 条规定了政府"商调机制"："跨行政区的环境污染和环境破坏的防治工作，由有关地方人民政府协商解决，或者由上级人民政府协调解决，做出决定"。但是，没有明确具体的"商调"程序，也没有明确的责任体系和责任追究机制，国家缺乏系统、明确和具

---

① 2011 年 1 月 8 日《国务院关于废止和修改部分行政法规的决定》将第 40 条中的"治安管理处罚条例"改为"治安管理处罚法"。这是《淮河流域水污染防治暂行条例》实施以来的唯一一次修改。
② 马燕. 我国跨行政区环境管理立法研究［J］. 法学杂志，2005（5）.
③ 孟涛. 长三角地区环境保护立法协调问题研究［J］. 社会科学辑刊，2008（4）.
④ 杨妍，孙涛. 跨区域环境治理与地方政府合作机制研究［J］. 中国行政管理，2009（1）.

体的解决跨行政区环境纠纷的政策，从而导致了一些跨行政区水资源纠纷和水污染纠纷的激化，甚至发展到动用枪炮或用沉船的方法来解决①。根据我国目前法律规定，现行跨行政区水污染纠纷以当事人自行协商为主、行政处理为辅，没有充分发挥仲裁机构、人民法院和民主协商机构在处理跨行政区水环境资源纠纷的作用②。因此，面对纷繁复杂的跨行政区水污染事故，当事人的合法权益往往得不到有效和及时的救济。现有立法多是立足于管理的需要，较少考虑纠纷的救济问题。

（二）完善区域（流域）环境立法

学者们对区域环境法治的有关研究都比较注重区域环境立法的完善，首先解决好"有法可依"的问题，这也是我国法治研究的传统切入点。

1. 树立科学的区域（流域）环境立法理念

首先，要树立区域整体生态利益理念。基于此构造跨行政区环境管理方面的法律制度体系，以实现环境法在保护环境和秩序等方面的价值③。针对流域水资源利用、保护和水污染防治立法，吕忠梅教授认为："采取污染防治和资源保护统一模式要优于分立模式""长江流域水资源保护立法和实践在客观上要求制定专门的法律，统一规范长江流域水资源保护行为"④。蔡守秋教授亦建议制定综合性的《长江流域水资源保护法》。但是，曹明德教授针对学者们对大江大河流域分别立法的主张，论述了《黄河法》不宜立法的理由，并建议国家建立江河流

---

① 王灿发. 跨行政区水环境管理立法研究 [J]. 现代法学, 2005 (5).
② 蔡守秋. 论跨行政区的水环境资源纠纷 [J]. 江海学刊, 2002 (4).
③ 马燕. 我国跨行政区环境管理立法研究 [J]. 法学杂志, 2005 (5).
④ 吕忠梅. 长江流域水资源保护统一立法刻不容缓 [J]. 红旗文稿, 2000 (8); 吕忠梅. 水污染的流域控制立法研究 [J]. 法商研究, 2005 (5); 吕忠梅. 长江流域水资源保护立法研究 [M]. 武汉大学出版社, 2006.

域管理体制，颁布了《中华人民共和国江河流域法》①。其次，要树立环境利益和环境负担衡平理念。随着地方政府独立的经济利益主体地位不断强化，行政区之间利益冲突时有发生，甚至日益严重，损害国家和民众的整体利益，必须在立法设计和制度构建中，"不仅要注重通过限制与禁止性的法律规定来约束政府权力，预防和克服地方政府的不当行为，还应当通过正面、积极性的法律规定，倡导并推动地方政府进行区域间广泛意义上的合作，以合作化解区域冲突，以互利增进各自优势，进而形成既有利于充分调动各地区积极性，又有利于各地优势互补、相互促进、共同发展的利益格局"②。利益冲突是环境资源保护不力尤其是行政边界区域环境资源保护不力的症结所在，应该由全国人民代表大会修订通过真正的环境基本法，确立环境利益与环境负担平衡的原则，对单行环境法发挥统领作用③，并以此作为区域环境治理的基本原则，以充分调动区域内各类利益主体的主动性和积极性，并预防和化解纠纷。

2. 探索适当的区域（流域）环境立法模式

有学者分析了长三角环境保护法制一体化的三种实现途径：一是通过国家立法机关自上而下为长三角制定环境保护相关法律法规，彻底实现环境立法的统一；二是在长三角设置统一立法机构，通过联系区域内各地方立法机构，共同制定长三角环境法律规范；三是采用软性的地方法制协调途径④。我国区域经济一体化背景下出现的行政协议，是区域

① 曹明德.《黄河法》立法刍议 [J]. 法学评论，2005（1）.
② 杨寅. 行政区域利益冲突的法律规制 [J]. 法学评论，2006（3）.
③ 谷德近. 区域环境利益平衡：《环境保护法》修订面临的迫切问题 [J]. 法商研究，2005（4）.
④ 叶必丰. 长三角法学论坛：论长三角法制协调 [M]. 上海：上海社会科学院出版社，2005：233.

政府为克服行政区划障碍而进行合作的法律机制,应当以区域平等为法治基础,它的运用和发展,需要以行政协议法为制度平台①。何渊博士对我国近年来大量涌现的区域行政协议进行实证研究,探讨了区域行政协议的缔结、批准、效力、履行以及纠纷解决机制、行政协议的立法模式及行政协议法和行政程序法的对接,指出"区域经济一体化需要行政协议法""只有完善的行政协议法……才能实现政府对各主管部门、中央对地方、国家权力机关对行政机关的监控,才能保障公众的参与和明确政府与市场的界限"②。方世荣、王春业③指出目前我国各省、市各自为政的地方行政立法现状不适应跨省市的区城经济一体化这一客观要求。借鉴欧盟法在其成员国中直接适用和优先适用的成功经验,我国可构建一种能在一定经济区域内各行政区统一适用的区域行政立法模式和体系,这是介于国家行政立法与现行地方行政规章之间的行政立法合作模式,它对于协调目前地方行政立法冲突、适应和促进区城经济和谐发展是一种较为有利的选择。王春业博士的《区域行政立法模式研究——以区域经济一体化为背景》④ 是第一本系统探讨区域立法的专著,该专著分析了我国地方行政立法的流变过程,认为区域行政立法是其必然结果,分析了区域行政立法模式产生的必然性和必要性,并对区域行政立法的体制、程序、原则、监督机制等一系列具体问题进行了系统探索,有较高的理论和实践价值。宋芳青、朱志昊⑤分析了将美国

---

① 叶必丰. 我国区域经济一体化背景下的行政协议 [J]. 法学研究, 2006 (2).
② 何渊. 区域性行政协议研究 [M]. 北京:法律出版社, 2009:168 – 170.
③ 方世荣, 王春业. 经济一体化与地方行政立法变革:区域行政立法模式前瞻 [J]. 行政法学研究, 2008 (3).
④ 王春业. 区域行政立法模式研究:以区域经济一体化为背景 [M]. 北京:法律出版社, 2009.
⑤ 宋方青, 朱志昊. 论我国区域立法合作 [J]. 政治与法律, 2009 (11).

TVA 模式与州际契约模式这两种模式引入中国所存在的困难，提出将人大授权模式作为区域立法合作新的道路，既使现行体制不至于整体改动，又使区域立法合作具有制度性约束力。孟涛认为在我国《宪法》和《立法法》规定的框架下，只能选择法制协调的途径，梳理各地环境保护地方法规之间的矛盾和障碍，按照统一的标准和目标逐渐形成相对统一的法制环境。协调长三角地区环境保护地方立法的路径应为：建立长三角地区立法协调机制；整合长三角地区环境保护地方法规；推动地方环境保护执法合作与协调①。

3. 构建区域（流域）环境协作的法制体系

区域环境法治协作法制体系构建首先需要处理好中央和地方的环境立法权限。孙波②对我国中央与地方立法分权进行了系统深入的研究。封丽霞③指出我国目前主要把立法事项的"重要程度"作为中央与地方立法权限的划分标准，不仅容易造成中央立法在某些事项上的"虚置"与"空缺"，而且更容易造成地方在一些亟需以地方立法形式加以调整的事项上的"不作为""难作为"或"乱作为"。因此，应合理借鉴国外经验，引进"影响范围"的标准和方法。刘水林、雷兴虎④认为区域协调发展是关系中国现代化前途的两大问题之一，能否实现关键取决于有无完善的法律制度。我国区域协调发展的法律体系是由区域协调发展的基本法、落后地区（西部）开发法及特别政策措施法等不同的法律规范构成的体系。我国应该尽早颁布《地方政府跨区域合作法》，以规

---

① 孟涛. 长三角地区环境保护立法协调问题研究［J］. 社会科学辑刊，2008（4）.
② 孙波. 我国中央与地方立法分权研究［D］. 长春：吉林大学，2008.
③ 封丽霞. 中央与地方立法权限的划分标准："重要程度"还是"影响范围"［J］. 法制与社会发展，2008（5）.
④ 刘水林，雷兴虎. 区域协调发展立法的观念转换与制度创新［J］. 法商研究，2005（4）.

范地方政府合作。有学者认为，在我国《环境保护法》中对有关跨行政区环境治理做出明确规定，制定统一的环境标准和环境评估方法。以强制性的法律、法规和管制性的措施来进行跨行政区的环境治理①。有学者认为，完善地方政府环境合作的法制体系，首先要从组织法和行政法的角度制定有关政府合作的法律法规。通过法律明确划分地方政府职权，同时要对地方政府合作过程中的纠纷处理创新司法救济机制，保障司法公平。其次，应完善区域环境污染治理的法律体系，制定完整的具有可操作性的区域（流域）污染防治法②。

（三）探索建立区域（流域）环境法治主体间沟通、协调与合作机制

行政边界区域环境法治涉及国家利益和地方利益、公共利益及个体利益、环境利益和经济利益甚至政治利益等多元主体的不同性质的利益衡平以及环境风险的分配，如何协调这些主体间的利益关系，平衡其权利和义务、权力和责任，已成为学者们研究的重要内容。

区域环境法治首先涉及宪政角度如何处理中央与地方关系的法治问题。苏力教授③通过重读毛泽东《论十大关系》第五节，指出"两个积极性"作为一种非制度化的宪政策略的政制意义，当代中国有必要基于中国政制的成功经验和基本格局进一步强化中央与地方关系的制度

---

① 郎友兴. 走向共赢的格局：中国环境治理与地方政府跨区域合作 [J]. 中共宁波市委党校学报，2007（2）.
② 杨妍，孙涛. 跨区域环境治理与地方政府合作机制研究 [J]. 中国行政管理，2009（1）.
③ 苏力. 当代中国的中央与地方分权：重读毛泽东《论十大关系》第五节 [J]. 中国社会科学，2004（2）.

化。陈新民①、刘君毅②分别基于对我国中央与地方关系的变迁和对美国相关制度的分析，指出应该强化我国中央与地方关系的法制化。任广浩③指出中央与地方政府间事权划分应该明确、具体，必须强化国家权力纵向配置的法治化。杨海坤、金亮新④指出应该通过宪法和其他宪法性法律坚定不移又循序渐进地推行和拓展地方自治制度，并严格控制垂直管理的设定，从而使我国中央与地方权力划分和关系处理中充分体现现代法治精神。在讨论西部大开发的法治保障时，夏勇教授⑤指出作为一种现代区域发展战略，西部开发涉及中央与地方、地方与地方、民族与民族、政府与企业、企业与企业以及公民与国家、个人与集体等主体之间错综复杂的利益关系。在处理这些关系的过程中，要遵循宪法规定的在中央的统一领导下充分发挥地方积极性和主动性的原则，进一步依法明确中央与地方的财权与事权，形成中央与地方权利义务关系合理而稳定的法律框架。环境法理论和实务界曾寄望于实施垂直管理体制以解决跨行政区和跨部门的环境保护问题，近年来这些观点不断得到反思和修正。

区域环境法治更需要衡平地方多元主体之间的利益。解决具有强烈外部性的环境问题应该是多方参与的非零和博弈，只有通过合作才能最大化保障各利益相关者的环境权益，这是推进区域环境合作、在互利互惠基础上实现整体利益最大化的内在驱动力。跨行政区环境治理"关

① 陈新民. 论中央与地方法律关系的变革 [J]. 法学, 2007 (5).
② 刘君毅. 中央与地方关系法制化初探: 对美国制度的借鉴 [J]. 中国行政管理, 2008 (10).
③ 任广浩. 国家权力纵向配置的法治化选择: 以中央与地方政府间事权划分为视角的分析 [J]. 河北法学, 2009 (5).
④ 杨海坤, 金亮新. 中央与地方关系法治化之基本问题研讨 [J]. 现代法学, 2007 (6).
⑤ 夏勇. 论西部大开发的法治保障 [J]. 法学研究, 2001 (2).

键不在于工程技术环节，而在于相关政府间的协调与合作。即这类问题的解决需要多元利益相关者之间的合作共治"①。实现多元利益相关者的合作共治，既可以通过彻底打破现有的碎片化治理结构而建立统一的流域管理机构，也可以在相关治理主体间建立协调机制②。有效的合作不仅需要完善区域规划、整合区域资源，而且需要在思想、意识、理念上形成区域共识③。应当采用基于规则和过程的涉众情境下的政策制定模式，通过自上而下和自下而上方式的组合，能够回避以指标为主体的政策评价方式的不足。同时，应该面向网络化治理、网络化结构、网络化基础设施之间关系的协调④。要依法建立联合开发的利益激励机制，建立健全区际利益补偿机制。可以参照 1992 年 "世界环境与发展大会" 提出的发达国家每年拿出国民生产总值 0.7% 的资金帮助发展中国家治理环境的做法，由国内相对发达的地区拿出一定比例的资金并吸纳社会捐助，建立西部环境资源保护基金，也可以考虑开征环境资源税，以平衡区际利益⑤。具体到长三角经济一体化的法制建设问题，叶必丰教授认为，"必须以长三角经济一体化、行政区划和利益主体不变、中央和地方的职责分工为前提，谋求地区性多元法制的协调，不断强化和完善行政契约制度和磋商沟通机制，充分发挥其功能"，以进一步推进

---

① 刘亚平. 区域公共事务的治理逻辑：以清水江治理为例 [J]. 中山大学学报，2006（4）.

② 张紧跟，唐玉亮. 流域治理中的政府间环境协作机制研究：以小东江治理为例 [J]. 公共管理学报，2007（3）.

③ 孙友祥，安家骏. 跨界治理视角下武汉城市圈区域合作制度的构建 [J]. 中国行政管理，2008（8）.

④ 西宝，JONG M D. 基础设施网络整合与跨区域治理："哈大齐" 工业走廊与松花江水污染案例分析 [J]. 公共管理学报，2007（4）.

⑤ 夏勇. 论西部大开发的法治保障 [J]. 法学研究，2001（2）.

长三角经济一体化①，在此基础上也就实现了该区域环境法治的一体化。

在区域环境法治主体间关系协调的机构建设方面，长江流域水资源保护立法研究课题组指出，只有设置专门的符合流域水资源保护要求的机构并由中央特别授权，并在此基础上形成分权与平衡机制，确立协调原则和程序，才能真正解决长江流域水资源保护与可持续发展问题。该机构应享有规划计划权、监督检查权、获取信息权、检测权、建议权、许可权、纠纷处理权、行政强制权和行政处罚权等职权②。郎友兴也认为，在行政区划之外成立跨行政区的环保机构，至少是解决当前环境行政"分割性"的一个主要途径。该机构主要职能，一是制定该区域有关环境政策和规章、协调区域内各成员间的关系；二是确定区域环境工作重点和方向；三是扮演上传下达的角色③。但也有学者认为，建立统一的流域管理机构对于小流域治理则制度成本过高、可操作性也不强④。统一的区域环境管理机构的建立必须在充分评估现有机构的基础上理性决策，以免叠床架屋。国家迫于淮河流域的严峻环境形势，不得已通过《淮河流域水污染防治暂行条例》，设立淮河流域水资源保护领导小组，授权其行使淮河流域水资源保护的行政管理职能，以解决淮河流域跨行政区的环境问题。然而，"抛开已有的机构，另设临时机构并委以重任，无论如何都不能说是正常现象；更何况，淮河流域是在污染

① 叶必丰.长三角经济一体化背景下的法制协调［J］.上海交通大学学报（哲学社会科学版），2004（6）.

② 长江流域水资源保护立法研究课题组.长江流域水资源保护立法问题研究［J］.中国法学，1999（2）.

③ 郎友兴.走向共赢的格局：中国环境治理与地方政府跨区域合作［J］.中共宁波市委党校学报，2007（2）.

④ 张紧跟，唐玉亮.流域治理中的政府间环境协作机制研究：以小东江治理为例［J］.公共管理学报，2007（3）.

已万分严重的情况下进行的事后立法。如果每一流域都要等到像淮河流域一样了再来设置临时机构，那么，《环境保护法》也好，《水法》也好，《水污染防治法》也好，都不过是一纸空文；预防为主也好，可持续发展也罢，只不过是空中楼阁，毫无意义。因此，必须认真汲取淮河流域水污染的教训，通过立法和修订现行法律，理顺各有关法律之间的关系，以保证各项制度能在环境保护中发挥作用，保证环境保护统一管理的目标得以顺利实现"①。

在具体建立环境联合执法机制方面，必须建立跨行政区域环境保护信息共享与沟通机制，联合环境监测，实现环境保护的事前预防，建立完善的跨区域污染案件调查、处理机制，避免地方保护主义的不利影响②。

（四）建构区域（流域）环境纠纷解决机制

当前行政边界区域环境纠纷的解决主要是依据《环境保护法》第15条的原则性规定，以及有关水污染防治的法律法规中的类似规范，主要有三种途径：一是有关地方政府协商解决，二是上级政府协调解决，三是司法解决。前两种途径是解决行政边界区域环境资源的主要方法，基本上是运用行政和政治的手段，属于纯粹的压力型规制措施，缺乏规范性，对一些涉及区域广、人数众多、性质复杂的跨行政区环境纠纷，难以及时和有效处理；因此，部分学者比较期待行政边界区域环境纠纷的司法解决。刘海波③指出"用司法方式调节中央和地方政府关系，通过裁决个别纠纷，可以间接协调政府间关系，其方式有不为人注

① 吕忠梅.环境法新视野［M］.北京：中国政法大学出版社，2000：251.
② 孟涛.长三角地区环境保护立法协调问题研究［J］.社会科学辑刊，2008（4）.
③ 刘海波.中央与地方政府间关系的司法调节［J］.法学研究，2004（5）.

24

意的重大好处。中央与地方关系难题的治本之策是吸收重叠统治模式的优点并建立真正意义上的司法权"。当前在行政协商和协调解决中，"由于协议或协调决定不具有最终的裁定性，使得有些环境污染损害处理结果最后不了了之，难以实现对此类环境污染损害的有效救济。通过提起民事诉讼，借助司法力量，是解决跨行政区域环境污染损害最权威也是最终的手段"①。马燕认为，构建跨行政区环境纠纷解决机制必须坚持实体法和程序法并重，强化诉讼解决纠纷的功能，从诉讼主体范围、纠纷的主管和管辖、诉讼程序、证明责任的分担等方面入手，结合跨行政区环境纠纷的特点完善区域环境纠纷处理机制。在诉讼主体方面，应当依法确立区域环境各主要利益相关者，如国家有关行政机关、检察机关、环境保护民间组织、区域环境中的居民等在跨行政区域诉讼中的诉讼主体地位。同时应当克服目前重民事责任轻刑事责任的现象，使污染和破坏环境者依法承担应有的法律责任；明确地方行政首长的环境保护职责，并确保其违法行为受到法律制裁。最终通过立法明确跨行政区环境污染纠纷的主管和管辖，以保障相关诉讼能得以顺利进行②。在跨行政区的水环境纠纷处理方面，应当建立统一的纠纷处理机构，在处理的途径方面，可以采取行政协调、仲裁、诉讼等各种方法③。吕忠梅教授认为，我国当前水污染纠纷解决实行的是行政处理与司法救济二元机制，但由于主管不明尤其是司法介入不足使得水污染纠纷的解决障碍重重。必须以水污染的流域特性为基础，从方便诉权和审判权行使方面重新考察审判组织的建构，提高司法权威。这种审判机构应当是专门审理机构而非普通地方法院。她提出，由海事法院对流域水污染案件进

---

① 周杰. 跨行政区域环境污染损害的司法救济 [J]. 污染防治技术，2001（4）.
② 马燕. 我国跨行政区环境管理立法研究 [J]. 法学杂志，2005（5）.
③ 王灿发. 跨行政区水环境管理立法研究 [J]. 现代法学，2005（5）.

行全面的专门管辖，有利于流域水环境与水资源的持续利用和司法保护，有利于流域水污染案件当事人"接近正义"的实现，有利于实现流域水污染案件裁判的专业化、合理化，有利于促进水环境与水资源公共政策的合理化，有助于流域的统一管理和对外开放，有利于克服地方保护主义，因此，是处理流域水污染纠纷的最佳途径，并且这种专门管辖，在我国现有法治框架下具有适当性和可行性①。我国对区域环境纠纷解决机制的专门论述寥寥无几且多集中于流域纠纷的行政处理方式。

（五）对研究现状的评价

总体上看，我国关于区域环境法治的相关研究主要集中在公共管理学、社会学和环境资源经济学以及法学四大学科领域。在 1999 年国家西部大开发战略提出之前，该领域的研究少而零散，主要关注流域水污染防治以及水资源分配事件；西部开发战略提出后研究逐渐上升到"西部""中部"等宏观区域整体上，但研究重点还是在水污染防治和水资源分配。随着"西部大开发"的纵深发展，国内区域经济一体化的加深，以及"长三角""泛珠三角""环渤海"等各经济区（带）的发展，法治协调和环境资源问题日益突出，各大经济区之间尤其是省际边界区域环境协作行动日益普遍。21 世纪初，"区域法治"逐渐成为"实施依法治国方略中的一个崭新法治形态"②，从区域经济一体化的立场研究区域环境治理政策与法律的文献迅速增加。尤其值得注意的一个发展是，随着 20 世纪 90 年代开始引入的"区域管理"或"区域治理"

① 吕忠梅. 水污染纠纷处理主管问题研究 [J]. 甘肃社会科学，2009（3）.
② 文正邦. 区域法治：深化依法治国方略中崭新的法治形态 [J]. 甘肃社会科学，2008（6）；文正邦. 应开展区域法治研究：以西部开发法治研究为视角 [J]. 法学，2005（12）；文正邦，付子堂. 区域法治建构论：西部开发法治研究 [M]. 北京：法律出版社，2006.

"府际治理""协同治理"和"网络治理"等公共管理理论的逐渐"中国化"和对法学等学科的不断渗入，区域环境法治研究逐渐开始关注对多元主体协作长效机制的探讨；尤其是近几年对区域性或跨行政边界的环境纠纷以及各经济区环境协作的个案分析越来越深入，问题越来越明确集中，视角也不再局限于跨界水污染防治和水资源分配，从而为系统研究区域环境法治提供了越来越多的实证素材。

　　然而，当前区域环境法治研究也存在明显的不足，总括来说，一是公共管理学等学科对区域环境治理的研究开放、灵活、系统和深入，对有关法律和政策及其执行也不乏思考，而法学对该主题的研究比较保守，对区域环境法治要么还是附带于"区域法治""地方法治"的宏观研究中，要么局限于某个区域环境事件的法律问题而就事论事，缺乏对区域环境法治问题的系统把握与分析，缺乏对其他学科的充分沟通与借鉴；二是就研究主题上看，同一主题泛泛讨论的重复研究多，而具体问题、难点问题研究的比较少，如对如何明确区域环境法治问题本质，如何规束，引导区域环境公共权力运行，如何真正保障区域社会个体权益促进区域环境共治等缺乏深入研究；三是对国外区域环境法治（或治理）经验的一般性介绍多，而对其学理进行中国化的阐释少，发达国家的环境法治是自下而上发展起来的，而我国的环境法治是由中央政府自上而下推动发展起来的，而且我国既非联邦制又缺少基层社会全面自治的法律和政治传统，国外区域环境法治经验的可借鉴性是需要深入研究的，这应该成为以后行政边界区域环境法治研究的一个重要领域；四是研究方法上主要表现为一般性的形而上的规范分析和个案研究方法，法律实证方法运用很少，法解释学研究方法普遍受到忽视，对社会学和公共管理学的众多实证研究也缺乏重视、借鉴和总结，虽然跨行政区环境纠纷的司法案例不多，但是这些案例的研究没有受到应有的关注。另一方面，缺少法律社会学研究方法的运用。我国正处于社会转型和法制发展变革时期，应该立足于中国的本土现实，对法律问题所由产生的社会环境进行经验研究，"有助于发现真实世界的行为规律和规范演化，进而在法律之外发现解决法律问题的方式方法""有助于脚踏实地探讨法制现代化的可行路径，可以减少法律移植、法律实施的错误成本，还能开创一种新的研究风气"①。在我国单一制体制和缺乏自下而上法治传统的语境下，区域环境法治更不应该忽视社会学研究，至少应该将社会学研究的成果一并纳入研究范围。从研究内容上具体看来，至少还存在如下明显不足之处。

1. 对问题本身还没有从法律的视角予以明确

我国现行环境法中对区域环境问题究竟是指什么并没有明确，环境法中的"区域"主要指的是行政区域、流域以及风景名胜区等需要特殊保护的"区域"。现有研究中对流域的研究比较深入和集中，但是流域环境问题与区域环境问题是不是法律性质内在一致？需要特殊保护的区域环境是否具有比其他环境问题更多的"区域"特色？诸如此类基础性问题不予以研究，就会出现看似针对同一个问题，却同一术语涵义迥异、论题相悖。如在《我国区域环境法律制度研究》一文中，"区域环境法律制度（Regional Environmental Law）是指国家为实现世代人类的可持续发展，全面协调人与环境的关系，按照生态规律对人们在开发、利用、保护、改善区域环境等活动中所产生的各种社会关系进行调整的法律规范的总称"②。其全文几乎是将整个中国作为一个"区域"来探讨"区域环境法律制度"的，从这样的宏大视野对区域环境问题

---

① 陈林林. 法律的社会科学研究［N］. 光明日报，2010－11－09.

② 薛报春. 我国区域环境法律制度研究［D］. 武汉：华中农业大学，2008.

的解决现实意义值得怀疑。《论区域环境法律》一书则认为，"区域环境法律是以研究由于各个区域自然环境状况的差异、人类社会存在的方式不同而导致各个区域人类与环境多种多样的关系，突出各个区域环境问题的特殊性。换言之，环境在区域环境法律中不是同质的，差异性、多样性是区域环境的主要特征，因而，环境法律不应是毫无差别的法律规范，而是充分体现出人类与环境关系多样性和差异性。一言以蔽之，区域环境法律是以差异性为研究对象和目的"①。其目的是倡议基于环境区域差异性重构环境法律体系。这些研究虽然都一定程度针对环境区域与行政区域、经济区域的错位引发的环境问题，但是内容上与区域（流域）法治大异其趣。

2. 研究集中在管理体制的设计和环境行政制度的构建，着眼于国家环境行政权力的有效实现

对国家公权力结构衡平缺乏整体关照，对区域环境纠纷解决机制尤其是对司法在区域环境法治中的解纷和衡平作用重视不够。因为相关司法实践的贫乏、法律制度的缺失，虽然我国当前不乏"长三角""珠三角""环渤海"等大量非制度性区域环境合作的实例，但系统地对这些现象进行个案或者综合研究的还局限于公共管理学和政治学领域，法学尤其是环境法学对其研究显然落后于社会实践需要。如何充分理解和借鉴公共管理学、政治学和社会学有关研究的成果，跳出环境行政管理的视角，而深入到区域环境法治的内核，务实、全面地探讨我国府际竞争背景下的区域环境法治，成为环境法学必须面对的课题。

3. 忽视区域环境法治多元主体的结构性功能发挥

区域环境法治牵涉到多元主体的多元利益冲突，每个主体在其中都

---

① 赵胜才. 论区域环境法律 [M]. 北京：光明日报出版社，2009：6.

具有结构性功能，因此，有效建构区域环境法治机制，需要保障每个主体都能获得充分可靠的环境信息，同时具有充分表达利益诉求的机会，并具备异议权、求偿权和问责权，只有这样才能借助社会多元主体的力量，明确和平衡多元利益诉求，平衡国家和社会公共权力。这是有待深入研究的。此外，因为历史和现实的影响，行政边界区域政治经济文化都相对落后，培养和提高行政边界区域环境法治主体的共同决策能力应该成为各级政府公共服务职能的合理内涵。

总之，可以说当前区域环境法治研究沿袭了传统的自上而下科层制法治观念，过于侧重国家公权力的运行。而区域环境治理是一个由政府（包括上下级政府和同级政府）、市场（经营者）和公民社会组成的"三元环境治理结构"①，应该借鉴公共管理学等学科的理论成果，研究如何既发挥科层制法治的优势，又吸收市场机制交换和选择优点，同时主要凭借协商合作来疏导和妥协利益冲突，增进区域共同体的认同感和共同的责任意识，克服主观偏见，以实现区域环境的"和谐法治"。

（六）行政边界区域环境法治研究的核心视角

综上所述，本研究认为当前亟需对行政边界区域环境法治开展如下研究。

1. 环境法治应该尊重和突显环境的区域性或整体性

我国环境法治囿于行政区划和经济分区，不仅缺乏对环境区域性本质的尊重而画地为牢、条块分割，而且往往将环境污染防治和生态保护人为拆分，使得我国的环境法治很难跳出末端治理的怪圈。应该树立区域环境整体性理念，融合生态和资源保护及污染防治，只有在资源开发

---

① 朱留财. 从西方环境治理范式透视科学发展观［J］. 中国地质大学学报（社会科学版），2006（5）.

的阶段尊重自然规律，考虑生态保护的内在要求以及生态环境的区域特性，才可能真正做到预防为主。对当前环境法治中的种种弊害，理论和实务界都有了相当的认识，但是，如何在环境立法和制度设计、环境行政执法以及环境司法中充分尊重环境的区域性、整体性，以最大限度避免当前的弊害，如何建立区域环境法治所必需的立法体系、制度体系、责任追究以及纠纷解决机制都有待广泛而深入的研究。

2. 强化区域环境法治的程序性，彰显司法的终局裁判价值

我国环境法治一直走的是重立法和行政而轻司法、重实体权利规定而轻程序规范（包括行政程序和司法程序规范）的路线，这导致涉及府际关系的行政边界区域环境问题往往以非法治的方式处理，从而结果殊异，使社会对这类问题的解决难以预期，并因而常常导致由纯粹的环境纠纷转化为群体性事件。如果通过司法方式处理这些区域环境问题，则能使其成为个案而得以解决。刘海波教授认为："用司法方式调节中央和地方政府关系，通过裁决个别纠纷，可以间接协调政府间关系，其方式有不为人注意的重大好处。"① 吕忠梅教授也指出，设置司法程序，"这不仅是法治社会的基本原则，也是解决纠纷所必需的机制"②。通过提起诉讼，"借助司法力量，是解决跨行政区域环境污染损害最权威也是最终的手段"③。法律程序、司法及其公正性在建设法治国家中的绝对重要性已为有识之士广泛认可，但如何在行政边界区域环境法治中强化程序性机制，并减少对立法执法的过分依赖；通过中央"宏观立法"和"统一司法"树立环境法治的国家权威，减少对行政威权的依赖，

---

① 刘海波. 中央与地方政府间关系的司法调节［J］. 法学研究，2004（5）.
② 吕忠梅. 水污染的流域控制立法研究［J］. 法商研究，2005（5）.
③ 孙友祥，安家骏. 跨界治理视角下武汉城市圈区域合作制度的构建［J］. 中国行政管理，2008（8）.

避免公共权力的内耗等，都有待理论研究和实践突破。

3. 尊重行政边界区域居民环境权益，充分保障和发挥其主体能动性

一定程度上说，环境的自然区域本性体现在人文上就是环境的地方性，即环境最终是地方或"本土"的环境，在其中生生不息的居民是最具发言权的主体。我国环境法治实践甚至研究中"自上而下""城市中心"的思维模式，常常导致地方居民环境法治意愿与国家环境保护意志脱节，而协作动力与机制的缺乏使得地方政府在发展经济的压力下将两端的环境法治追求扭曲或消解于无形，也使居民的环境利益常常被企业（尤其是那些所谓的"挂牌保护"的企业）和多级政府及其部门等多主体所任性决定，最终导致区域环境问题丛生。其实，经过环境法治40余年的努力和近年来频发的环境事件的反面教育，基层人们对环境法治已经具有较充分的意愿和预期，这从环境信访暴增和环境污染成为当前群体性事件的四大肇因之一的现实足可体现。而且，行政边界区域居民的传统的和现代的生态智慧也保证其有相互合作以及参与环境决策和监督环境执法、司法的基本能力，但迫切需要国家给他们充分的机会和积极的引导。陈阿江认为，水域污染问题主要不是科学技术问题，而是经济社会问题。利益主体力量的失衡、农村基层组织的行政化与村民自治组织的消亡以及农村社区传统伦理规范的丧失是造成水域污染的主要原因①。他以利益相关者为分析视角，通过分析污染事件中政府及其环保部门、企业主、作为第三方的技术专家，以及作为"沉默的大多数"的普通居民以及坚持抗争的"傻子""疯子"等主要利益相关各

---

① 陈阿江. 污染的社会学解释：东村个案研究 [J]. 南京师大学报（社会科学版），2000（1）.

方的态度与行为，解释水污染的发生机理①。

因此，政府需要创设法律机制，建立健全较稳定的协商和协作机制，加强基层人们有序参与环境保护的能力，强化环境权利和权力的沟通与协调，并加强府际间联动协作的法律性、权威性，减少对行政强力简单实施的依赖。这些都呼唤区域环境法治研究的深入。

4. 总结、引导和规范当前跨行政区环境合作实践，将其纳入法治渠道

在区域经济一体化的浪潮中，各地方也就区域环境保护签订了诸如《江苏盛泽和浙江王江泾边界水域水污染联合防治方案》《湖南、贵州、重庆三省（市）交界地区锰污染整治方案》《泛珠三角区域环境保护合作协议》《宁陕甘内蒙古四省毗邻区环保合作协议》《长江三角洲地区环境保护合作协议（2009—2010 年）》《四川泸州市和重庆市永川区环境保护区域合作协议》等跨省环保合作协议，《东北地区四省（区）区域生态环境保护合作协议》也广泛征求意见；同时省内跨县市的环境保护合作协议也大量出现，如：《辽宁中部城市群（沈阳经济区）水环境综合整治一体化合作框架协议》《合肥市与淮南市加强区域环境保护合作 9 + 4 框架协议》《武汉城市圈环境保护合作框架协议》《长株潭环保合作协定》及《长株潭环境同治规划》《成都经济区区域环境保护合作协议》《日照市与连云港市边界区域环境保护合作协议》以及广东省广州市、佛山市、肇庆市经济圈《广佛肇经济圈生态环境保护合作协议》等。这些实践和探索显然是零散的，但已然燎原之势，不乏经验和教训，亟需从"区域环境法治"的角度进行个案和综合的广泛深入研究和指导。

---

① 陈阿江. 水污染事件中的利益相关者分析［J］. 浙江学刊，2008（4）.

三、研究意义

（一）实践意义

1. 推进国内区域环境协作，进而推动区域环境、经济与社会一体化

"研究发现，省、县级行政界线两侧1—5公里范围内最易发生纠纷，而中国共有省、县级行政区域界线近48万公里，按此计算，界线管理范围涉及超过288万平方公里的地区"，而行政边界区域生态环境治理问题是这一广泛区域的四大核心问题之一，关系30%国土范围的社会稳定①。国内已有一些跨行政区环境纠纷通过法院得到基本解决，同时，跨省和跨县市的环境合作实践也普遍开展，并签发了数量众多的协作"决定""协议"或"备忘录"等，深入研究和总结这些成案与实践的经验与教训，从中发掘本土区域环境法治的智慧与规律，有利于建立区域环境协作的长效机制，进而推动区域环境、经济与社会的一体化。其含义包括两方面：一是突破行政区划壁垒，从生态功能上实现区域一体化；二是环境、经济与社会的一体化决策和实施，实现区域社会可持续发展的整体和谐。

2. 有利于推进"两型社会"建设，促进社会和谐稳定

本文通过对区域环境主体间性的法律分析，探究使其规范、有序的法治途径，对推动地方政府在经济发展中节约资源、保护和改善环境、调整产业结构和布局、减少府际冲突、化解社会矛盾，实现区域社会和经济可持续发展，具有积极的指导意义。

---

① 王爱民，马学广，陈树荣. 行政边界地带跨政区协调体系构建 [J]. 地理与地理信息科学，2007（5）.

（二）理论意义

1. 可以创新环境法律机制

当前我国中央环境法治精神和力度既被行政层级所淡化，又被行政区划所肢解；而行政边界区域居民环境意愿常受多主体任意决定。本文意在探索如何通过法治途径强化当地居民参与环境决策的权利保障和能力建设，并进而提高各级政府的科学环境决策能力和府际协作能力。

2. 修正传统科层制环境法治逻辑的不足，拓展理论视域

目前，虽然在流域法治上已有不少研究成果，但是立足区域环境本身的整体性而从更普遍意义上对跨行政区的区域环境法治的研究尚且阙如。基于区域环境问题涉及多元的权力主体和权利主体的多元利益，运用区域治理理论具体而深入探究区域生态环境法治问题的现实根源及解决途径，将对自然规律的认识、把握和法治发展路径的选择结合起来，立足对区域环境问题中的利益结构和权力结构的分析，探寻多元主体沟通协作形成共识达致区域环境善治共同目标的法律机制；将自下而上以及横向沟通、协商与合作融入科层制的传统环境法治逻辑框架，并对其进行修正，这不仅是一个解决行政边界区域环境问题的实践问题，也是一个具有重要理论意义的学术问题，它有望拓宽我国环境法学的研究视野，丰富环境法学理论。

四、研究思路和方法

（一）本文基本研究思路

本研究将按照"概念界定——理论工具阐释——主体与主体间性分析——主体行为路径选择（多元协作机制）——主体纠纷解决机制优化"的逻辑理路展开研究。首先，对有关基本概念和内涵进行界定，

确定本研究的基本论域，并探究行政边界区域环境法治现实问题的本质，如区域环境决策中多元利益主体缺位和行政权力的封闭行使等；基于对这些本质的认识，进而选择以开放、多元协作为内核的区域治理理论作为理论平台，并予以法律解读，力图构建区域环境法治的理论分析框架。然后，运用该理论架构展开对行政边界区域环境法治中多元主体及其主体间性的分析，进而探讨其多元协作的主要机制，以保障区域环境多元主体通过开放有序的行为规则，实现其发展权和环境权的区域均衡价值目标。为保障协作的持续开展和环境权益区域均衡的实现，需要建构灵活有效的行政边界区域环境纠纷诉讼和非诉讼解决机制，最后，对全书进行总结并对区域环境法治研究的未来发展做出展望。

（二）本文主要研究方法

1. 比较研究方法

比较借鉴有关区域环境法治的经验和教训，也对国内中西部和东部地方的区域环境法律与政策，比较学术界与实务部门提出的不同方案，力求综合各家所长并有所发现和创新。

2. 多学科综合研究方法

运用法学、政治学、管理学、社会学、经济学以及人文地理学等学科的相关原理和分析工具，尤其是对这些学科已进行的大量实证研究予以借鉴和法律解读，综合性研究区域环境法治理论和现实问题。

3. 整体主义研究方法

"社会不是个人的简单相加，由特殊的结构联系起来的社会整体规定了个人的属性，决定着个体生存和发展的空间，思维的出发点不应当是抽象的个人，而是现实的处于社会联系中的个人。人是处在社会的整

体联系中的，是多种规定性的有机统一。"① 整体主义研究方法既见森
林（整体或集体），也见树木（元素或个体），有利于将中央和地方以
及地方之间、其他公私主体之间的权力和权利及其互动结构置于整体的
相互联系中思考，避免将其单纯看作一个个的因素，而更多地考虑要素
之间的关系，并基于此而将视角着重于区域环境法治的结果或区域环境
公平正义与秩序的实现，便利摆脱形式（如僵化的行政区划）的束缚
而从功能的角度，运用区域治理理论的分析工具，构建区域环境法治的
理论和基本机制。

① 黄和新. 马克思所有权思想研究 ［M］. 南京师范大学出版社，2005：190.

第一章

行政边界区域环境法治基本范畴

第一节 "区域" 及其分类

一、一般意义上的"区域"

(一)"区域" 及其特性

"区域"是区域科学研究中的核心概念。最早研究区域的学科是诞生于公元前 3 世纪的地理学,"区域"也一直是地理学的核心概念。地理学家一般把区域看作是地球表壳的地域单元,认为整个地球是由无数区域组成的,地球表面的各种现象与因素是相互联系,相互制约的,而这种相互依赖的有机统一性体现在不同的区域内①。经济学将区域视为由人的经济活动所造成的、具有特定地域特征的经济社会综合体。区域经济学的先驱胡佛认为,要从整体性上把握区域的本质以及区域内部之间的相互关系,"区域是基于描述、分析、管理、计划、或制定政策等

---

① 陈才. 区域经济地理学 [M]. 北京:科学出版社,2001:3.

目的而作为一个应用性整体加以考虑的一片地区。它可以按照内部的同性质或功能一体化原则划分"①。政治学认为区域是进行国家管理的特定行政单元，主要从政治和法律的途径来看待区域的刚性约束问题，由此形成行政区域的概念。而当这种行政区划超脱了民族国家的法定疆界的时候，则引出地缘政治学的区域话题。社会学和人类学则将区域看作是具有相同语言、相同信仰和民族特征的人类社会聚落，承载着相应的功能。我国著名社会学家费孝通认为，社会学的区域概念更多应是功能论的取向，而不是单纯的空间地理意义上的；一个区域内各个组成部分之间，重要的不在于地理环境或行政隶属关系是否相同，而在于整合程度的高低。国际关系学则侧重从更为宏观的视角来讨论区域的内涵和外延②。

虽然明确定义这一概念非常困难，但是综合各学科关于"区域"概念的多维阐释，可以归纳出这一概念如下的基本特性。

1. 客观性

区域是地球表面因自然禀赋、物质状况的多样差异性而形成的具体单元，并占有一定的物理空间。然而，这些客观存在的空间又是人们基于不同的认识和要求而划分的，是一个主观反映性的客观范畴。

2. 整体性和系统自适应性

无论是自然区域、经济区域、社会区域还是行政区域，都具有整体性和系统自适应性的共同特质。区域内部各要素组合成有机的同质整体，而与区域外部或区域之间有或强或弱的质的差异性；区域内部也并

---

① 艾德加·M. 胡佛，弗兰克·杰莱塔尼. 区域经济学导论［M］. 郭万清，译. 上海：上海远东出版社，1992：239.
② 陈瑞莲. 区域公共管理理论与实践研究［M］. 北京：中国社会科学出版社，2008：4.

非均质恒常的，而是各要素作为该区域系统的"主体"，"主动"进行持续不断的交互作用，不断地"学习"和"积累经验"，适应性地改变自身的结构和作用方式，并以此形成本区域的新的整体性特质①。因而必须以系统性、整体性的思维来审视和考量区域问题。

3. 层次性

依不同的参照标准，区域表现出不同的层次。美国著名的国际关系专家詹姆士·米特尔曼（Mittelman）提出区域主义"三分法"，即"宏观区域主义""次区域主义"和"微观区域主义"②。相应地，宏观区域是指由民族国家结成的组织联合体，如"欧盟""亚太经合组织""东盟""中东"等；次区域是指小范围的、被认可为一个单独经济区域的跨国界或跨境的多边经济合作，如"图们江地区的次区域经济合作""澜沧江—大湄公河地区的次区域经济合作"等；而微观区域层次，则多指一国内部的出口加工区或省际经济合作区，如我国的"长江三角洲经济区域""环渤海湾经济带""经济特区""工业开发区"等等。

4. 动态演化性

基于区域的系统自适应性，区域内部是在不断变化的，这种变化也会辐射到区域之外，同时，区域与外部世界也总是处于不断的适应性相互作用中。因此，区域总是动态演化的。"欧盟""东盟"和"亚太经合组织"都不断发展壮大的；国内的"珠三角"区域合作也已发展到"泛珠三角"区域。而以上海为龙头的"长三角"区域，同样存在由"小长三角"到"大长三角"再到"长江流域经济带"的动态演化过

---

① 张立荣，方堃. 基于复杂适应系统理论（CAS）的政府治理公共危机模式革新探索 [J]. 软科学，2009（1）.

② 詹姆士·H. 米特尔曼. 全球化综合症 [M]. 北京：新华出版社，2002：133 - 135.

程。时过境迁，自然地理区域、经济区域和行政区域的界限会日益模糊，最后演化形成新的区域，即使是刚性的行政区也会因时而演化，政府审时度势而最后将数个行政区进行撤并（如近年来城市化发展中普遍的"撤县设区"）或者划分出新的行政区域（如从将重庆市从原四川省分出独立设直辖市）。

这些基本特性在不同的"区域"中程度有差异，但从历时性看，所有"区域"概念都综合有这些特性，尤其是"所有的定义都把区域概括为一个整体的地理范畴，因而可以从整体上对其进行分析。正是区域内在的整体性要求我们更多地考虑区域内各部分之间的协调关系问题"①。"区域环境法治"中的"区域"可以理解为基于一定的具有同质性或互补性的自然资源、政治经济、风土人情、文化习俗等因素而联系在一起的地域。也是一个具有整体性的地理范畴，但是更偏重环境资源的整体性，而"跨行政区域性"是其突出的特性，随着资源环境问题压力以及资源环境在该区域政治经济和社会结构中的重要性的演化，该"区域"大小会有差异，并可能体现出不同的层次性。

（二）"区域"的不同类型

因为区域构成的复杂性和功能性，对区域一劳永逸、统一标准的分类是非常困难的，不同学科对区域有不同的分类，区域经济学主要依据"同质性标准"和"功能性标准"两个标准对区域进行分类②。前者主要是考虑构成因素的同质性，后者主要考虑区域构成要素以及区域整体的功能及其实现，实践中往往需要根据研究的具体问题，将两个标准有机结合起来。区域科学中按区域主导因素的性质，可将区域划分为自然

---

① 黄淼．区域环境治理［M］．北京：中国环境科学出版社，2009：56.
② 陈秀山，张可云．区域经济理论［M］．北京：商务印书馆，2003：5-6.

地理区域、经济区域、行政区域等①。

自然地理区域是基于地理条件、资源禀赋、自然环境的天然同质性的地域连续体。如长江、黄河、淮河以及洞庭湖、鄱阳湖、太湖等大江大河或著名湖泊流域；长白山、武夷山、天山等名山；张家界、神农架、西双版纳等自然保护区和风景名胜区，以及各地的森林、矿产资源区域，等等。自然地理区域上的各种资源如水、矿产、森林等都属于典型的纯公共物品、准公共物品或俱乐部物品，很多具有不可再生性和消费的非排他性特点，容易引发"搭便车"和"拥挤"消费现象。如何避免和减少这些"公用地悲剧"的发生，更好实现自然地理区域的可持续发展，是区域环境法治所要面对的主要问题。

经济区域主要是依据经济发展特点和经济关联度进行的区域划分，它是具有相对同质性的生产力运行的一定的地域空间范围。伴随经济全球化和区域经济一体化的进程，基于经济互助和经济合作需要的各种区域形态和区域组织大量涌现。1986年通过"七五"计划把我国划分为东部、中部、西部三个地区。2005年国务院发展研究中心提出"十一·五"期间内地划分为东部、中部、西部、东北4大板块，并可将4个板块划分为8大综合经济区的具体构想，即东北、北部沿海、东部沿海、南部沿海、黄河中游、长江中游、西南和大西北地区。在经济发展过程中，相邻行政区间在实践中又逐渐形成"长三角""环渤海"等省际经济区域和"小珠三角"、武汉城市群、长株潭等省内经济区域。

行政区域主要是政治和法律意义上的区域，是国家为了行政管理的需要，将疆土分级分区划分而形成的地域单元，是国家行政力量的分配

---

① 陈瑞莲. 区域公共管理理论与实践研究［M］. 北京：中国社会科学出版社，2008：6-8.

和组合。行政区域又称"行政区划"，通常通过宪法和法律规定进行划分，具有很强的稳定性。受国家的政治、经济、民族、历史、地理、国防等多方面因素影响，特别是随着社会和经济的发展可以而且应该适时做出相应的调整或变更。但是，不当或频繁地变更行政区划会导致社会的不安定和阻碍经济的发展。我国主要有两种划分行政区域类型的方式：一是根据我国的宪法和法律，把地方行政区域划分为省（自治区、直辖市）、县（市）、乡（镇）三级，地市级建制还没有宪法和法律支持；二是按照管理特点的差异，将我国的行政区域区分为中央直辖市区域、普通省制区域、民族自治区域和特殊行政区域四种类型。其中特殊行政区域一般又包括政治特区（如香港特别行政区、澳门特别行政区等）、经济特区（如深圳、珠海、汕头、厦门和海南）、行政特区（如神农架林区）①。此外，我国当前普遍存在的作为我国"改革开放和社会主义现代化建设的一大创举"的"经济技术开发区"②，也应该属于"特殊行政区域"，但是尚未有国家法律支持。1984年8月，国务院批准设立大连经济技术开发区，启动了我国经济技术开发区的步伐。1991年，《国务院关于批准国家高新技术产业开发区和有关政策规定的通知》发布了国务院批准国家科委制定的《国家高新技术产业开发区高新技术企业认定条件和办法》《国家高新技术产业开发区若干政策的暂行规定》和国家税务局制定的《国家高新技术产业开发区税收政策的规定》，对经济技术开发区做出一定规制。

---

① 李煜兴. 区域行政规划研究［M］. 北京：法律出版社，2009：22.

② 国办〔2005〕15号文件《关于促进国家级经济技术开发区进一步提高发展水平若干意见》。

此外，还有"问题区域"或"边缘区域"①，这是基于问题导向而形成的区域概念，主要包括两个方面：一是在经济和社会发展过程中因产业结构升级转换，产生某些地域性"结构危机"，表现出区域萧条、滞长甚或衰退的局面；二是一些经济基础很差的待开发和欠发达区域，因自然资源、社会资源、制度资源等各方面的恶性循环，导致区域性长期贫穷落后。这种"问题区域"在我国还大量存在并不断显现，如东北三省区域就是因"结构危机"而产生的典型"问题区域"；因恶性循环的历史原因导致的贫困区域更为普遍，如西部地区、省际的"老少边穷"地区如湘鄂渝黔边区，都是老大难的"边缘区域"。几乎所有的"问题区域"或"边缘区域"都存在为了"后来居上"或者更进一步发展经济而忽视环境保护的情况，对自然资源掠夺性开发和无原则地降低环境保护要求而招商引资、接受污染转嫁使得环境资源"问题区域"非常普遍。尤其在行政边界的"边缘区域"，环境问题反复发生并时常导致环境群体性事件发生，如长三角的江浙边界水污染导致的"沉船断江拦污事件"、湘渝黔边区"锰三角"千人砸厂事件等。这些"问题区域"或"边缘区域"的产生有着各种错综复杂的背景和原因，各级政府必须突破行政划界，创新区域公共政策，建构区域发展的制度基础，调动区域各利益相关者的能动性，对症下药地解决这些问题。

二、法律意义上的"区域"

本研究的"区域"基于法律上的"区域"涵义，宪法行政法意义上的"区域"主要是指为了实现国家政治统治、行政管理和公共服务

---

① 陈瑞莲．区域公共管理理论与实践研究［M］．北京：中国社会科学出版社，2008：9．

而划定的地理和人文单元，通常是行政区划的结果，即"行政区域"：根据政治统治与行政管理的需要，遵循有关法律规定，综合考虑自然地理条件、经济联系、历史与文化、民族分布、人口密度等因素，将国家领土划分为若干层级的行政单元，并分别设置相应的政府机构，实施分级分区管理。《中华人民共和国宪法》第 30 条规定："中华人民共和国的行政区域划分如下：（一）全国分为省、自治区、直辖市；（二）省、自治区分为自治州、县、自治县、市；（三）县、自治县分为乡、民族乡、镇。直辖市和较大的市分为区、县。自治州分为县、自治县、市。自治区、自治州、自治县都是民族自治地方。"第 31 条规定："国家在必要时得设立特别行政区。"可见，我国的行政区域基本上划分为三级，即省（自治区、直辖市）、县（自治县、市）、乡（民族乡、镇）。但随着改革开放和经济的发展，行政区划经过数次调整，尤其是省级以下的行政区划调整较多，事实上，这就使中国现行行政区划和地方行政建制层次形成了三级和四级（即在三级体制中普遍增加市一级，形成市管县体制）并存的体制。

对政府主体而言，其行政权的运行必须限于一定的管辖区域之内。《宪法》第 99 条、《地方各级人民代表大会和地方各级人民政府组织法》第 7 条都规定地方各级人民代表大会"在本行政区域内"保证宪法、法律、行政法规的遵守和执行；依法通过和发布决议，审查和决定地方事务。《宪法》第 107 条，《地方各级人民代表大会和地方各级人民政府组织法》第 55 条、第 59 条则规定县级以上地方各级人民政府依法"管理""本行政区域内"行政工作。显然这里的"区域"指行政区域。《中华人民共和国民族区域自治法》规定"民族区域自治是在国家统一领导下，各少数民族聚居的地方实行区域自治，设立自治机关，行使自治权"。可见，民族区域自治制度主要针对少数民族的人文地理分布的"聚居"性而进行行政区划设置的。

其他部门法中的"区域"存在与行政区划不一致的情形，如 2008 年的《中华人民共和国城乡规划法》中的区域特指规划区，"是指城市、镇和村庄的建成区以及因城乡建设和发展需要，必须实行规划控制的区域"（第 2 条）。这种与行政区划不一致的现象在环境与资源保护法的规定中更为常见，《环境保护法》（1989 年）明确涉及"区域"的规定有第 2 条、第 7 条、第 10 条、第 15 条、第 17 条、第 18 条，但是其中仅有两条是直接基于行政区划的规定，即第 7 条关于县级以上政府环境保护行政主管部门对"本辖区"的环境保护工作实施统一监督管理规定、第 15 条关于"跨行政区"的环境污染和环境破坏的防治工作的规定。第 17 条对"具有代表性的各种类型的自然生态系统区域，珍稀、濒危的野生动植物自然分布区域，重要的水源涵养区域，具有重大科学文化价值的地质构造、著名溶洞和化石分布区、冰川、火山、温泉等自然遗迹，以及人文遗迹"等的规定，第 18 条关于"风景名胜区、自然保护区和其他需要特别保护的区域"的规定，第 10 条关于"向已有地方污染物排放标准的区域排放污染物的，应当执行地方污染物排放标准"的规定，甚至就是第 15 条都不是直接基于行政区划而是基于自然地理分区或者说基于环境的区域整体性特征。尤其是第 2 条对"环境"的规定，"包括大气、水、海洋、土地、矿藏、森林、草原、野生生物、自然遗迹、人文遗迹、自然保护区、风景名胜区、城市和乡村等"，即使是其中的"城市和乡村"也不是直接基于行政区划，而是基于该区域环境的综合性特征和结构。我国环境法中规定特殊环境区域还有森林公园、地质公园、海洋保护区（包括海洋自然保护区和海洋特别保护区等）、基本农田保护区、禁猎区、禁渔区、饮用水源保护区等。此外，我国《大气污染防治法》关于大气功能分区的规定以及关于"酸雨控制区或者二氧化硫污染控制区"的规定、《噪声污染防治法》关于噪声功能分区的规定、《水法》《环境影响评价法》关于流域或区域规划及其环境影响评价的规定，主要也是基于对自然环境区域性的考虑。类似的基于自然环境区域性的规定在环境法中还非常丰富，但是这并不影响环境法治整体上服从国家的行政区划制度。相反，这些"区域"中所有制度的实施都是基于有关行政区划而设计的，因为行政区划是现代国家政府运行的基本结构，即使是跨行政区划的区域环境法律机制健全的国家，区域环境法律机制也是辅助性的，并且是以行政区环境法治为基础的，绝大多数环境问题还是在行政区划内解决。然而，行政区划制度在区域环境法律制度设计中的基础性并不能否定行政区划和区域环境整体性之间的内在张力，这种张力往往在行政边界区域汇聚并爆发，这也正是行政区划制度自身痼疾的必然结果，从这个意义上来说，区域环境法治正是行政区环境法治的修正和补充。

综上所述，法律意义上的"区域"与区域科学中所有"区域"概念一样都立基于自然地理区域，即以一定的自然地理范围为依托。但又不限于此，其中宪法行政法规定的是国家政治结构和国家公共权力的运行规范，其采用的是政治学意义上的区域概念。民族区域自治法等则采用社会学的区域概念，对语言、信仰、民族特征具有同质性且具有独特社会功能的人类社会聚落实行自治予以规范；而环境法的"区域"则比较复杂，自然地理的区域概念在环境法中无疑更显其基础性，但是环境法对"人文遗迹""城市和乡村"甚至"风景名胜区"的规定更主要在于实现这些区域的社会功能，具有社会学"区域"内涵。而关于大气、水等环境要素以及自然保护区、流域、"两控区""生活水源保护区"等的规定则主要是"自然生态系统"意义上的"区域"，是生态学意义上的"区域"概念的延伸，其目的在于保障和实现区域的生态功能。但是，在科层制体制下，根本改造当前的环境要素法而构造主要基于生态系统的区域功能性的环境法①，是难以想象的，除非能对科层制进行彻底的"生态化"改造。因此，总体上看，因为当前的环境法是在科层制架构中建构的，其中的"区域"主要是宪法行政法上规设的政治学意义的"区域"概念，即行政区域，但同时也包含了社会学、生态学甚至经济学的区域概念，因为区域环境具有生态系统的完整性、生态要素的关联性尤其是其功能的多元性，上述分区往往在空间上是重合的。因而，环境法中的"区域"是一个复杂多元内涵的概念，很难确定单一、明确的标准，需要根据所要讨论的具体问题而确定"区域"概念的内涵。"区域环境法治"中的区域具有明显的问题导向性质。

可以说，行政边界区域环境法治中的"区域"是在宪法行政法规定的行政区域框架中纳入区域生态系统功能的整体性考量而形成的，我国当前体制下，在单一县级行政辖区内，如"水源保护区""工业园区"、风景名胜区乃至"城市和乡村"等"区域"的环境法治，生态功能区域与行政区域基本一致或处于该行政区域之内，其可能产生冲突的主体相对单一且完全在科层制法律规制内，也就几乎不存在本文将讨论的问题；但是，生态功能区域如流域等往往超越一个甚至多个县级、省级行政区域，甚至与大型经济区域或经济带相表里，则同一个自然地理区域中生态区功能、经济区功能以及行政区的政治功能会相冲突，尤其是在该自然地理区域内不同行政辖区之间，这种冲突会长期存在并随时可能尖锐化，引发环境群体性事件。而冲突最为常态化和最能引发环境纠纷的便是行政边界两侧一定范围的自然地理或生态区域。

因此，具体说来，"行政边界区域环境法治"中的"区域"不是现

---

① 赵胜才. 论区域环境法律［M］. 北京：光明日报出版社，2009.

行环境法中的"需要特别保护的区域",而是指存在行政区划分割的具有生态功能整体性的自然地理区域。在实践中,这种被行政区划所分割的环境区域可能是"长三角""泛珠三角"、湘渝黔"锰三角"以及晋陕蒙宁边界"黑三角"等跨省级行政区的区域,也可能是"珠三角"、长株潭、武汉城市圈、辽宁中部城市群等处于省域范围之内的跨县、市的区域。近年来这两类跨行政区的区域环境保护合作实践都不少,并可以预见会以更快的速度增加。因为行政边界区域的各种冲突更为集中,尤其是省级行政边界区域的冲突更具代表性,所以,为了使论题更为集中,也为了论证的便利,本文的"区域"专指行政边界线两侧一定范围的自然地理区域,"行政边界区域"尤其是省级行政边界区域,对"长三角""泛珠三角"等较宏观的经济区域内的环境保护合作的探讨,也化繁就简将视角集中在其省级行政边界区域。任何省级行政区边界区域同样是更小行政区如市县甚至乡镇行政区的边界区域,只是这些更小的行政区分属于不同省份而已,所以,省级行政边界区域环境法治对省级行政区内的县市级行政边界区域环境法治具有指导性意义。因此,对相关的县市级行政边界区域的环境保护协作也不同程度地纳入研究的视野。

第二节 "行政边界区域环境法治"的内涵

一、法治的地方性论题与"区域法治"

(一) 法治的地方性论题

法治是一个具有高度理论抽象,又具有充分实践具体的概念,一个

"无比重要的，但未被定义，也不是随便就能定义的概念"①，它是一个"魔瓶"，装载着世代人们对美好社会的普世追求，却从没有展示其清晰面目。亚里士多德对法治的抽象概括成为权威经典，正如姚建宗教授指出的"亚里士多德的法治思想被各个时代的思想家和政治理论家们普遍接受，获得了绝对优势的支配地位，其对法治内涵的解说也成为公理，而后代的思想家和学者们所做的全部工作都不过是在'亚里士多德法治公式'的范围内展开的，绝没有超出亚里士多德的理论框架"②。亚里士多德最为经典的论述是："法治应包含两重意义：已成立的法律获得普遍的服从，而大家所服从的法律又应该本身是制订得良好的法律。"③ 即法治要求是"良法之治"和"普遍守法"，而这又基于亚里士多德的前提性的"法治优于人治"的法治思想，即"凡是不凭感情因素治事的统治者总比感情用事的人们较为优良。法律恰好是全无感情的，人类的本性使谁都难免有感情"，"法律是最优良的统治者"，"法治应当优于一人之治"④。法治核心目的一是保障公民权利，"法治意味着社会公众有权充分地表达自己的愿望、期待和要求，并对法律的好坏善恶做出判断"⑤；二是规制公共权力尤其是政府公共权力的行使，后者往往直接影响前者的实现，正如哈耶克所说："由于法治意味着政府除非实施众所周知的规则以外不得对个人实施强制，所以它构成了对政府机构的一切权力的限制，这当然也包括对立法机构的权力的限制。"⑥

---

① 王人博，程燎原. 法治论 [M]. 济南：山东人民出版社，1998：97.
② 姚建宗. 信仰：法治的精神意蕴 [J]. 吉林大学学报，1997（2）.
③ 亚里士多德. 政治学 [M]. 吴寿彭，译. 北京：商务印书馆，1965：199.
④ 亚里士多德. 政治学 [M]. 吴寿彭，译. 北京：商务印书馆，1965 年：163，171，167.
⑤ 姚建宗. 信仰：法治的精神意蕴 [J]. 吉林大学社会科学学报，1997（2）.
⑥ 哈耶克. 自由秩序原理 [M]. 邓正来，译. 三联书店，1997：260.

法治意味着责任与权力随时相伴、不可分割，凡是符合法治的权力必定有相应的法律责任。责任与权力共存的规则包含两方面的内容：一方面，政府在行使权力的每一过程中，如果权力一旦越出合法的范围，相应的责任就是权力越界的必然代价；另一方面，通过对政府权力的这种日常化的制约与保护，使政府行为更加正当、合法并真正赢得民心。因此，从这个意义上讲，政府不能做到责任的明朗化和内在化，就没有资格称之为法治政府①。法治的基本内涵一般而言强调"以良法之治为前提，以司法公正为基本要求，以权力制约为内在机制，以树立法律至上权威为理念，以保障人权为目标"②。

不少学者认为在一个主权国家，法治是一个整体，不可分割，认为"地方法治"是"法治的行政区划化"，会造成法治的地方分割，消解法治的宪法基础，破坏国家和社会的法治统一性，因而，正确的提法应当是"法治下的地方法制化"，范围仅限于地方立法和地方行政，"司法是地方法制化的'禁域'"③。也就是说不能通过地方立法对司法做出规定。部分赞同"地方法治"的学者则认为"地方法治""仅以省级区域为独立的法治单元"④，有学者则认为当前"地方法治"提法不当，应该是"地方法治化""法治侧重于国家治理目标设计，治理方法、手段、运行规则的制度设计。而法治化则主要是将这些制度设计落实在社会生活的各个方面，是法治的外在表现形态""法治化表现出法

---

① 沈荣华. 地方政府法治化是建设我国社会主义法治国家的突破口 [J]. 政法论坛（中国政法大学学报），2000（6）.

② 姜彦君，姜学成. 地方先行法治化的内涵探索 [J]. 学习与探索，2010（1）.

③ 杨解君. 走向法治的缺失言说（二）[M]. 北京：北京大学出版社，2005：9－18.

④ 陆剑锋，陈柳裕. 学者视野中的法治浙江 [M]. 杭州：浙江大学出版社，2009：23；丁寰翔，陈兵. 论地方法治 [J]. 求索，2010（5）；李燕霞. 地方法治概念辨析 [J]. 社会科学战线，2006（6）；丁寰翔，陈潇. 论"地方法治"概念及其特点 [J]. 福建论坛（社科教育版），2009（6）.

治的建设历程"①。

上述否定"地方法治"的观念是值得商榷的,"法制统一不等于'法治统一',更不等于法治在全国范围内在同一时间统一实现。法制统一原则是很重要的,但是不能把它与'全国法治统一实行'划等号。全国的法治不可能同一时间实现,有些区域慢一些,有些区域快一些,至少中国这个单一制国家的法治不会在短期内实现,所以要允许部分省市和地区局部地先行发展起来,搞局部法治,即局部区域先行法治化"②。

此外,否定"地方法治"的观念也与我国法治实践不符。近年来,我国一些经济相对发达的省、市乃至区、县已经积极开展了"地方法治"(或"区域法治")建设的探索。2004年7月,江苏省颁布了《法治江苏建设纲要》,这被称为"全国第一部区域法治建设《纲要》";南京市秦淮区随后提出了"秦淮法治"的具体目标和任务;2006年4月,浙江省通过了《中共浙江省委关于建设"法治浙江"的决定》,两个月后,杭州市人大常委会通过了《关于推进"法治杭州"建设的决议》。早在2005年11月,杭州市余杭区就在全国区县级政府中率先提出了建设法治城区目标,并于2006年初明确了"法治余杭"建设的要求:"党委依法执政、政府依法行政、司法公平正义、权利依法保障、市场规范有序、监督体系健全、民主政治完善、全民素质提升、社会平安和谐。"2007年11月,中国大陆第一个"法治指数"《"法治余杭"量化评估体系》正式通过专家论证。2008年全国普法办下发了《关于开展法治城市、法治县市区创建活动的意见》,2010年2月初,成都市委市

① 姜彦君,姜学成. 地方先行法治化的内涵探索 [J]. 学习与探索,2010 (1).
② 孙笑侠. 局部法治的地域资源:转型期"先行法治化"现象解读 [J]. 法学,2009 (12).

政府颁发了《成都市创建全国法治城市工作方案》，根据该《方案》，成都市法制建设领导小组办公室出台了《成都市创建全国法治城市考核评估指标与测评体系（征求意见稿）》，这是以全国普法办、司法部在创建全国法治城市中"自定标准，自我探索，自主创新"的总体要求为依据编制而成的①。2011 年 8 月 2 日，湖南省委公布实施《法治湖南建设纲要》，加上此前相继出台的《湖南省行政程序规定》《湖南省规范性文件管理办法》《湖南省规范行政裁量权办法》《湖南省政府服务规定》等，湖南省已搭建了法治湖南建设的制度框架。更大范围的地方法治实践也日益发展，如 2005 年 5 月，福建、江西、湖南、广东、广西、海南、四川、贵州、云南九省（区）地方税务局协商制定了《泛珠三角区域地方税务合作协议》，提出了"坚持依法治税，强化税收征管，优化纳税服务，营造泛珠三角区域法治、公平、文明的税收环境"等有关跨行政区域的区域法治概念。近年来，这类跨行政区的区域法治实践更是在西部开发、"长三角"和"（泛）珠三角"以及行政边界区域广泛开展。

可见，法治的地方实践已经成为不容置疑的事实，否定地方法治就会丧失对这些地方法治实践的合理关注、引导和规制，从而破坏国家法治整体发展。可以说，国家和社会法治是战略问题，地方法治是战术问题，它们是整体与组成部分，不是非此即彼的选择问题。

本研究认为，地方法治是指在社会主义和谐法治建设中，在遵循国家法制统一的前提下，地方根据其具体情形，充分发挥地方主动性和积极性践行法治的行动和状态。"地方法治"首先是国家和社会整体法治

---

① 朱未易. 地方法治建设绩效测评体系构建的实践性探索：以余杭、成都和香港等地区法治建设为例的分析［J］. 政治与法律，2011（1）.

的一部分，法制统一原则是其前提；其次是充分组织和调动、发挥地方灵动性，创建解决地方事务的长效机制。只要有必要，也有地方主动性积极性发挥的合理空间，并且不与宪法和法律相抵触，地方法治就可以原子化到最小的行政区划如乡镇。因为乡镇有权力机关及其执行机关，是国家政权机构与最基层人民群众最直接的连接点，法治归根到底就是要在法律框架内组织和畅达民意、推动真实的国家意志的形成，并对国家权力和社会权力予以监督和控制，前者是法治民主，后者是法治控权。有人认为"没有立法权的市、县以及立法权在省级权力机关监督之下的较大的市，不宜类推套用诸如'法治杭州''法治苏州''法治某某（区）'等提法"①。显然，这是将法治等同于立法，并且仅仅是地方规章以上的立法，在当下其实是由成千上万的规范性文件实际治理下的中国，地方政府"红头文件"使国家法律、地方人大成为地方政府的"备用性"工具。"法治某某乡镇"反而提醒基层政府官员和民众关注国家法制统一，必须遵守国家法律，依法行政、依法监督和接受监督。其实，我国《宪法》对国家权力结构最为权威的规定是被反复引用和反复忽视的第2条，即"中华人民共和国的一切权力属于人民。人民行使国家权力的机关是全国人民代表大会和地方各级人民代表大会，人民依照法律规定，通过各种途径和形式，管理国家事务，管理经济和文化事业，管理社会事务"，这个条文体现了立宪者卓越的政治智慧和勇气。人民是一切权力的所有者，在遵循法治统一的前提下推行地方法治，合情合理合法。也只有法治到了地方而不仅仅是送法下乡、"法制"到地方，才可能真正使国家和社会整体的"和谐法治"落地生根。

地方法治就是具体法治。法治的主体是"人民"，而不是政府，不

---

① 李燕霞. 地方法治概念辨析［J］. 社会科学战线，2006（6）.

是作为国家机器的人大这个机构，更不是作为执行机关的行政机构。地方法治不影响国家立法权的依宪划分和行使，更不影响司法权力的国家保留，也不应该影响国家司法对区域社会"民间法规范"进行合宪性审查和适用。因为司法权的中立性、裁判性和最终性，司法权是所有公共权力中最有理由从中央直接贯彻到社会最底层的权力，而不得受任何其他权力的有形无形的侵扰。从"包青天"之类的历史故事里不难提炼出中国底层对来自国家最高层的公正裁判的信赖和依赖，也提醒当政者要高度尊重司法裁判权力。

地方先行先试权是立足于立法主导的法治，如果立足于治理角度、民间视角来看就应该也可以突破立法权限的束缚，以立法适应法治的社会需求而不是法治束缚于立法，这样才能更好地发挥"地方各级人民代表大会是地方各族人民权利和利益的代表"，人民主权才可能真正落实，并在此基础上，国家立法才能更好地汇聚民意，凝成国家意志，立好法。和谐法治必须突破自上而下单向的法治模式，而畅通自下而上的法治通道，这样才可能在法律的统治下而不是在以行政权力为轴心和统辖的国家权力统治下推进国家和社会整体法治。所以本研究认为，在坚持法治统一，即维护和推进国家和社会普遍适用的法治理想的前提下，提出地方法治、区域法治、先行先试是可行的和合理的。需要明确的是地方法治决不能固守在立法主导之下，立法再多，如果不能在地方实行，不能充分组织和发挥基层社会的法治积极性，则立法越多国家法治的实现越渺茫，因为所有的立法都可能因执行法律者的专权、只求效率而忽视民意诉求和公平正义而使法律在社会基层成为具文。

当前法治的城乡差别是极其明显的，城市的规范化、组织化程度、城市法律人数量和质量、城市的法律基础设施和文化建设都是农村无法比拟的。差距更大的是，在整个法治的城市中心立场下，农村法治在有些地区几乎处于无政府的自然状态，尤其是长期以来在农村基本上沿用城市的、工业化的思路处理农村生产与生活污染和生态破坏，农村环境执法、司法举步维艰。姚建宗教授指出当前我国法律人（包括法律学者和法律实务工作者）思考法治问题的立场和态度，总是"有意无意地站在城市位置，以'城里人'的口气在讲话，法治的中心似乎天经地义地在城市；农村作为城市的边缘化地域，似乎也理所当然地被认定为是法治的边缘或边疆"①。缺乏地方和区域的法治视角，国家和社会的整体的和谐法治理念就无法落实到基层，就无法消泯城乡分立的法治隔离，试图以城市包围农村将全部农村按城市道路法治化，即使能够如愿，在这个长期和艰难的过程中，恐怕难免会出现农村法治荒漠时期，为城乡违法或无序提供机会，国家和社会的和谐法治理想就会面临更残酷的挑战。我国的法治实践"必定是在对西方法治的借鉴与批判之中展开的"；但同时，"也必须克服其'城市中心主义'的态度和立场"②。

根据国家和社会现实，需要从实践到理论展开深刻反思，总结其经验，开展多样化的地方法治和行政边界区域法治研究和实践。

（二）"区域法治"的界定

从上述分析可知，"区域法治"属于"地方法治"，也是国家法治的重要部分。当前对"区域法治"的研究远远滞后于区域公共管理/治理的研究和实践，国内目前能查到的以此为主题的编著、专著仅有如下几本：《区域法治建构论——西部开发法治研究》是第一部直接冠以"区域法治"的著作，它力图"从理论和实践相结合的角度开拓我国区

---

① 姚建宗.法治的多重视界［J］.法制与社会发展，2000（1）.
② 姚建宗.法治的多重视界［J］.法制与社会发展，2000（1）.

域法治这一崭新的法治形态"①，该著作集中对西部开发法治的诸多重
要领域进行分析和探究。《区域经济法论纲》则通过对区域经济法体系
和立法宗旨、区域经济管理机构法律制度、区域经济协调发展法律制
度、区域经济法合作法律制度等展开研究，力图"构筑较为完整的区
域经济法律体系，为实现区域经济协调发展提供制度保障"②。《中国区
域开发的法制理论与实践》③ 对我国西部大开发的法律问题、"中部崛
起"法律问题、东部跨越发展法律问题、环渤海地区发展法律问题等
专题性的初步介绍。此外，法律出版社于 2009 年推出的"区域与都市
法制研究丛书"，目前已出版十本④，但其中仅有《区域行政规划研
究》《区域性行政协议研究》两本书是真正研究化解跨行政区府际竞争
困境的"区域法治"作品。《区域行政规划研究》通过文本和实证分
析，从区域行政规划的理论和现实基础、适用领域与权限依据、区域行
政规划制定主体、程序、实施机制和利益补偿机制等方面对我国行政规
划法治化进行研究，提出现行法律框架下我国区域行政规划法治化的可
行途径。《区域性行政协议研究》则对我国近年来大量涌现的区域行政
协议进行实证研究，内容涉及区域行政协议的缔结、批准、效力、履行
以及纠纷解决机制，并指出"区域经济一体化需要行政协议法""只有

① 文正邦，付子堂. 区域法治建构论：西部开发法治研究［M］. 北京：法律出版社，2006.
② 殷洁. 区域经济法论纲［M］. 北京：北京大学出版社，2009. 该书是作者的博士学位论文（华东政法大学，2008）。
③ 刘隆亨. 中国区域开发的法制理论与实践［M］. 北京：北京大学出版社，2006.
④ 王诚. 改革中的先行先试权研究，2009；陈振宇. 城市规划中的公众参与程序研究，2009；董礼洁. 地方政府土地管理权，2009；李煜兴. 区域行政规划研究，2009；何渊. 区域性行政协议研究，2009；杨力. 司法多边主义：以中国社会阶层化发展趋势为主线，2010；郑成良，杨力，宾凯，等. 司法推理与法官思维，2010；叶必丰，何渊，李煜兴，徐健等. 行政协议：区域政府间合作机制研究，2010；叶必丰. 城乡法制状况调查，2011；陈兵，黄哲，叶晔，等. 城市法制问题研究，2011.

完善的行政协议法……才能实现政府对各主管部门、中央对地方、国家权力机关对行政机关的监控，才能保障公众的参与和明确政府与市场的界限"①。并对行政协议的立法模式及行政协议法和行政程序法的对接进行了探索。王春业博士的《区域行政立法模式研究——以区域经济一体化为背景》② 是第一本系统探讨区域立法的专著，该书分析了我国地方行政立法的流变过程，认为区域行政立法是其必然结果，分析了区域行政立法模式产生的必然性和必要性，并对区域行政立法体制、程序、原则、监督机制等一系列具体问题进行了系统探索，有较高的理论和实践价值。

此外，近十年来不少学者撰写论文对如何处理中央与地方以及地方政府之间的关系，解决跨行政区域矛盾，实现区域法治进行了探讨。但是，这些研究主要集中在探讨区域性立法协作，如杨寅③、叶必丰④、刘水林与雷兴虎⑤、方世荣与王春业⑥、宋方青与朱志昊⑦等分别从不同视角对区域立法体系、立法模式等进行了研究。

综合上述研究发现，当前"区域法治"的研究主要还是"立法主义"导向的，强调区域法制的建构，而对区域法治缺乏系统关照，甚至连究竟什么是"区域法治"也没有进行深入研究和定义。被学者较

---

① 何渊. 区域性行政协议研究 [M]. 北京：法律出版社，2009：168 – 170.
② 王春业. 区域行政立法模式研究：以区域经济一体化为背景 [M]. 北京：法律出版社，2009.
③ 杨寅. 行政区域利益冲突的法律规制 [J]. 法学评论，2006 (3).
④ 叶必丰. 我国区域经济一体化背景下的行政协议 [J]. 法学研究，2006 (2).
⑤ 刘水林，雷兴虎. 区域协调发展立法的观念转换与制度创新 [J]. 法商研究，2005 (4).
⑥ 方世荣，王春业. 经济一体化与地方行政立法变革：区域行政立法模式前瞻 [J]. 行政法学研究，2008 (3).
⑦ 宋方青，朱志昊. 论我国区域立法合作 [J]. 政治与法律，2009 (11).

多引用甚至是当前能查阅到的罕有的定义是："区域法治是指在一个政治协调统一的地域内，为体现统一的法律精神，由不同区域根据自己的特点，制定适合本区域的法治规则和制度，对社会进行治理的方式。它是法治本质要求在特定区域的表现形式。"① 该定义存在明显的不足，一是强调区域"法治规则和制度"的制定；二是区域法治的范围模糊，"在一个政治协调统一的地域内"，这既可能是在跨主权国家的国际区域，也可能是在主权国家内跨一级行政区的战略性经济区域，也可能是指主权国家内跨行政边界的区域，还有可能是指主权国家内单一行政区域内的法治。对"区域法治"做这样的模糊界定，难免导致区域法治的理论认识与实践的泛化。

系统研究西部开发区域法治的文正邦教授虽然一直没有对"区域法治"明确定义，但是他从他的"区域"概念出发，对区域法治做了分类，他认为，"所谓区域，是指跨越于民族国家或行政区划的，在经济、政治、文化以及社会问题上具有共同性和固有特点（即区域性问题）的地域统一体"②。这一"区域"定义包括了"跨越于民族国家"的国际区域，但文正邦教授并没有对该领域进行研究，该定义突出了跨行政区这一要素，即将单一行政区域内法治排除在"区域法治"范围之外，但是其对区域法治的分类却包括了单一行政区域内的法治。文教授将国内区域法治分作如下三类③。

第一类，准区域性法治建设。如上述"法治江苏""法治湖南"

---

① 楼伯坤，金炜亮. 区域法治与刑事政策区域化：以"法治浙江"为模本［J］. 法治研究，2007（2）.

② 文正邦. 区域法治研究纵论［M］//法制现代化研究：第十二卷. 南京：南京师范大学出版社，2009：357.

③ 文正邦. 区域法治研究纵论［M］//法制现代化研究：第十二卷. 南京：南京师范大学出版社，2009：373－374.

"法治成都""法治余杭"等同一行政区划内的法治建设。一方面，它们并不符合关于区域和区域性问题"跨行政区划"性的要求，本应属于"依法治省""依法治市""依法治区""依法治县"等范围；另一方面，"由于行政区划也是分层次的，如果在同一行政区划内，就下辖若干行政区划的法治建设问题的协调和互动而采取的办法和措施，似也带有区域法治建设的某些属性"。

第二类，局部性区域法治建设。如"泛珠三角区域""长三角区域""京津冀三角区""环渤海经济区""三峡库区"以及"北部湾经济区"等的区域法治建设问题。这类区域法治建设具有跨行政区划的性质而确属于区域法治建设范围，"这类区域法治建设也是非常有价值和意义的"，但是，这类区域毕竟是局部性的区域，而且比较松散，具有一定因时性，因而可以将它称作"柔性"区域。"这类区域的协调发展和法治建设虽然也十分重要，但它毕竟还没有上升到直接关系国家建设和发展全局战略，寄寓着实现全国区域协调发展之重要历史使命的地位，而且这类区域的法治建设问题和经验，还不可能形成一种稳定的制度构架和理论形态"。

第三类，综合性区域法治建设。"即针对我国落后地区开发或特定地区发展，并以实施我国区域开发和发展战略为背景的区域法治建设"，即关于西部开发战略以及振兴老工业基地和促进中部崛起等发展战略的区域法治建设。它们既具有跨行政区划的特点，又综合了具有相对稳定的许多共性，且直接关系着国家建设和发展全局战略，因而可以将这类区域称作"刚性"区域。"这种综合性区域法治建设是最值得我们大力提倡和推行的"。

这一分类很大程度上利于明确区域法治的性质和范围，但是也欠严谨。

　　首先，"区域法治"更具涵括性，能对不同层级不同类型的区域环境法治具有一般性的指导意义。"在同一行政区划内，就下辖若干行政区划的法治建设问题的协调和互动而采取的办法和措施"，具有跨行政区法治的典型特征，不能因其有上一级地方政府的协调就视为"准区域法治"。从性质上看，这与跨省级行政区的区域法治并没有什么区别。因此，笔者认为应该将这类法治归属于典型的区域法治，或文教授所说的"局部性区域法治"。

　　其次，"局部性区域法治"忽视了法律关于跨行政区纠纷的"协商、协调"制度的刚性规定。"泛珠三角区域""长三角区域""京津冀三角区"等的区域法治建设问题，确实会因为经济格局的不断发展而变化，具有"松散""因时性"等特征，作为"柔性"区域未尝不可。但是，跨行政边界尤其是跨省的边界区域的"局部性"法治问题，却往往具有明显的刚性，一是行政边界区域因行政区设置具有法律强制的刚性、不可能轻易变化而具备了基本相应的"刚性"，边界区域的财权、事权等都分别归属相关行政区，协调任务和协调机制建设都很繁重也很重要；二是我国法律明确规定了跨行政区事务由有关行政区政府协商或由共同的上级政府协调解决，因而这类边界区域法治也具备了一定法律的刚性。同时，也正因为此，笔者认为文教授关于"这类区域的协调发展和法治建设"的问题和经验，"还不可能形成一种稳定的制度构架和理论形态"的判断有失偏颇。且不说公共管理学将区域治理理论广泛运用到了这类行政边界区域政策和法律的协调问题展开的研究，上文叙述的关于"区域行政立法""区域行政协议""区域行政规划"等的研究都已经具有一定的深度，其"理论形态"并不一定比当前对西部开发中的"区域法治"研究的"理论形态"弱，而且已经有了法律法规和众多的地方法制协调方面的规定，其"制度架构"也具有相当的稳定性，亟需进一步总结和探讨。此外，认为这类区域法治"还没有上升到直接关系国家建设和发展全局战略，寄寓着实现全国区域协调发展之重要历史使命的地位"，也很值得商榷，行政边界遍布全国，而且边界区域往往成为群体性事件的发生地，这种遍地"狼烟"的状况，更会影响国家和社会和谐法治、可持续发展全局战略的实现，而且这类区域法治也直接制约着西部开发等区域法治的成败，西部各行政边界区域冲突同样是西部区域法治中需要格外重视并难以轻易解决的重要问题。

再次，"局部性区域法治建设""综合性区域法治建设"的分类欠准确。在主权国家内，相对于全国而言，所有区域法治都必然是"局部性"的，相对于交通、税务、环境保护等专项"区域法治"而言则所有的"区域法治建设"又都是"综合性"的，而且既要考虑国家法治背景，又要综合把握该区域政治、经济、文化等各方面因素。

综合上述分析，本书认为"区域法治"是指主权国家内这样一种法治过程或状态，即对跨行政区的区域性事务（尤其是行政边界区域法治协作事务），在法治统一性前提下，由相关主体通过多种途径参与、协商、合作，灵活多样地贯彻实施宪法和法律，协调并贯彻实施地方法律法规，以实现区域利益均衡。整体上看，"区域法治"属于地方法治范畴。

这一定义强调区域法治是一种法治过程或法治状态，即通常所说的"动态的法治"或"静态的法治"；也强调了"跨行政区"要素和事务的"区域性"，即将问题明确为某一跨行政区的自然地理区域内的事务，将那些间隔了其他行政区的跨行政区事务排除在外。此外，该定义强调区域法治首先要保障宪法和法律在区域中的贯彻实施，同时突出区域内各行政区进行地方法治协作；并且鉴于区域法治是地方法治，是国家意志与社会底层民意上下直接沟通的场合，因而应该强调区域法治必须通过多元主体灵活、广泛地表达意愿，共同参与决策和有效监督公权力的行使，以实现区域利益的均衡。基于区域的层次性，可以将区域法治分作三类。

第一类是宏观层面的区域法治，或称"战略性区域法治"，专指国家发展战略布局性区域的法治。如西部开发中的区域法治、东北振兴中的区域法治等。

第二类是中观层面的区域法治，指"长三角""泛珠三角""环渤海"等主要是基于经济一体化需要而产生的区域法治。区域内各省级行政区是这类区域法治主导者。

第三类是微观层面的区域法治。包括省级行政区内跨县市区域的法治，如长株潭城市群区域法治、武汉城市圈区域法治、"珠三角"区域法治等，也包括省级行政边界区域法治，如苏浙边界区域法治、陕晋蒙边界区域法治、湘鄂渝黔边界区域法治，还包括省级以下行政区边界区域的法治，尤其是后两者直接面对行政区间具体冲突，问题更加明确和微观。

本研究基本上不关注宏观层面的区域法治，重点研究的是微观层面的省级行政边界区域的环境法治，但是中观层面的区域环境法治和省内跨县市的区域环境法治也纳入研究的视野，这主要是因为省际边界区域环境法治也涉及省级政府和该边界区域内相邻县市政府主体，且对中观层面的区域法治和跨县市的边界区域法治都有借鉴意义。

二、"行政边界区域环境法治"的界定

（一）术语的选用

本研究不主张采用"跨行政区的环境法治""跨区域环境法治"

"跨省边界环境法治"或"省际环境法治"等概念来概括本书所讨论的环境法治问题,而是主张采用"区域环境法治"这一术语①,更明确一点即"行政边界区域环境法治"。主要有以下几个方面的理由。

第一,"行政边界区域环境法治"更能涵括不同行政层级区域性环境法治。跨行政区的环境问题相当程度上在省级以下的行政单位边界也普遍存在,甚至更为普遍和频繁,所谓"跨省界"或"省际"无法涵括这些跨县市或跨乡镇的环境问题。虽然多数人认为在同一省辖区内,一体化治理比较容易,但也多是通过政治和行政协调尤其是上级命令、财政或人事施压的方式,而法治的长效机制同样欠缺,同样容易导致同质问题因个别化处理而产生截然不同的结果,于是省辖各行政单位都会竭力增加自己政治和行政博弈能力和途径,即使因为现行体制下县市级政府财权、用人权和事权都受控于省级政府,省级政府对其有更多的直接控制力,但是也难以避免其决定和命令在基层政府被曲解地执行甚至被变相地废弃,导致政治和行政成本不断增加,这种情况与省级行政边界区域的情况并没有什么本质性差别,只是在调查、协调的难易程度上没有省级行政边界区域环境治理的难度大。这类问题必须放弃"平面化"或"直线化"理解管辖边界的传统,转而综合、"网状化"地探究多元社会主体或社会权力对国家和社会事务的跨行政边界参与,保障国家公权力的有序运行,使其有"制"可循,以免简单、泛化地将这类环境问题归于体制问题而束缚更广域的探索。

第二,"跨"区域(或者"跨"行政区域)的提法影响对核心矛盾的把握。虽然这种提法有现行法律中"跨行政区"的基本规定为依

---

① 参见拙作. 我国区域环境法治研究现状及其拓展 [J]. 吉首大学学报(社会科学版),2010(6);论区域环境法治中的权力结构 [J]. 法学杂志,2011(9);区域环境法治:困境与对策 [J]. 求索,2011(3).

据，但是根据上文关于"区域"的分析，现行法律中的"区域"是一个以"行政区"为主，包括"经济区域""生态环境区域""社会文化区域"甚至政策或"规划"区域等在内的并不严谨的术语，"跨区域"环境法治会影响对这类环境法治问题的核心矛盾（即区域环境的整体性被刚性行政区划所分割）的把握，严格说来跨经济区域和跨文化区域的环境问题，因为其因时性和不确定性等重要原因而不可能形成稳定性的制度框架，除非被纳入行政区的框架下思考。而即使是"跨行政区"环境法治的提法也欠明确和妥当，一方面会导致将诸如全国范围内跨行政区污染转嫁等属于现行环境法防止污染转嫁①（如实行污染物质转移的"联单制度"等）的制度也纳入其中；另一方面，即使将其理解为跨行政区的边界区域环境问题，也很容易让人简单地将这类问题看作是应由相邻行政区政府沟通和协调的"个案问题"，或者表象地将其视为单纯的行政事务，忽视制度性长效机制的建设。这与当前区域性环境问题的普遍性和严重性显然不符，同时，区域环境法治问题涉及到从中央政府到具有"准政府性质"的"基层群众自治性组织"等公共权力的运行，也影响到包括区域内各政府及其上级政府、企业和公民以及社会组织等多元主体多元利益关系，只是按照传统的行政沟通和协调的理路，难以构建有效的长效机制，这样的"跨行政区"环境法治自然也难以实现。

第三，"行政边界区域环境法治"能体现区域环境的自然本性。整体性和区域性是环境的自然本性，一个区域环境内部同样具有其整体性和独特功能性。"区域环境是指占有一个特定的地域空间的自然环境或

---

① 如"沈阳冶炼厂非法向黑龙江鸡西市梨树区转移有毒化工废渣造成重大环境污染案"。参见李艳芳，唐芳. 环境保护法典型案例［M］. 北京：中国人民大学出版社，2003：93－96.

人为环境。区域环境具有独立的结构和特征……不同的区域环境所产生的环境问题是不同的。就人类环境系统而言，区域性是其基本特征。"①行政边界区域环境因其自然本性被行政区划所分割而产生的环境问题从发生学上而言也是独特的，必须针对性思考。从纯自然因素来看，"环境区域的范围限定在污染的外部性影响所能达到的最远边界，是一个边界相对模糊、外部性影响相对封闭的区域。可以基于污染物的阈值浓度、自然净化能力和经济活动的相关性，确定区域环境的范围"②。但是，行政边界区域环境因为行政边界的法律刚性，这样的环境区域是可以借助行政区划，同时考虑"污染物的阈值浓度、自然净化能力和经济活动的相关性"等而予以明确的，因为根据现行法律制度，影响该区域环境的核心因子都处于相邻的不同行政区规制之内。"区域环境法治"启示人们关注环境的区域本性，从本源上有针对性地探索解决行政边界区域环境保护问题。这样，有助于避免将区域环境问题简单停留在行政分割本身，从而在有关决策上更科学地从区域环境本性上进行权衡取舍和制度创新。吕忠梅教授指出，应该修改环境保护基本法，"打破行政区划，按照生态规律设置生态区域管理为主的新型管理体制"③，尊重生态规律应该成为环境法的基本原理。

第四，"行政边界区域环境法治"更符合学术传承。区域科学从"区域地理"拓展到"区域行政""区域政治""区域经济"以及近十多年来异军突起的"区域管理""区域治理""区域法治"等广泛领域，"行政边界区域环境法治"需要从区域科学中汲取学术营养，并为"区域法治"提供更符合可持续发展的支持。

① 吕忠梅. 环境法学 [M]. 北京：法律出版社，2008：319.
② 张春楠. 论区域环境管制与治理 [J]. 生产力研究，2001（4）.
③ 吕忠梅. 中国需要环境基本法 [J]. 法商研究，2004（6）.

　　此外，本研究也不赞同"区域环境一体化"或"区域环境法治一体化"的表述。虽然，这样的表述有其现实理由：区域环境法治是随着"区域一体化"（regional integration）而突显的主题，是为了以法治手段克服各行政区对行政边界区域环境保护的忽视，以促进"区域一体化"可持续发展。但是，通常说来，"区域一体化"是指区域经济一体化，即"按照自然地域经济内在联系、商品流向、民族文化传统以及社会发展需要而形成区域经济的联合体""同时也是建立在区域分工与协作基础上，通过生产要素的区域流动，推动区域经济整体协调发展的过程"，是"跨行政区划的经济与社会的一种发展状态"①。"区域环境一体化"的命题显然受"区域经济一体化"的影响。但是，"区域环境"从其自然本性上看就是一体的，只存在如何去认识并在制度上如何尊重这一自然规律的问题，不存在"区域环境"一体"化"问题；"区域经济"更多源于人们的生产、生活习惯和制度影响，即主要是"人为"的，"区域经济一体化"是对"各耕自家三分地"的传统"行政区经济"的反叛而转向区域规模经济，是这些"行政区经济"突破现有规模和人为分割而扩展融为一体，必然是有一个一体"化"的过程。这种"区域经济一体化"往往专注于经济规模本身因而难免会不时偏离自然规律和经济规律，成为"区域环境问题"的肇因之一。区域经济一体"化"的过程中如果充分考虑到区域环境的自然本性，有利于推进区域环境法治发展和区域经济和社会的可持续发展；而如果唯"区域经济"的马首是瞻，纵使不同行政区之间不乏经济协作，其结果也已有淮河久治不愈等众多的经典例子佐证。而且，处于"后发劣势"的其他区域不可能再有淮河流域的"先发展后治理"的经济发展机遇。

---

　　①　李煜兴. 区域行政规划研究［M］. 北京：法律出版社，2009：23.

　　但是，如果放弃"高消耗、高污染、低产出"的资源浪费型经济发展模式，切实实现"历史性转变"，将环境保护与经济发展并重，甚至在一定区域实行"环境保护优先"①，前瞻性地优化产业结构，则可以将环境资源条件转化为后发优势，实现区域环境和经济的可持续发展。"区域经济一体化"建设和发展必须推进和借助于长效的"区域环境法治"。

　　"区域环境法治一体化"虽然可以理解为面对当前解决区域环境问题的法律机制受行政分割而"碎片化"的现状，而提出"法治一体化"的要求。但也不宜说是"区域环境法治"的"一体化"，说成"环境法治的区域一体化"要贴切一点。而考虑到一个主权国家其环境法治的整体性，考虑到地方环境法治与国家环境法治的整体与组成部分的关系，该表述需要进一步完善为"地方环境法治的区域一体化"才显得更为妥当，但那主要已经不是本研究所要讨论的行政边界区域的环境法治了。事实上，"行政边界区域环境法治"因为其立足的区域环境自然本性上的整体性而内在地具备了"一体"的本质，环境法治建设应该充分尊重这一本质。

　　总之，笔者认为"行政边界区域环境法治"的术语最为明确，除了已经在上文分析中排除了现行环境法中的"特殊区域"环境法治、充分

---

① 2005年12月3日通过的《国务院关于落实科学发展观加强环境保护的决定》第3部分第8条明确提出要"促进地区经济与环境协调发展"，并首次提出："在环境容量有限、自然资源供给不足而又经济相对发达的地区实行优化开发，坚持环境优先"；"在生态环境脆弱的地区和重要生态功能保护区实行限制开发，在坚持保护优先的前提下，合理选择发展方向，发展特色优势产业，确保生态功能的恢复与保育，逐步恢复生态平衡；在自然保护区和特别有保护价值的地区实行禁止开发，依法实施保护，严禁不符合规定的任何开发活动。"2014年修订后的《中华人民共和国环境保护法》第5条明确规定了环境保护坚持"保护优先"的原则。2016年1月5日，习近平总书记在重庆主持召开推动长江经济带发展座谈会，正式系统提出"生态优先、绿色发展"的纲领性要求，成为随后的《长江经济带发展规划纲要》以及全国经济社会提质与创新发展的战略性方针。

尊重了"区域环境"的自然本性等理由之外，该术语还可以避免对其泛化理解：如果将"区域环境法治"中的"区域"理解为"行政区域"，则在现行立足行政区划的环境法治体系中，"行政区域环境法治"的术语难免叠床架屋；如果将"区域环境法治"中的"区域"理解为"经济区域"等，则更加失去法学术语的基本稳定性和内在规定性。

（二）"行政边界区域环境法治"的法律内涵

结合上文分析，本研究将"行政边界区域环境法治"定义为：基于自然环境的区域性，在行政边界区域，为克服行政区划等人为分割区域环境所产生的不利影响，通过政府尤其是区域内各行政区政府、企业以及利益相关的居民和社会组织之间广泛、开放的协商与合作而推行的地方环境法治。

具体而言，对"行政边界区域环境法治"可以做如下理解。

1. 行政边界区域环境法治属于地方环境法治的范畴

在环境保护领域，国际社会公认为必须坚持"全球视野，本土行动（Think globally，act locally）"，全球环境问题的解决只有考虑到地方背景的生态、经济和文化差异才能落实到行动，换言之，环境问题必须根据其"独特的自然、气候以及文化背景"才能得以解决①。"环境法治本身具有内在的地方性特征"，地方环境法治因而成为现实必要，"地方环境法治是指一国某一特定区域内的环境法律制度及其运行的有机统一。"② 这一定义有失偏颇，"某一特定区域内的环境法律制度"会引起忽视国家法制统一性的误解。因此，笔者根据上文关于地方法治

---

① EBLEN，R A，EBLEN W. The Encyclopedia of the Environment ［M］. HOUGHTON MIFFLIN COMPANY，BOSTON，1994：702.

② 王灿发. 北京市地方环境法治研究 ［M］. 北京：中国人民大学出版社，2009：45.

的界定，认为地方环境法治是指在社会主义和谐法治建设中，在遵循国家环境法制统一的前提下，地方根据其具体的自然环境、社会和经济状况，充分发挥地方主动性和积极性践行环境法治的行动和状态。这一定义强调地方环境法治作为国家环境法治的一个部分，既坚持国家环境法制的统一，又保障其在不违背国家环境法治基本精神的前提下，结合地方具体自然环境、社会文化习俗以及经济发展现状等因素，充分发挥地方进行环境法治的主动性和积极性，创造性地实施国家和地方环境法制。

严格说来，每个区域环境都有其独特的自然、社会结构和功能，具有"独特的自然、气候以及文化背景"，同时，行政边界区域环境法治所涉及的问题从微观层面看，都直接关涉区域内公民或区域基层其他主体的切身环境利益，即使因为区域内各基层政府未能协商解决而不得不请求上级政府协调解决，也并不影响该问题本身的"地方性"。因此，区域环境法治属于地方环境法治范畴，需要创设灵活有效法律机制，依靠和充分调动该区域内各主体的积极性和创造性，将区域环境问题尽可能解决在当时当地，《里约环境与发展宣言》原则十强调："环境问题最好是在全体有关市民的参与下，在有关级别上加以处理……应让人人都能有效地使用司法和行政程序，包括补偿和补救程序。"将区域环境法治作为地方环境法治建设，更有利于针对行政边界区域地方特性在区域层面上建构和完善有关法律机制。

2. "行政边界区域环境法治"是为了克服行政区划等人为分割区域环境所产生的不利影响而推行的环境法治

这一规定性决定了"区域环境法治"的"区域"视野集中于行政边界区域。刚性的行政区划将区域环境人为分割，区域内各行政区政府权力局限于本辖区运行，各行政区为了保障本辖区的环境质量往往将工业区或污染产业置于边界地带，常常使边界区域成为各行政区的污染集中区，从而导致其超过该区域的环境容量，或因各行政区政府不良竞争而有意无意放松环境管治不断导致环境污染和破坏事件，引发持久的行政边界区域环境纠纷；而边界两侧的企业与企业、企业与居民之间的环境纠纷即使是环境民事纠纷，也因为救济（尤其是司法救济和民间救济）机制不完善，甚至因为政府与本辖区企业形成利益共同体而以行政权力侵入、干扰民事纠纷的依法解决，从而导致区域环境民事纠纷集中到行政渠道，导致其转化为相邻行政区政府之间的环境行政纠纷甚至政治问题，使区域环境民事法律问题也政治化、复杂化。我国区域环境治理体现了这样一个现实，即在公民社会欠发达和法治不彰的领域，任何具体的法律问题都有可能最终转化成政治问题，使基层社会生活处于不可预期状态，使国家和社会的和谐、稳定不断受到挑战。如甘肃、青海两省交界处的甘肃省连城铝厂大气污染赔偿案①，就是在两省人大和

---

①　甘肃、青海两省交界处的甘肃省连城铝厂距青海省乐都县的芦花等 3 个乡 5 至 25 公里。连城铝厂于 1974 年建成投产，年产 6 万吨电解铝。该厂没有任何回收含氟烟尘的设备，在生产中排放出大量的含氟烟尘，飘落到芦花等 3 个乡方圆 350 平方公里的土地上，严重污染了 12.9 万亩（8600 公顷）耕地和 22.3 万亩（1.5 万公顷）草原。据监测，3 个乡地区大气中氟化物的含量超过国家标准 1.6—3.2 倍，土壤中氟的含量比对照点高出 63—76.3 毫克/公斤，粮食和牧草中氟的含量超过国家标准 4—7 倍。严重的氟污染引起芦花等 3 个乡地区生态环境的全面恶化和人口素质的急剧下降。3 个乡的儿童斑釉齿的发病率高达 87.3%，被普查的 30440 人中，患有氟中毒症状的就有 7529 人，不少中青年农民因此而丧失了劳动能力。这引起了国家环境保护部门的关注。国家环境保护局以及青海省、甘肃省环境保护局多次进行协调，但因种种原因未获成功。为消除污染，乐都县人民政府于 1987 年年底诉至兰州市中级人民法院，并于 1988 年年底上诉于甘肃省高级人民法院。期间，青海省人大还向甘肃省人大、全国人大常委会报告了该污染 10 年得不到公正解决的事实，引起了国家最高权力机关的关注和重视，从而加速了案件的审理进程。1989 年 4 月 1 日，甘肃省高级人民法院终审判决连城铝厂向乐都县赔偿 94 万元。参见解振华.中国环境典型案件与执法提要 [M].北京：中国环境科学出版社，1994：258 - 260.

国家最高权力机关积极干预下才得以解决的；湘渝黔边界"锰三角"污染是在时任国家主席四次批示督促下才基本得以解决；江浙边界水污染纠纷虽经过司法判决，但也是在人大积极干预、中央领导批示、中央政府督办才得以阶段性解决。行政边界区域环境法治就是要寻求法律机制以协调区域内各地方政府在区域环境保护中的各种冲突，以法律方式解决影响该区域环境保护的相关企业、社会组织和公民之间的各类环境纠纷，使环境法律制度及其运行能将区域环境本身回复到其自然的整体状态，实现人际及人与环境的和谐"善治"。

3. "行政边界区域环境法治"需要多元主体共同行动，而不仅仅是相邻行政区政府的协商或上级政府的协调

现行环境法规定跨行政区的环境保护和污染防治工作由相邻行政区政府协商或由上级政府协调解决，做出决定。既没有规定协商、协调的具体机制，也没有规定所做出的决定的效力，更没有规定不服决定的救济途径，使该制度实际成为了政府尤其是行政部门"内部"事务，这种方式可以归结为"行政性政治方式"，依靠上级政府行政或政治的压力型机制以求息事宁人，治标不治本。区域环境问题涉及政府、市场和社会三大类主体。其中政府既包括纵向的上、下级政府也包括横向的相邻各行政区政府；市场主体主要表现为各行政区影响到该区域环境的企业；社会主体既包括区域居民也包括有关的公民组织如法律规定的基层群众自治组织等，尤其是后者更具有区域多元利益积聚、表达的能力，其在区域环境法治中的主体地位更应该获得法律的认可，并通过法律制度引导和增强其参与行政边界区域环境法治的能力。这是区域环境法治需要深入研究的问题。俞可平认为，公民社会是"官方政治领域和市场经济领域之外的民间公共领域""公民社会的组成要素是各种非政府组织和非企业的公民组织，包括公民的维权组织、各种行业协会、民间

的公益组织、社区组织、利益团体、同人团体、互助组织、兴趣组织和公民的某种自发组织等等"①。公民组织是介于政府系统（"第一部门"）与市场系统（企业，即"第二部门"）之间的"第三部门"（the third sector），是地方治理的核心和基础力量。行政边界区域环境法治必须保障这类主体法律上的"权力—利益"主体地位，使其"能够在法律规定的范围内不受干涉地独立行使权力、对区域治理范围内涉及公民切身利益的事务享有独立的决定权及处置权"②，并能及时充分地获取必要的行政或司法的救济手段，这样才能更有效地参与到政府之间、政府和企业以及企业和企业之间在区域环境资源的开发利用和保护中的博弈。

4. "行政边界区域环境法治"强调协商合作以回应多元化区域环境治理现实需要

当前环境法治是建立在行政区划和科层制架构下的压力型法治，这种机制偏赖于国家公权力的自上而下威权，上令下从成为国家机器运行的基本逻辑，不仅缺乏纵向府际协商合作的制度空间，横向府际协作也缺乏制度支持，而公民社会的法律主体地位及其与国家公权力的互动更是缺乏明确的法制保障。正是这样导致了行政边界区域环境问题难以解决。区域环境法治强调对这一现实的回应，不仅要通过法律机制的构建和完善以"软化"科层制的刚性，使上下级政府通过更多的柔性机制可以针对具体问题进行协商和合作；而且要突出横向政府间的沟通、协调和联合行动，以"软化"行政边界的刚性分割，搭建横向政府间协商合作的制度平台；当前尤其要强化公民社会的区域环境法治主体地

---

① 俞可平. 中国公民社会：概念、分类和制度环境 [J]. 中国社会科学, 2006 (1).
② 肖磊. 公民社会参与区域治理：一种双向进程：兼与汪伟全先生商榷 [J]. 探索与争鸣, 2011 (7).

位，保障公民社会与国家公权力的沟通与协调，形成区域内自下而上的意愿表达和上下意愿沟通机制，既填补国家公权力对某些问题难以或不便作为的空隙，又搭建政府间协商合作的桥梁，推动政府职能向公共服务转型，并与政府形成区域环境治理合力。区域环境法治必须通过这样的多元多向度的协商合作才可能突破当前的对区域环境的刚性分割而得以实现。

从当前区域经济一体化实践来看，政府、企业（或市场）一直被视为两种积极推动力量，然而，居民与公民社会本身同样推动区域经济一体化发展甚至是作为其最本质的推动力量，却往往被忽视，居民和公民社会的环境公共利益诉求在区域经济一体化中缺乏必要的话语途径，这是跨行政区边界区域环境与资源"公地悲剧"频繁发生的深层原因。"环境资源的公共性和对其使用方式的多元性决定了其资源保护管理的任务绝对不可能是单一机构就能完成的，必须有各相关部门的配合，而这种配合又必须是协调的。"同时，"在对环境资源供给的分配中，不仅需要有效，也需要公正、合理，使这种分配有益于实现环境保护的总体目标，有益于实现社会的共同利益，即公众的长远利益。而集体决策、民主决策，便是应用正义与公平的必要条件"①。因此，环境法治尤其是区域环境法治不仅要在管理体制上通过分工合作以及不同行政区环境权力主体的沟通与协作，及时解决区域环境治理的矛盾和避免新的矛盾产生；同时，还要根据区域治理和善治的基本原理充分发挥国家公权力以外的私主体或者社会权力主体的能动性，使其"通过各种途径和形式，管理国家事务、管理经济和文化事业，管理社会事务"② 的宪

---

① 吕忠梅. 环境法新视野 [M]. 北京：中国政法大学出版社，2000：255–256.
② 《中华人民共和国宪法》第 2 条第 3 款。

法权力获得保障和尊重，能充分知情、参与决策和立法，提出批评和建议，并有权启动对决策进行修改的程序或诉请救济。这就不仅要求完善传统的环境管理体制，强化环境管理主体的平等协作，同时要高度重视和认可个人和社会权力在区域环境法治中的主体性地位，确定他们相应的法律地位与权力，设置科学严谨的程序，完善环境保护的信息公开制度和参与制度，建设规范而灵活的区域环境多元决策与协作机制。

综合上述分析，根据法治的基本原理，行政边界区域环境法治应该是一种突出以人为本，立足于人的健康、生存、安全和发展等基本价值追求的地方性的、具体的环境法治，通过多元有效参与机制对区域内各种国家权力和社会权力都进行有效的规制和引导，规范有序地达至区域环境利益均衡。一般而言，行政边界区域环境法治具有如下要义："人民"的多元组织化以协作推进环境法治的渠道畅通；为解决区域环境问题需要较完善的环境法律规范体系，并且这些环境法律规范具有解决区域环境问题的至上权威，同时因为公民社会的广泛参与和认同而具备充分的政治合法性；公共权力得到有效规束，将区域环境服务与协作确立为公共权力机构的基本职能，实现公共权力的职能转型；较完善的区域环境司法机制，环境司法具有独立的、最终裁判的效能；有较为稳定的环境法律人群体关注和参与区域环境法治的理论研究和实践探索，包括在所有公共权力机构如行政机关、司法部门、对环境有影响的企事业单位以及大的民间组织都有掌握系统环境法律知识的法律工作者。

第二章

行政边界区域环境法治的理论基石

第一节 社会变迁中的公共治理理论

根据社会学理论，一个处于平衡状态的社会，因内外环境的变化而发生一系列变化使平衡状态被打破而趋向紧张与混乱，随着新的量变和质的积累，社会又逐渐回复平衡状态，这就是社会变迁。自然环境状况、人口因素、社会和经济结构、文化科技以及法律制度的变化等都会引起社会变迁，也都是社会变迁的内容。治理理论正是社会变迁的一个结果，也推动了并正继续推动着世界各国的社会变迁。

公共治理理论产生的社会原因主要有：第一，经济市场化、全球化的突飞猛进。市场化早已在全球范围内全面展开，世界各国、各地方的经济和贸易往来的迅速发展，推动了跨国公司和政府间组织甚至超国家实体如欧盟的发展，拓展了其活动领域，强化了其世界范围内的影响力；同时，也产生和凸显了诸如跨境污染、气候变暖等大量全球性公共问题，传统政治国家政府难以解决，只能通过全球政府和社会的广泛沟通与协作才能应对。经济市场化、全球化同样使主权国家内也面临经济一体化的各项要求，各种跨行政区的冲突让各行政区政府无法凭一己之力解决。突破刚性的行政区划，实现各类主体之间的平等协商与合作，成为现实必须。公共治理理论的形成及其在主权国家内的生发与运用获得了深刻的现实基础。第二，信息科技的迅猛发展。信息的组织、发布与传播获得了前所未有的技术基础和多元化途径，尤其是互联网技术使世界成为"地球村"，沟通渠道日益多元，社会多元和多中心发展就具备了充分的信息保障。第三，政府与市场双重失灵。"二战"后，世界各国基于福利经济学在"大政府"理念指引下，不断扩张政府权力，中央政府高度介入地方事务，但是，中央政府与地方政府的信息不对称且普遍存在多样化的纵向和横向的不良府际竞争，导致行政成本高昂且强化了公平与效率的张力；依托市场解决社会问题，又面临市场本身无法克服的负外部性，导致社会公共利益无法保障。于是，在"地方政府比中央政府更能接近民众，更能倾听民众声音"的理念下，更多地发挥地方政府和地方社区的组织化作用，依靠社会力量达到社会资源的最佳配置，提出"少一些统治，多一些治理"（less government, more governance），甚至提出"没有统治的治理"（governance without government）的社会变革思想。第四，公民社会的发展。在全球化的推动下，各主权国家公民社会的组织化都得到了前所未有的发展，各种跨国民间组织、准政府组织在各国社会中日益活跃。第五，社会多元化的凸显。经济全球化以及信息技术的飞速发展、市民社会的兴起，传统威权体系受到深刻的挑战面临全面崩解，人们因不同专业领域或不同的社会层次而自然汇聚，社会主体分化明显，并且同一个主体往往同时归属于不同的社会群落，社会多元化成为社会变迁的突出特征。主体多元化、文化和价值多元化、利益多元化等对社会关系的调整提出严峻挑战，传统的行政管理和控制手段无法应对，公共治理理论于是应运而生。

　　世界银行在 1989 年首次提出"治理危机"一词，此后，治理理论逐渐成为西方研究社会问题最流行的理论之一。各国不同学科的学者均力图从本学科领域给予治理明确定义，使其发展成一个多元化的概念。其中 1995 年"全球治理委员会"的定义最具代表性和权威性："治理是各种公共的或私人的机构管理共同事务的各种方式的总称，它是一个持续过程，使相互冲突的或不同的利益得以调和并且采用联合行动，既包括使人们服从的正式制度和规则，也包括各类人们同意的或人们认为符合其利益的非正式的制度安排。""治理有四个基本特征，即治理不是整套的规则，也不是一种活动，而是一个过程；治理的基础不是规制，而是协调；治理涉及公共部门和私人部门；治理是持续的互动。"①

　　俞可平教授认为："治理一词的基本含义是指官方的或民间的公共管理组织在一个既定的范围内运用公共权威维持秩序，满足公众的需要。治理的目的是在各种不同的制度关系中运用权力去引导、控制和规范公民的各种活动，以最大限度地增进公共利益"②。治理是一种公共管理过程，包括必要的公共权威、管理规则、治理机制和方式。

　　"治理"与"统治"都需要权威和权力，它们的最终目标也都是为了维护正常社会秩序。但二者至少有两方面的区别③，首先，统治的权威必定是政府，治理的权威却并不一定是政府，这是它们最本质性的区别；统治的主体一定是公共机构，而治理的主体既可以是公共机构，也可以是私人机构，还可以是公、私机构的合作；可以没有统治，但却不

---

① The Commission on Global Governance：Our Global Neighborhood [M]. Oxford and York：Oxford University Press, 1995：2 - 3.

② 俞可平. 治理和善治：一种新的政治分析框架 [J]. 南京社会科学, 2001 (9).

③ 俞可平. 全球化：全球治理 [M]. 北京：社会科学文献出版社, 2003：6 - 13；俞可平. 权利政治与公益政治 [M]. 北京：社会科学文献出版社, 2005：117 - 119.

能没有治理。其次，权力运行的向度不一样，政府统治的权力总是自上
而下运行，它运用政治权威，通过发号施令、制定和实施政策，对公共
事务实行单一向度的管理；而治理是上下互动的过程，主要通过协商、
形成共识、确立共同目标、共同行动或合作等方式实施对公共事务的管
理；统治的理想模式为"善政"，而治理的理想模式是"善治"；善治
是使公共利益最大化的社会治理过程，是政治国家与市民生活的最佳状
态。善治的基本要素包括合法性、法治、透明性、责任性、回应性、有
效性、参与、稳定、廉洁、公正。

公共治理的本质是政府之间、政府与社会之间以及社会主体相互之
间的多中心、网络化协作，"就其构成而言，是由开放的公共管理元素
与广泛的公民参与元素整合而成——'公共治理＝开放的公共管理＋
广泛的公众参与'，二者缺一不可。其中，开放的公共管理是前提，主
要用来发挥集体选择优势；而广泛的公众参与是基础，主要用来发挥个
人选择优势，公共治理模式试图通过这种整合来同时拥有两种优势"①。
公共治理的要义是"政府如何被更好地管理""政府如何更好地引导和
组织社会"以及"社会的自组织能力得以良性发展与强化"，即对公共
事务治理的主体不局限于政府，更强调来自政府以外的社会公共机构与
私人行动者，是这些多元主体正式与非正式的持续协作，以弥补政府能
力的不足和市场机能的缺陷，克服政府失灵和市场失灵。由于在应对社
会变迁中行政手段具有突出的组织性和灵活性，应该发挥行政权的积极
作用。"可以通过在政府机构内建立各种组织机构和设立相应的义务，
以扩大对社会变迁的影响，如 20 世纪西方国家经常依法建立名目繁多

---

① 罗豪才，宋功德．软法亦法：公共治理呼唤软法之治［M］．北京：法律出版社，
2009：37．

的局、委员会以及用于促进特殊政治目的的各种机构。同时，对行政权赋予法律上的义务，以形成一种社会环境，以此培养社会变迁的因素。"① 因而，公共治理与民主法治总是紧密相连，其本质上尤其要求科学的公法与私法之治。"西方国家在公共治理改革中尽显'公''私'不分之景象：私人主体可参与公务；而政府公务可听取相对人意见并与之达成某种妥协和交易；公私协商不限于行政执法，而且关乎行政立法。显然，传统的'权力—服从'模式的行政管理逐步演变为'协商—合作'模式的公共治理，传统的'控权行政法'逐步演变为以实现治理目标为导向且同时规范公权和私益的'新行政法'。"②

第二节　新区域主义与区域治理理论

一、区域治理理论的基础

（一）区域治理的三种模式

在传统的科层制下，政府管理的碎片化是治理难题："一方面，大大小小且数量众多的地方政府都积极寻求自身的独立性与自主性；另一方面，层出不穷的区域性公共性问题又不断陷入治理困境。"③ 对这类治理难题的解决，存在着传统改革主义（traditional reformist）、公共选

---

① 易继明. 知识社会中法律的回应性特征 [J]. 法商研究：中南财经政法大学学报（法学版），2001（4）.

② 冯之东. 社会公权力的司法救济与民间化：以公私法域交融背景下的足球协会为研究个案 [J]. 南京大学法律评论，2010（2）.

③ 张紧跟. 新区域主义：美国大都市区治理的新思路 [J]. 中山大学学报（社会科学版），2010（1）.

择（public choice theory）和新区域主义（new regionalism）三种主要模式①。

1. 传统改革主义模式

传统改革主义认为跨行政区治理的问题涉及区域整体变革，因而试图从根本上将其服务和权威扩及区域内之各级政府系统，认为行政区的重新整合有助于政府规模的合理化建构，因此，必须将区域内各级地方政府整合成更大的、单一的、全功能的、有力的区域政府，以避免政府间不合作问题，同时保障处于发展劣势的那些地方政府能获得更好的发展机会，允许公民充分参与公共事务的管理，进而有效地带动整体经济和社会均衡发展，提供跨行政区公共服务等。传统改革主义者还基于社会公平，认为行政体系如果是相对集中、缺乏整体规划与控制能力等的权威政府，将面临更多不平等与贫穷问题，也将缺乏处理经济和资源不良竞争和区域环境污染等问题的能力。因此，区域内各政府必须采取合作而非竞争的手段才能有助于统合成更高级的区域政府，在这样单一政府的整体架构下，更容易达成政府间合作。

然而，虽然行政区合并能从整体上推动区域政务，但行政区划的调整方式、调整过程中的政治性问题、原有地方政府之管辖权的撤并等问题都常常使传统改革主义陷入无法回避的困境。据不完全统计，在 21

---

① 林水波，李长晏．跨域治理［M］．台北：五南图书出版有限公司，2005：41－43；李长晏，詹立炜．中台湾区域发展之协调机制［M］//纪俊臣．都市及区域治理．台北：五南图书出版有限公司，2005：171－173；吴介英，纪俊臣．地方自治团体跨区域事务合作之研究［M］．台北："内政"部门，2003：152－154；纪俊臣．地方制度法对跨区域事务合作之规范分析［M］//地方政府与地方制度法，台北：时英出版社，2004.

世纪以前 100 多年中，美国有超过 85% 的行政区撤并的提议被选民否决①。在 2000 年美国大选中，路易维尔市与杰弗逊郡合并成路易维尔大都市区（LouisvilleMetro），引起了全国范围的激烈讨论。研究显示，合并后的几年中路易维尔大都市区发展并没有大的改善，反而引发了不少负面社会影响②。

安托尼·道恩斯（Anthony Downs）认为对大都市区政府缺乏政治意愿是因为这些因素：地方政府官员反对权力分享、居民担心政府离得更远更不负责任、郊区担心财富的重新分配③。他直截了当地给区域范围的地方行政区合并以否定评价："总之，除了少数政治科学学者外，几乎没有人支持大都市区政府，因而以建立大都市区取代郊区政府的提议注定会彻底失败。"④ 哈佛法学院的弗拉格（Gerald E. Frug）教授认为虽然对碎片化治理不乏支持者，但是他非常认同道恩斯教授的两个基本判断，一是碎片化治理体制是不可接受的，二是组建区域政府非可行方案，这种"集权化"（Centralization）"可能会把地方政府权力由公众参与决策的主体转向更像州政府（实际上更像 1790 年的联邦政府）而

---

① Leland, S. M. & Thurmaier, K. (2005). When Efficiency is Unbelievable: Normative Lessons from 30 Years of City – County Consolidation. Public Administration Review, 65 (4): 475 – 489.

② Savitch, H. V., Voge, l R. K. &Ye, L. (2009). Louisville Transformed: A Survey of a City before and after Merger. In Phares, D. Ed. Governing Metropolita Regions in the Twenty – First Century: 164 – 184. New York: M. E. Sharpe; Savitch, H. V., Voge, l R. K. & Ye, L. (2010). Beyond the Rhetoric: Lesson From Louisville's Consolidation. American Review of Public Administration, 4 (1): 3 – 28.

③ Laurie Reynolds, Intergovernmental Cooperation, Metropolitan Equity, And The New Regionalism. 78 Wash. L. Rev. 93, (2003).

④ Anthony Downs. New Visions for Metropolitan America 170 (1994). See: Laurie Reynolds. Intergovernmental Cooperation, Metropolitan Equity, And The New Regionalism. 78 Wash. L. Rev. 93, (2003).

不是城市政府的主体"①。

2. 公共选择模式

针对传统改革主义路径的单一政府模式所难以回避和克服的困境，公共选择理论被用于跨行政区治理理论研究和实务，认为多中心或多核心的政治体系最能回应公民需求，把选择权和决定权大幅度地交给自由市场和地方政府，通过政府、企业与社会组织等公共服务提供者之间的竞争更能促进区域治理的效能、效率与回应性。其核心观点是将该区域视为一个公共市场，容许公民在竞争性的公共服务提供者中"以脚投票"做出自主选择。其理论假设是：在区域内管辖区上彼此重叠的若干地方政府可以通过相互竞争以及地方政府间之协议、公司伙伴关系、区域联合会以及职能移转等方式而最具效率、效能与回应性地满足公民日益增长和变化多样的需求。

然而，这种偏赖于市场治理的模式将造成强势企业或行业的区域垄断或俘房地方政府而危害公共利益，同时过度忽视公私部门之间的差异。过去的几十年，美国出现了大量的各类"综合区"机构（General Purpose）和"特区"（Special District），全国范围内主管学校、供水、图书馆、公园等公共服务的"特区"政府机构达 50000 多个，在数量上甚至超过了市、郡、县等各级地方政府的总和，"这种'碎片式'（fragmented）的政府结构造成了同个地域内不同政府的职责不清、重复征税、各行其政，十分不利"②。

3. 新区域主义模式

传统改革主义治理模式和公共选择治理模式长期争论不休。前者以

---

① Gerald E. Frug, Beyond Regional Government, 115 Harv. L. Rev. 1763, 1786 – 87 (2002).

② 叶林. 新区域主义的兴起与发展：一个综述 [J]. 公共行政评论，2010（3）.

传统政治学为依据，认为是合作而非竞争统合不同行政区政府，且在单一的统合性政府的大构架安排下，更容易取得合作成果，该理论采取集体主义理性途径进行制度设计，主张通过区域合并、多层级体制和功能联合等策略进行治理；后者则基于经济学原理，认为是竞争而非合作促进不同行政区走向合作治理，该理论采取个人主义理性途径来设计组织，表现在府际合作上则有复杂性网络、契约及政府间协议等策略①。但是传统改革主义治理模式所主张的合并地方政府组建大区域政府的方式，能否提升治理能力受到普遍质疑；而公共选择理论所建构的多中心治理模式也会造成管辖权难以界定、增加租税负担、企业或行业垄断等问题。在两种理论的长期争论中，20 世纪 90 年代兴起了"新区域主义"，认为在治理区域性问题时须兼行竞争与合作两种体制才能取得实效。新区域主义要求在地方政府、社区组织、企业组织、以及非营利组织等之间建立区域治理战略性伙伴关系（local strategic partnerships），以营造区域治理的战略条件。

这三种治理模式在西方具有一定的历史传承性特征（如表 2 - 1 所示）：

表 2 - 1　区域治理模式发展的历史特征②

时期	代表性学者③	核心特征
生态区域主义（Ecological regionalism）20 世纪早期	Geddes，Howard，Mumford，MacKaye	关注 19 世纪工业城市的过度拥挤问题，力图平衡城乡，是相对整体性的、规范的以及空间导向的方法

① 李长晏. 迈向府际合作治理：理论与实践 [M]. 台北：元照出版有限公司，2007：101.

② Stephen M. Wheeler (2002)：The New Regionalism：Key Characteristics of an Emerging Movement，Journal of the American Planning Association，68：3，267 - 278

③ 总体上看，我国对区域治理在 21 世纪才正式展开系统研究，所以更多的还是处于借鉴和融合西方理论。

续表

时期	代表性学者	核心特征
区域科学（Regional science）20世纪40年代晚期至今	Isard，Alonzo，Friedmann	强调区域经济发展；定量分析；社会科学方法的运用
新马克思主义区域经济地理学（Neo - Marxist regional economic geography）20世纪60年代晚期至今	Harvey，Castells，Massey，Sassen	对区域内权力与社会运动的拓展分析
公共选择区域主义（Public choice regionalism）20世纪60年代至今，20世纪80年代占主导地位	Tiebout，Ostrom，Gordon，Richardson	根据新古典经济学自由市场理论对区域问题进行分析
新区域主义（New regionalism）20世纪90年代至今	Calthorpe，Rusk，Downs，Yaro，Hiss，Orfield，Katz，Pastor	关注环境和公正以及经济发展，集中研究特别区域和后现代大都市前景问题；通常是空间导向的；也通常是行为导向的和规范的

三种模式在理论内涵上的特征比较，如表2-2所示：

表2-2 区域治理模式的理论内涵比较①

比较项目	传统改革主义	公共选择	新区域主义
治理主体	联合组建的区域政府、公众（辅助性）	多中心：政府、非政府组织、私人机构	多中心：政府、企业、非政府组织、公众等

① 该表主要参考资料：刘涛，韩轩，蒋辉. 跨域治理理论比较与启示［J］. 资源开发与市场，2011（9）；詹立炜. 台湾跨域治理机制之研究：理论、策略与个案［D］. 新竹：台湾中华大学，2005.

比较项目	传统改革主义	公共选择	新区域主义
权力运行向度	自上而下	自下而上	自上而下与自下而上相结合，多层次、多向度
合作方式	合并、兼并、联盟制	多元主体的竞争机制	建立区域战略合作伙伴关系
目标整合	最高行政部门统一筹划唯一决策	多中心协商、妥协，达成平衡	合作统筹、共同协调
资源交换	政府宏观调控、区域政府内部交换	区域公共政策利益协调机制对全社会的价值做权威性的分配	同时运用竞争与合作机制、自发协商、分享
课责规范	领导负责、绩效考核	区域内政府绩效评价体系，媒体、公众监督	法律、成员间协议、契约，"硬法"与"软法"规范相协调

（二）新区域主义的基本内涵

"新区域主义"这一术语最早是由诺曼·帕尔默（Norman D. Palmer）提出的，他在其《亚太新区域主义》（*New Regionalism in Asia and Pacific*）① 一书中，大致比较了 20 世纪五六十年代的区域主义与 80 年代的区域主义间的差异，并将重点分析了亚洲与太平洋地区的实践。他将出现于 20 世纪 80 年代的"世界性"的区域合作浪潮称为"新区域主义"。该术语一经提出迅速在国际范围内被广泛使用，并在世界范围内得到广泛深入而多角度的研究。但是其中最系统和经典的研究成果是联合国大学（United Nations University，UNU）与世界发展经

---

① PALMER NORMAN D,, New Regionalism in Asia and Pacific ［M］. Lexington, Mass: Lexington Books, 1991.

济学研究中心（World Institute of Development Economics Research，WID-ER）资助的由赫特尼（Björn Hettne）负责的新区域主义研究项目①，其成果汇编成五本著作②，为新区域主义研究建立了较完整的知识体系。赫特尼还与索德葆（Fredrik Söderbaum）等欧洲学者不断推出新的研究成果修正和完善这一知识体系③。但是，赫特尼从一开始就将这一知识体系称为"新区域主义方法（或途径）"（The new regionalism approach），认为"新区域主义"更是一种具有理论上的开放性、涵括性和灵活多样性的研究或分析"方法或途径"（approach），而不是一个逻辑上严密和封闭的理论，他们基本上一直将这一知识体系用于研究国际

---

①　Björn Hettne，"The New Regionalism Revisited," in Fredrik Söderbaum & Timothy M. Shaw，eds.，Theories of New Regionalism，Houndmills：Palgrave Macmillan，2003，pp. 22 - 23.

②　Björn Hettne，András Inotai & Osvaldo Sunkel，eds.，Globalism and the New Regionalism．Houndmill：Palgrave McMillan Press，Ltd.，1999；Björn Hettne，András Inotai & Osvaldo Sunkel，eds.，National Perspectives on the New Regionalism in the North．Houndmill：Palgrave McMillan Press，Ltd.，2000；Björn Hettne，András Inotai & Osvaldo Sunkel，eds.，National Perspectives on the New Regionalism in the South．Houndmill：Palgrave McMillan Press，Ltd.，2000；Björn Hettne，András Inotai & Osvaldo Sunkel，eds.，The New Regionalism and the Future of Security and Development．Houndmill：Palgrave McMillan Press，Ltd.，2000；Björn Hettne，András Inotai & Osvaldo Sunkel，eds.，Comparing Regionalisms：Implications for Global Development．Houndmill：Palgrave McMillan Press，Ltd.，2001.

③　Björn Hettne & Fredrik Söderbaum，Theorising the Rise of Regionness，New Political Economy，2000：5：3，457 - 472；Fredrik Söderbaum & Timothy M. Shaw（eds），Theories of New Regionalism：A Palgrave Reader．Palgrave，2003；Mary Farrell，Bjorn Hettne & Luk Van Langenhove，Global Politics of Regionalism．Polity，2005；Björn Hettne，Beyond the 'new' regionalism，New Political Economy，2005：10：4，543 - 571；Björn Hettne，"Regionalism，Interregionalism and World Order：European Challenge to Pax-Americana"，Council on Comparative Studies PresentsWorking Papers Series，No. 3，March 17，2003；Michael Schulz，Fredrik Söderbaum，et al，eds.，Regionalization in a Globalizing World：A Comparative Perspective on Forms，Actors and Processes，London and NewYork：ZED Books，2001.

投资与贸易、开发、安全等问题①，只是对在讨论适用范围的时候将国内层面的区域也包括在内，并认为研究国际问题的新区域主义方法是要将国际、国际层面的区域、和国内层面的区域进行综合性考虑而不能将其割裂。

将新区域主义在国内层面展开用于分析大都市区域或流域等跨地方政区事务的杰出代表是诺里斯（Norris）②、萨维奇（Savitch）、威勒尔（Wheeler）等人。萨维奇和沃格尔（Vogel, R. K）合著的论文《新区域主义之路》③ 以及威勒尔的的论文《新区域主义：新兴运动的主要特征》④ 被认为标志着新区域主义研究逐步走向成熟⑤。萨维奇和沃格尔对"新区域主义"做了"最为明确和广泛的描述"⑥，声称新区域主义是"一种政策议程（policy agenda），也包括为实现这一议程而设计的一套公共干预措施（public interventions）""推动新区域主义议程的主

① Björn Hettne & Fredrik Söderbaum, The New Regionalism Approach, Politeia, Vol. 17, No. 3 (1998), pp. 6 – 22; Björn Hettne & Fredrik Söderbaum: Theorising the Rise of Regionness, New Political Economy, 5：3 (2000), 457 – 472; Björn Hettne: Beyond the 'new' regionalism, New Political Economy, 10：4 (2005), pp. 543 – 571.

② Norris, D. F. (2001). Whither metropolitan governance? Urban Affairs Review, 36 (4), 532 – 550; Norris, D. F. (1997). Local government reform in the U. S. —And why it differs so greatly from Britain. Local Government Studies, 23 (3), 113 – 130; Norris, D. F., & Stenberg, C. (2001). Governing Metropolitan Baltimore. In D. F. Norris & H. Wolman (Eds.), Baltimore and its Region in National Perspective. Baltimore.

③ Savitch, H. V., & Vogel, R. K. (2000). Introduction: Paths to new regionalism. In H. V. Savitch & R. K. Vogel (Eds.), Symposium on the new regionalism and its policy a-genda, State and Local Government Review, 32 (3), 158 – 168.

④ Stephen M. Wheeler, The New Regionalism: Key Characteristics of an Emerging Move-ment, Journal of the American Planning Association, 68：3, (2002) 267 – 278

⑤ 张学良. 国外新区域主义研究综述 [J]. 外国经济与管理, 2005 (5).

⑥ Donald F. Norris, Prospects for regional governance under the new regionalism: Economic imperatives versus political impediments. JOURNAL OF URBAN AFFAIRS, Vol. 23/No. 5. 2001, 557 – 571.

要问题涉及财政不均衡、社会隔离、环境问题、经济预期以及政府努力解决这些议题所应达到的程度问题",新区域主义要求共同体考虑其集体的未来;两位作者对"统治"(government)与"治理"(governance)加以区分,将前者与大都市改革的旧形式相联系,将后者则与新区域主义相联系。他们指出,"治理传达这样一种观念,即现有机构可以以新的方式予以利用,地方之间可以在灵活、自愿的基础上展开合作,人们可以通过横向联系的组织进行自我规制"①。

新区域主义就是要在政府、社区组织、企业组织和非营利组织等之间,建立战略性伙伴关系。"新区域主义"力图超越"国家干预"与"市场调节"的两难困境,"将区域政策的重点放在'区域财富'的积累上,放在'区域内部力量'的组织动员和竞争优势的培育上,放在大都市地区区域协作与政治机构的建设上"②。新区域主义"主要针对区域内各地方共同面对的制约区域可持续发展的问题(如森林、流域生态环境退化等),或者为了规划区域内产业布局和经济增长方式而建立的区域内互惠、合作和共同发展的网络体系"③。

与凯恩斯主义及自由市场主义相比,"新区域主义"具有如下最基本的特征:从历史与经验出发,认为区域正成为经济发展的"熔炉",应成为经济政策的焦点;赞成自下而上、针对区域的、长期的和基于多元行动主体的、能够发挥内生发展潜力的政策行动;政策的关键是增强"合作网络"和集体的认识、行动与反应能力;超越国家与市场的各种

---

① Savitch, H. V., & Vogel, R. K.. Introduction: Paths to new regionalism. In H. V. Savitch & R. K. Vogel (Eds.), Symposium on the new regionalism and its policy agenda, State and Local Government Review, 32 (3), (2000): 158 – 168.

② 苗长虹. 从区域地理学到新区域主义: 20 世纪西方地理学区域主义的发展脉络 [J]. 经济地理, 2005 (5).

③ 杨道田. 新区域主义视野下的中国区域治理: 问题与反思 [J]. 当代财经, 2010 (3).

自主组织及中间管制形式应成为政策的重要内容①。新区域主义关注区域问题上的决策过程、区域间合作协议以及必要时凭借政府力量来处理区域的问题②。从公共政策的决策和执行来看，新区域主义包括两个方面：一是政府之间的配合，一是政府与私人部门的合作，其中包含了私人部门相互之间的合作。与"旧"区域主义不同，"新区域主义的核心不局限于'政府间主义'，而着眼于各种类型的国家、市场和公民社会在内的各种行为主体之间的互动推动，以形成一个有独立权力的区域'泛组织'"，"新区域主义与区域一体化的思想大体一致，强调一个开放和多维度的系统，在该系统中多种参与者（政府和社会）能够参与区域项目"③。

总之，新区域主义强调竞争与合作的融合，主张通过政府、私人部门和非政府组织等利益相关者互相合作，结成稳定网络关系，以实现区域治理，任意单方都不可能解决区域公共问题。"新区域主义不只是重视制度结构的改革或地方自治组织的行为而已，而是强调通过不同领域和层级之间的公私部门的关系来达到区域治理的目的。"④ 显然，新区域主义更重视功能性的过程治理而不是结构性的政府改革。因此，倾向于以政府之间、政府与公民社会之间以及公民社会主体相互之间的多元协作取代单一的政府间协作，并且坚持政府与社会以及行政辖区间相互

① AMINA. An institutionalist perspective on regional economic development ［J］. International Journal of Urban and Regional Studies，1999，（2）：365 – 378.

② Hamilton D. K. Developing Regional Regimes：A Comparison of Two Metropolitan Areas. Journal of Urban Affairs，2004，26（4）：455 – 477.

③ 罗小龙，沈律法，陈雯，新区域主义视角下的管治尺度构建：以南京都市圈建设为例 ［J］. 长江流域资源与环境，2009（7）.

④ Kübler，D. F.，& H. Heinelt. Metropolitan Governance，Democracy and the Dynamics of Place. In H. Heinelt，& D. Kübler（Eds.），Metropolitan Governance：Capacity，Democracy and the Dynamics of Place. London：Routledge. 2005；10. pp. 8 – 28.

依存的逻辑前提。

（三）新区域主义推动下的区域治理

新区域主义关涉政府和治理、合作与竞争，因而它提供了一个考量当前和未来的法律与政治问题的重要方式①。区域治理与新区域主义紧密相关，新区域主义内涵相对模糊、多样，不同政治体制、社会经济状况、公民社会结构深刻影响着对新区域主义的不同理解："北美普遍倾向于依靠现有行政机构，实行渐进式、有限目标的区域协调管治；欧洲倾向于建构区域协调的政治实体，但也开始注重与现有政府机构的协调，采用更具弹性的管理机制。"② 区域治理"需要明晰的视野和强烈的有关合作与沟通的愿望，以解决层出不穷的与政府有关的问题"③。二者之间的差异不局限于形式上，"对治理的强调认可了所有公私部门负有共同责任以确保区域未来生活与竞争的质量，此外，它要求这些公私部门共享权力和才智资源，从战略意义上推动变迁"④。可见，"新区域主义"与"区域治理"既紧密联系又相区别，其相互关系如表 2 - 3所示：

---

① NICK J. SCIULLO. Regionalism，the Supreme Court，and Effective Governance：Healing Problems that Know No Bounds，The Social Justice Law Review，2006，（VOL. 8：2）.

② Dodge. W. R.，RegionalExcellence：GoverningTogether to Compete Globally and Flourish Locally，Washington，DC：National League ofCities，1996，p. 86.

③ NICK J. SCIULLO. Regionalism，the Supreme Court，and Effective Governance：Healing Problems that Know No Bounds，The Social Justice Law Review，2006，（VOL. 8：2）.

④ Allan Wallis，The New Regionalism，available at http：//www. munimall. net/eos/2002/ wallis_ regionalism. nclk. See also Note：Old Regionalism，New Regionalism，and Envision Utah：Making regionalism Work，118 HARV. L. REV. 2291（2005）.

表2-3 "新区域主义"与"区域治理"的异同①

	新区域主义	区域治理
同	强调区域性公共性事务处理中主体多元	
	区域性公共性事务处理方法的协商、协调机制	
	注重公共性事务处理中的非正式制度松散的联盟及公众参与②	
异	概念源头：（旧）区域主义③	概念源头：治理理论④
	涵义的"弹性"相对较大	涵义的"刚性"相对较强
	研究对象侧重不同区域的政府	研究对象具有广泛的多元性
	侧重多元区域间问题的处理	区域间或区域内问题的处理。在我国的实践中，更多用于某个区域内多元主体的共治
	"元"单位：一定层级的区域（行政区域、经济区域或其他类型的区域）	"元"单位：政府组织、非政府组织、企业、公民

可以说，现代区域治理是新区域主义在区域问题上的应用，是新区域主义指导下的在区域问题上实践的改进的公共治理。新区域主义与区域治理具有互相依存、彼此强化的关系。新区域主义与区域治理在内容上相互渗透，方法论上彼此借鉴和共享。学者们对新区域主义的阐发各有差异，但区域共同体、机构的建立、区域目标、制度安排等基本内容

---

① 袁政.新区域主义及其对我国的启示［J］.政治学研究，2011（2）.
② 相对而言，新区域主义更注重公共事务处理中某种（固定）联盟的形成。
③ 所谓"（旧）区域主义"是指"新区域主义"之外的其他区域主义思潮，上文所说的传统改革主义和公共选择理论的区域主义是其典型代表。
④ 根据上文的分析，笔者认为区域治理理论是在治理理论发展中不断吸取区域主义的精髓，尤其是在新区域主义体系化后，区域治理理论才逐渐走向成熟。参见陈瑞莲.区域公共管理导论［M］.北京：中国社会科学出版社，2006；陈瑞莲.区域公共管理理论与实践研究［M］.北京：中国社会科学出版社，2008；孙兵.区域协调组织与区域治理［M］.上海：上海人民出版社，2007.

是他们的共同主题；从治理的角度来看，这些内容就是区域治理权威、治理对象、治理目标、治理机制和治理绩效等问题。只不过区域治理重点关注的是区域共同体权力的来源、合法性及其运行方式，以及区域治理各类行动者（包括政府、非政府组织和公民组织等）对区域目标的确立和实现的影响力与作用方向①。

区域治理是"在基于一定的经济、政治、社会、文化和自然等因素而紧密联系在一起的地理空间内，依托政府、非政府组织以及社会公众等各种组织化的网络体系，对区域公共事务进行的协调和自主治理的过程"②。台湾学者认为新区域主义下的大都会区域治理是"具有跨行政辖区的特性，有别于传统科层体制之划分，往往是由下而上地针对不同地方辖区之间所产生特定功能要求（如环保、交通）来进行特定职能需求的体制调整"③。这种从体制性角度理解区域治理更能揭示其制度性特点。综合而言，区域治理具有如下主要特性。

第一，跨行政区划。区域治理虽然也涉及中央与地方之间纵向的府际关系以及政府部门之间的横向府际关系，但更多的是地方政府之间的横向府际关系，跨行政辖区是区域治理的首要特征，所有关于区域治理的主体、目标、方式等体制机制的确定都得从这一特性出发。

第二，治理结构网络化。区域治理的跨行政辖区特性意味着各行政区所有治理主体均为区域治理主体，而且区域治理必须突破行政管辖的刚性拘束，这需要调动和发挥政府、市场和社会各方力量，区域内政

---

① 杨毅，李向阳. 区域治理：地区主义视角下的治理模式［J］. 云南行政学院学报，2004（2）.

② 马海龙. 行政区经济运行时期的区域治理：以京津冀为例［D］. 上海：华东师范大学，2008.

③ 李长晏. 迈向府际合作治理：理论与实践［M］. 台北：元照出版有限公司，2007：102.

府、非政府组织和社会公众，甚至区域外的有关政府机构和非政府组织共同作用于区域事务，通过谈判与协商、反复博弈、寻求合作、形成共识，建立相互依赖与信任关系，采取一致性集体行动，从而形成了复杂、多样的制度体系和网络化的治理结构。其中，政府的协调、沟通和冲突控制等管理活动，对于政策网络的良性运行十分重要。因此，区域治理包含有自上而下的管理方式，但更是上下互动、权力多向运行、权利多元实现的过程。

第三，问题导向性。因环境污染、产业同构、经贸壁垒等区域性问题的存在，并且受传统的行政区行政和行政区经济的制约，区域内各行政区都难以解决，或都受其害而又都没有解决问题的积极性，因此延宕累积，最后深受其害的区域内公民社会用各种方式甚至在不得已情况下以非理性的方式使问题突显，区域治理因而成为必要，这也决定了区域治理不是要彻底推翻现有行政和社会体制，而是要在区域问题上革新现有观念，重新定位区域内相关主体地位，改变治理策略和方式，平等协作以务实地解决共同面对的现实区域问题。换言之，区域治理具有功能需求的特定性，即区域治理体制有别于传统的科层体制划分，其功能需求乃是由下而上地在既有的不同地方辖区之间产生某些特定需求如环保、交通、经贸等，进而针对既存的特定职能需求进行体制的综合调整。对此，区域治理应透过不同功能区域问题的合作机制加以解决。

第四，政策机动灵活性。区域治理着眼于特定的功能需求，因此随着跨辖区特定功能需求的改变，区域治理需要做不同组织功能与形态的调整，因而具有机动性的政策意涵。基于此，区域治理并非单一的而是多元多样态的运作机制，是弹性化的制度体系，不仅仅是一整套规则、活动，更是一个持续的互动过程。

第五，高度合意性。区域治理起因于共同关注的跨行政区的地方事务，这些事务需要扩大整合各类主体创造性和能动性以共同办理，即需要争取区域内各行政区的多元主体如当地政府、居民、NGO组织等普遍认同，才能共同协作采取行动解决问题。

作为一种纾解区域矛盾冲突、促进区域协调发展的社会调控理论模式，区域治理是新区域主义和公共治理理论在区域问题上的实践、融合与深化。对区域治理的理解还有必要将其与同样关注公共领域问题的传统"区域管理"相区别（表2-4）①。

表2-4 "区域治理"与"区域管理"的主要区别

	区域治理	区域管理
管治内容	区域社会公共生活的方方面面	区域内政府管理范围
关系结构	主体间的网络状结构关系	自上而下单向线型等级体系
决策主体	政府及其他众多的治理主体，如企业、行业协会、居民等。各主体联合共同做出有关区域问题的决策	政府。其他个体或组织可作为协商者和咨询者，但均不能对区域管理做出决策
制度安排	正式制度与非正式制度互动	正式制度
管治方式	突出强调依法之治	更多依赖行政权力主体的主观能动性
运行机制	更多地通过主体间沟通、协商与合作解决问题	主要通过自上而下的控制、命令来进行的，政治权威在其中起到关键作用
治理手段	多元、灵活	单一、僵化

---

① 孙兵. 区域协调组织与区域治理［M］. 上海：上海人民出版社，2007：40-41；郝寿义. 区域经济学原理［M］. 上海：上海人民出版社，2007：292-293；顾朝林. 城市管治 概念·理论·方法·实证［M］. 南京：东南大学出版社，2003：224-231.

续表

	区域治理	区域管理
资源分配	主要通过市场调节。参与区域治理的主体都能够自由表达自己的诉求，并防止自己利益受损	主要通过国家统一分配。接近政府或者对政府有更大影响力的集团往往能够获得更大利益

　　总之，区域治理主张多元治理主体之间沟通、协商与合作，以最大限度地调整社会关系，实现社会公共目标，可持续性扩大社会总利益。然而，与所有公共治理一样，区域治理也是有局限性的，因为社会以及社会公共问题总是处于不断变迁之中，区域治理的结构、方式、进程和最终结果等也难免受制于这一变迁过程，"区域治理不仅仅是适应制度变迁的一种制度构建，而且也是一个不断演进、渐进的适应社会发展的制度变迁过程"①。而社会治理需要制度、政策一定的稳定性以保障社会主体利益诉求的可预期性，区域治理需要在制度或政策的稳定性需求与治理机制的机动灵活性要求之间努力寻求平衡。"实际上在一些国家现实的经验中，区域治理不是很容易处理的问题，同时它也不会有一致性的答案，因为（1）它是经济和社会（甚至涉及政治）博弈的条件，也是其结果；（2）它涉及有关'谁治理'的地方'民主'问题；（3）它涉及政府统治与治理这两个不同层面问题。"② 这也意味着，必须结合不同国家和区域本身的政治、经济和社会甚至自然状况而灵活运用区域治理的基本原理，寻求适切的区域治理方案。

---

① 马海龙. 行政区经济运行时期的区域治理：以京津冀为例［M］. 上海：华东师范大学，2008.

② Hall, J. S.. Who Will Govern American Metropolitan Regions? In D. Phares (Ed.), Metropolitan Governance without Metropolitan Government. Burlington：Ashgate. 2004：PP7 - 33.

二、区域治理理论的核心内涵

（一）区域治理的目标：区域善治

治理的目标是善治，"善治就是使公共利益最大化的社会管理过程，其本质特征就在于它是政府与公民对公共生活的合作管理，是政治国家与市民社会的一种新型关系，是两者结合的最佳状态"①。世界银行认为"善治"是指：一种有效的公共服务，一种独立的司法系统和法律架构来执行契约协定；具有可追责性的公共资金的执行；一个独立的公共监督者，直接对代议立法机构负责；各级政府均重视法律和人权；一种多元的制度结构和免予受压迫等②。善治强调责任追究、公开透明和法律架构等，追求有效解决问题、共同进行决策或有效配置和管理公共资源。世界银行指出应该通过鼓励竞争和市场化、公共事业民营化、改革文官制度精简冗员、分权行政以及更有效地发挥非政府组织等途径达至国家政府善治③。善治的重心在治理机制，而非仰赖政府威权与惩罚，"一个结构或一项制度的建立，并非来自外力所加诸的影响，而是一种多重组织的治理及彼此相互影响的行动者间互动的结果"④。

区域治理理论是对公共权力运行机制的矫正和弥补，并非否定政府官僚机制，而是要克服官僚机制和市场机制的缺陷，弥补官僚机制和市

---

① 王学辉. 超越程序控权：交往理性下的行政裁量程序［J］. 法商研究，2009（6）.
② Rhodes. R. A. W.（1997）. From Marketization to Diplomacy：It's the Mix That Matters. Public Policy and Administration，12（2）：31 – 49. 49 Rhodes. R. A. W.（1996）. The New Governance，Governing Without Government. Political Studies，44（4）：652 – 667.
③ WILLIAMS D，YOUNG T. Governance，The World Bank and Liberal Thoery［J］. Political Studies，1994（42）：84 – 100.
④ 李长晏. 迈向府际合作治理：理论与实践［M］. 台北：元照出版有限公司，2007：72.

场机制在公共事务上的失灵。区域治理的目标是"区域善治""区域善治是区域治理的一种理想形态，主要指包括区域内部各层级政府和中央政府及其有关部门、企业、非政府组织、公民在内的多元治理主体为区域内部公共事务的治理而建构的多元合作与伙伴关系模式，其基本要素包括治理主体的多元性、治理机制的非对抗性（协商与合作）、利益取向的可调和性和最大化、民众需求的可回应性，其核心内容表现在主体构成、组织形式选择、运作方式选择三大方面"①。此外，还有法治的平台与保障以及多元责任形式和追责体系。而这一切都是为了保证政治国家和公民社会通过灵活机动的多元规则，形成有序的社会发展合力，使区域利益损失最小化，推动区域社会总利益的可持续性扩大，实现区域公共利益的最大化，并保障区域利益的动态均衡，这种均衡包括区域治理主体之间权力与权利的均衡、区域内各行政区权力/利益的均衡，以及各种利益如经济利益、社会利益以及环境利益等之间的均衡不偏废，这种均衡的达成不仅需要多元主体平等协作，尤其需要社会公众的广泛、充分参与，也需要建立专门的区域利益补偿机制。总之，区域治理的最终目的是实现区域公共利益的可持续性最大化和区域利益的动态均衡，这是"区域善治"的本质内涵。

（二）区域治理的路径：多元主体平等协作

区域治理是为了克服传统行政"条块分割"导致的市场失灵和政府失灵，充分发挥市场机制、政府管制机制和公民社会治理机制各自的优势并克服其不足，以形成社会良性发展的合力，实现区域善治。这必然要求建立多元主体协作机制，推动区域内各类主体形成平等协作关

①　唐亚林．从行政分割到区域善治：长江三角洲区域政府合作模式的创新［J］．政治与法律，2008（12）．

系，只有在这种平等协作关系中才可能克服各主体有限理性的缺陷，灵活回应区域社会多元需求、把握区域社会发展的多元机遇。

总括而言，区域治理主体包括各级政府、非政府组织和社会公众。各级政府主要是区域内各行政区地方政府，其作为区域治理主体的合理性和合法性都在于区域公共利益。中央政府也应该成为区域治理的主体，因为在一个统一的主权国家内，区域公共利益不得与国家公共利益相抵触，无论是联邦制国家还是单一制国家，都通过中央立法和国家司法以及项目和财政支持对地方政府跨行政区合作和区域治理施加实质影响，以推动地方发展，同时防备地方联盟对抗中央。但是在区域治理中，中央政府主体和地方政府主体应该与非政府组织和社会公众一样，在坚持国家法制统一前提下，更多地以平等地位参与区域治理，因为区域治理是功能导向和过程导向的，每个主体都应该服从于区域问题的功能定位并实质参与到区域治理的过程之中，而不能依赖行政权力以"命令—控制"的传统行政方式简单地处理公共治理关系。非政府组织尤其是公益性质的非政府组织是区域治理重要主体，它是汇聚和形成社会公共意志的核心渠道，是联系政府和原子式社会成员的纽带，是公民社会成员"参与国家和社会公共事务管理"的最有效形式，也是政治国家和公民社会缓解矛盾和冲突、合作治理社会不可或缺的结构。因为受制于刚性的行政区划和"条块分割"体制，光靠政府主体不可能卓有成效地解决行政边界区域问题，尤其是边界区域环境问题。区域治理先进国家都非常注重充分发挥非政府组织调动和组织社会公众管理区域公共事务的积极性。作为天生的"政治动物"，社会公众也期待通过与自己志趣相投的各种非政府组织以表达甚至放大自己的诉求，以避免原子式的个人在社会事务的汪洋大海中随波逐流。"一个崇尚公共治理的社会……必定是一个公共自治组织普遍存在并发挥重要作用的社会形态。"① 当然，社会公众除了组成各种公共治理组织，也可以以个人的身份参与区域治理，尤其是掌握区域特定知识和技能或相关领域的专家学者，这有利于在区域治理中防备"多数人暴政"的发生。

这些多元主体平等协作，其"平等"是基于在区域治理中的功能定位，即每个主体对区域公共利益都享有平等的发言权和参与治理权和区域利益分享权，而不是从法律地位尤其不是从实质掌握的社会影响力角度机械地要求"平等"。相反，正是要克服基于科层制和官僚体制的法律地位的差异和掌控社会资源能力强弱导致的事实上的不平等，抛弃"命令—服从"的传统逻辑。因此，区域治理多元主体平等协作应遵循"先市场、后社会、再国家"的基本治理逻辑，这是因为中央政府掌握更多的公共资源，更能引导和组织社会力量达至区域善治，而不是说中央政府具有更多威权②。这一平等协作的治理逻辑强调的是发挥这些主体在平等协作中的主导作用，即市场能解决的区域问题依靠市场的主导作用组织国家和社会力量，市场不能解决的区域问题由社会公共自治组织主导解决，解决不了的问题交给地方政府，让地方政府主导各类主体平等协作，地方政府无法解决的问题再由中央政府主导解决。实际上，这是将政府视为一个最有公共权威的社会组织，使政府回归到其作为社会公共机构的本原。正如俞可平先生所言，"善治实际上是国家的权力向社会的回归，善治的过程就是一个还政于民的过程""善治有赖于公

---

① 罗豪才，宋功德. 软法亦法：公共治理呼唤软法之治 [M]. 北京：法律出版社，2009：139.

② "威权"基于行政权力或政治权力，是典型的"命令—服从"体制的产物；而"权威"是基于思想或专业的认同和共识而产生的自愿服从的威望，沟通和协作是产生权威的基本条件。

民自愿的合作和对权威的自觉认同，没有公民的积极参与和合作，至多只有善政，而不会有善治""公民社会是善治的现实基础，没有一个健全和发达的公民社会，就不可能有真正的善治"①。公民社会的运行逻辑就是多元主体的平等协商与合作，只有实现政府向社会的回归，按照公民社会的运行逻辑治理区域问题，才能保障区域内多元主体基于责任感的平等协商合作，反复博弈以达至区域善治。在我国社会转型时期，公民社会尚未成熟，社会自组织能力还很弱，政府的主导作用在区域治理中更不可或缺，应该通过积极推进法治，有效调整和约束国家公共权力，优化整体权力结构，加强社会治理能力建设，使政府及其掌握的公共权力有效服务于区域治理。

（三）区域治理的条件：信任和开放

区域治理是多元主体的平等协作，其实质是基于市场原则、公共利益和区域认同之上的合作，这需要主体之间形成良好的相互信任。信任促成区域共识，产生区域认同与归属感，区域认同源自区域社会主体的交往理性，是一种自发、自觉和自愿的认可和赞同，区域认同是区域协作和形成区域合力的前提，能够有效地凝聚区域内外各种力量，并使其求同存异、和衷共济，推进区域善治的实现。尽可能培养和提升区域内公民的共识和区域认同感是区域治理获得和扩大其合法性②的基本途径，因而，区域善治"要求有关的管理机构和管理者最大限度地协调各种公民之间以及公民与政府之间的利益矛盾，以便使公共管理活动取

---

① 俞可平. 治理和善治引论 [J]. 马克思主义与现实，1999（5）.

② "合法性指的是社会秩序和权威被自觉认可和服从的性质和状态。""只有那些被一定范围内的人们内心所体认的权威和秩序，才具有政治学中所说的合法性。合法性越大，善治的程度便越高。"参见：俞可平. 治理和善治引论 [J]. 马克思主义与现实，1999（5）.

得公民最大限度的同意和认可"①。"对私人行为的认同主要是在平等、自愿和意思自治的基础上形成一种合意;而对集体行动的认同则主要在于开放公共选择过程,公众可以依法参与公共政策的决策和执行过程,表达其利益诉求并为之辩护,在此基础上形成的公共决定,显然容易得到本身就是参与其中的公众的认同。"② 区域认同是区域内多元主体长期社会交往和利益博弈过程中形成的,它是多元主体相互信任的心理和文化基础,只有在信任的基础上,主体的区域治理行为和结果才是可预期的,才能形成区域治理的长效机制,保障主体长期的合作博弈,可见信任是区域治理达至区域善治的基础条件。

同时,区域治理必须是全面开放的,"开放是推动社会进步、增进社会活力的源头活水,现代社会正是通过高度的开放性而源源不断地获得社会创新的发展动力"③。区域治理应该是一种开放性结构,不仅对区域内所有主体开放,也向区域外利益相关者开放;不仅开放制度和决策的实施,也开放制度和决策形成的过程和监督;不仅区域治理的过程全面开放,区域治理的效果也向社会全面开放;甚至区域治理理念以及主体责任体系和责任追究方式都以开放性为典型特征,总之,整个区域社会和区域治理都呈现为全方位的结构性开放。而其中首要的是政府行为过程和信息的全面开放,以接受社会参与和监督。"把政府的行为公布出来,迫使其对人们认为有问题的一切行为做出充分的说明和辩解;谴责那些应受责备的行为,并且,如果组成政府的人员滥用权力,或者履行责任的方式同国民的舆论明显冲突,就将他们撤职,并明确或事

---

① 俞可平. 治理和善治引论 [J]. 马克思主义与现实, 1999 (5).
② 罗豪才, 宋功德. 和谐社会的公法建构 [J]. 中国法学, 2004 (6).
③ 罗豪才, 宋功德. 和谐社会的公法建构 [J]. 中国法学, 2004 (6).

实上任命其后继人。"① 这样区域内各政府的行为都全面开放，则政府的治理观念也会更加开放，能更多容纳社会多元主体多样治理方式，而政府更多地发挥引导者的作用，引导社会确立治理目标、选择区域治理的政策工具和方式，这样才可能真正实现政府职能转型，建立服务型政府。

在区域治理中，信息的全面开放和社会公众参与渠道的全面开放至为重要。信息的真实可信与充分是形成区域信任的前提，区域治理必须向所有可能掌握信息的人和需要信息的人开放，并且要加强信息收集、鉴别和整理发布等能力和机制建设，以尽可能避免现代的信息泛滥而有效信息不充分以及信息不对称等弊病对区域治理的不良影响。

社会公众的充分、实质的参与是区域治理的最根本的内涵，是区域治理与区域管理本质区别所在。公众参与是培养区域认同的基本途径，区域认同"仅仅依靠自然演进是不够的，必须有政治力量的推动和广泛的社会参与，包括发挥政府之间区域认同的政治力量，强化区域精英驱动力，实行政府主导与社会组织协同、公民参与相结合，促进区域内的社会团体合作和提升'区域公民'意识等"②。区域治理之所以强调区域社会的公众实质参与，是基于地方自治和民众自主管理而反思传统管理模式的结果。区域社会公众是区域社会最直接、真实的主体，其对区域的全方位感受、体验和认识是地方政府与以逐利为本质的企业所无法比拟的，社会公众的实质参与，通过政府和社会之间的互动与合作，构建起一种治理伙伴关系，有助于形成自上而下和自下而上的公意生成和表达机制，形成区域治理的网络结构，形成和完善区域治理协作机

① 密尔. 代议制政府［M］. 汪暄，译. 北京：商务印书馆，1997：80.
② 孙友祥，安家骏. 跨界治理视角下武汉城市圈区域合作制度的建构［J］. 中国行政管理，2008（8）.

制、监督机制、救济机制等以减少政府决策失误，使政府更好地服务于社会，并避免市场外溢性对区域的不利影响。

第三节 区域治理理论作为行政边界区域
环境法治的理论基础

（新）区域主义能为讨论法律与政治提供一个重要的概念框架①，因为区域不是静止不变的实体，而是存在于一定时空中，历经数十年甚或数个世纪的变迁；"区域主义在美国历史上是社会组织由地方主义向国家主义延伸这一连续统一体的一部分"②。而在中国，区域主义则顺应了自上而下"放权""还权于民""放管服"的国家政策与社会变迁的现实形势，是国家集权主义向地方主义③延伸的连续统一体的一部分，与美国区域主义发展背景看似相矛盾——一个自下而上形成区域主义议题，一个自上而下形成区域主义导向——但其内核具有一致性，即尊重社会变迁中多元治理的现实需求，力图形成国家和社会、中央与地方的协调和互补，以形成区域治理上的合力。这两个概念在多个方面深刻揭示了新区域主义作为一种具有解释力的工具的重要意义④。环境问

---

① NICK J, SCIULLO. Regionalism, the Supreme Court and Effective Governance：Healing Problems that Know No Bounds ［J］. The Social Justice Law Review, 2006（8）：2, 48.

② James W. Ely, Jr. and David J. Bodenhamer, Regionalism and American Legal History：The Southern Experience, 39 VAND. L. REV. 1986；542 – 544 .

③ 这里不是通常说的"地方保护主义"，而是与"还权于民""放管服"相一致的加强地方社会参与、强化地方治理的趋势。

④ NICK J. Sciullo. Regionalism, the Supreme Court, and Effective Governance：Healing Problems that Know No Bounds ［J］. The Social Justice Law Review, 2006（8）：2.

题是新区域主义方法适用的一个重要领域，因为通过基于环境区域的生态系统观念能最好地理解环境，"自然当然是最原初的区域主义者，联邦和州自然资源机构都已经在防治物种灭失和环境污染等领域采纳了流域和生态系统管理模式"①。生态系统没有边界，因而政治版图绝无可能确定沙漠的始与终，也不能确定冻土地带在哪里邻接针叶林带。从生态学的角度，法律应该更具有机统一性，更加灵活，以适应环境的空间分布。我国在这方面虽然还没有建立系统的制度，但是，环境法已经确立了"两控区""特殊区域"保护等有关制度，尤其是《中华人民共和国水法》中明确确立了"流域管理与行政区域管理相结合的管理体制"，流域和生态系统管理模式已经在我国环境法律中有所体现。对资源管理、濒危物种的保护以及污染预防的有效措施也应该将这些生态系统中的居民利益纳入考虑，因为所有居民对改进环境意识具有整体的重要意义②。这就意味着行政边界区域环境法治应该不断吸取新区域主义思想精髓，实现区域环境治理的良法善治目标。

一、环境法治的区域困境："没有治理的政府"

根据《中华人民共和国环境保护法》第 7 条，我国的环境监督管理实行的是"统一监督管理与分级、分部门监督管理相结合的体制"③"县级以上地方人民政府"环境保护行政主管部门以及有关资源保护部门"对本辖区的"污染防治和资源保护实施监督管理。对"跨行政区的环境污染和环境破坏的防治工作，由有关地方人民政府协商解决，或

---

① James Kroehe Jr. , All For One, ILLINOIS ISSUES 11, 13（1998）.
② Nick J. Sciullo. Regionalism, the Supreme Court, and Effective Governance: Healing Problems that Know No Bounds［J］. The Social Justice Law Review, 2006, 8（2）: 48.
③ 韩德培，陈汉光. 环境保护法教程［M］.法律出版社，2007: 42.

者由上级人民政府协调解决，做出决定"（第15条）。《中华人民共和国水法》第56条规定："不同行政区域之间发生水事纠纷的，应当协商处理；协商不成的，由上一级人民政府裁决，有关各方必须遵照执行。"这种管理体制在计划经济时期是比较行之有效的，但是在市场经济观念日益深入到社会每一个细胞，尤其是在经过经济高速发展后的社会转型时期，因行政分割而导致的行政区经济难以应对多元化的社会主体在区域问题上的利益诉求，甚至，地方政府及其部门也成为事实上的经济利益主体。因此，虽然在各自行政辖区内，各地方政府享有法定的环境保护监督管理权，但是逐利性使地方政府往往采取多种方式，"有意无意地"将经济发展中的环境负外部性推往辖区之外，行政边界区域环境资源保护和污染防治的问题便普遍发生，而且，基本依赖同级政府之间协商解决区域环境问题，首先就面临协商动力和机制的欠缺，而上级行政机关的协调往往还得依赖当地政府执行。

　　为了解决区域（流域）性环境问题，国家首先采取的是设置跨行政区的机构。1984年，为了方便太湖流域的环境管理，中央将原有的太湖水利局扩充成立太湖流域管理局，作为区域协调与执行机构。实质上，这是为了区域公共服务的需要设置的一个功能性政府机构，是中央政府行政放权下的一个区域整合机构，是中央水利部门在太湖流域和浙江省的派出机构，管辖的范围除苏浙沪三省市之外，还包括安徽新安江流域和福建闽江以北等地区。管理局最主要的工作是负责流域的综合治理，重要的是，管理局将通过相关法令来执行监督检查的任务，并拟订流域性统一政策和法规作为各行政单位的执行依据，以及统筹区域内的水利建设和水资源的共同保育工作。1988年，中央开始了淮河流域水污染防治工作，并最终于1995年由国务院制定颁布了《淮河流域水污染防治暂行条例》，成立了"淮河流域水资源保护领导小组"（领导小组办公室设在淮河流域水资源保护局)，"负责协调、解决有关淮河流域水资源保护和水污染防治的重大问题，监督、检查淮河流域水污染防治工作，并行使国务院授予的其他职权"。从"九五"以来，我国增加了对海河、辽河、太湖、滇池、巢湖等我国重要的流域的重点治理，编制流域污染防治规划、实施区域联动等区域环境政策得到了广泛的应用。

在区域大气污染防治方面，国务院于1998年正式批准了"两控区"（即"酸雨控制区和二氧化硫污染控制区"）的划分方案，并确定了一系列政策措施。2008年，为保障北京奥运期间的空气质量，确立了涵盖北京、天津、河北、山西、内蒙古、山东等省市的奥运空气质量保障区，实施了联合监测、区域联合控制污染物排放等一系列区域环境政策措施，取得了显著的成绩。

2002年6月，原国家环境保护总局发布了《关于两个环保督查中心成立事项的通知》，分别在江苏省南京市和广东省广州市组建了华东环保督查中心和华南环保督查中心两个区域环保督查中心，由于并不满意这两个中心在强化跨省区域与流域环境管理和改进国家对于重大紧急环境事件监督查处能力上的总体表现，原国家环境保护总局于2006年7月发布《总局环境保护督查中心组建方案》，决定组建华东（南京）、华南（广州）、西北（西安）、西南（成都）和东北（沈阳）等五个区域环保督查中心，2007年又在北京组建了华北环保督查中心。至此，国务院环境保护行政主管部门设立了覆盖全部大陆国土的六个区域环保督查中心。督查中心作为"总局派出的执法监督机构"，是原国家环境保护总局的"司局级""直属事业单位"，督查中心承担的职责中包括："受总局委托""承办跨省区域和流域重大环境纠纷的协调处理工作""负责跨省区域和流域环境污染与生态破坏案件的来访投诉受理和协调工作"等。

2005年，《国务院关于落实科学发展观加强环境保护的决定》提出:"按照区域生态系统管理方式,逐步理顺部门职责分工,增强环境监管的协调性、整体性。建立健全国家监察、地方监管、单位负责的环境监管体制。国家加强对地方环保工作的指导、支持和监督,健全区域环境督查派出机构,协调跨省域环境保护,督促检查突出的环境问题。""建立跨省界河流断面水质考核制度,省级人民政府应当确保出境水质达到考核目标。国家加强跨省界环境执法及污染纠纷的协调,上游省份排污对下游省份造成污染事故的,上游省级人民政府应当承担赔付补偿责任,并依法追究相关单位和人员的责任。"2008 年环保部颁布的《关于预防与处置跨省界水污染纠纷的指导意见》规定:"跨省界水污染纠纷发生后,应依法由相邻两省人民政府共同协商处理。经协商确实无法达成共识的,相邻两省人民政府提出申请,由我部进行协调。经协调并达成共识时,按协调意见落实。经协调仍无法达成一致意见时,由我部提出处理意见上报国务院批准,并按国务院批复意见执行。"

可见我国环境法治在区域环境问题的解决方面基本依赖国家公权力"自上而下"的推动,但是在政府机构内部,作为最基层的乡镇政府在区域环境问题的解决上却乏法律明确授权,公民、非政府组织、企业都缺乏充分的渠道影响行政边界区域环境法治。区域环境政策手段存在"简单化"和"单一化"问题,"强制性的政策手段居多,而经济调节性政策,鼓励性政策以及针对公众的自愿性政策手段很少"①。2005—2008 年,"锰三角"污染防治很有代表性:"环境保护部及 3 省市政府对当地政府、部门及企业,明确了督导责任、督查责任、监管责任、治污责任。原国家环保总局组织现场督查 8 次,部级领导现场协调与督办就有 4 次;3 省市政府组织环保局等部门不定期对整治工作进行督查和

---

① 马中,石磊,崔格格. 关于区域环境政策的思考 [J]. 环境保护,2009 (13).

后督察，湖南省湘西自治州政府先后召开5次专题会议，铜仁地区行署仅童元副专员就到松桃县检查19次；秀山县实行了领导流域负责制和流域停产制。3县党委政府都分解落实了目标任务，把督办每个企业治理的责任落实到每个县级领导和部门、乡镇主要负责人，体现了目标一致、上下同心、各负其责的良好氛围。"①

　　在我国民主法治尚处于快速发展时期，政府在行政边界区域环境法治中的重要作用不容忽视，正如公共管理学者所说："政府在区域治理中的重要性都不应该被低估。尤其是对于中国这样从集权传统转向分权治理的国家，在区域治理的过程中，如何在地方政府、企业和非政府组织，甚至国际机构的纷纷介入下，既保持各级政府的治理能力、又发挥各方力量的主动性，有效地平衡各自的利益，是极需要长期探索和实践的主要方向。"② 台湾学者简博秀对长江三角洲的九种不同管治模式进行了系统的分析中发现："中国区域治理执行中最大的特色……就是这些区域政策的执行与决策过程，都是由国家政府所领导下完成的。重要的是，这个表现完全忽略了私人部门对区域治理的描述，更未提及任何的非政府部门的部分。这说明了，即使在中国经济最发达的区域、即使在中国与全球化接轨最为密切的地区，私人部门，包括企业与投资者，对于区域治理的表现仍是极度缺乏的。""这个缺乏众多不同角色的治理结构，除了表现了中国治理的特色之外，重要的是，或许它也反映了区域治理失败的部分原因———一个完全来自由上而下的治理模式……是

---

① 陆新元. 区域环境综合整治"锰三角"模式的启示 [J]. 环境保护，2009（1 (A)）.

② 张京祥，吴缚龙. 从行政区兼并到区域管治：长江三角洲的实证与思考 [J]. 城市规划，2004（5）.

一个明显的'没有治理的政府'的模式。"① 我国当前行政边界区域环境法治不彰，其主要原因就是因为深受这种"没有治理的政府"（government without governance）模式的影响，政府成为"全能政府""县级以上人民政府"成为社会管治的全能代表，这正是行政边界区域环境问题普遍化的根本原因。基于此，以融合新区域主义的区域治理理论指导我国行政边界区域环境法治甚为必要。

二、区域治理理论形塑行政边界区域环境法治价值目标：环境权益的区域均衡

"利益均衡是指按社会各个利益主体都能接受的方式和规则进行资源配置和利益分配，以便把利益冲突减少到最低限度，尽可能地保持利益关系的稳定和利益格局的平衡。利益均衡并不是利益的平均分配，它强调的是利益导向明确、利益行为规范和利益成果共享。"②也就是说，在人与人、人与社会、人与自然的利益关系中，利益获得应该以诚实劳动和合法经营为前提；利益差别是基于公平竞争，而不损害利益主体之间人格、权利、机会均等以及互惠互利关系；个人利益最大化不得损害他人利益和社会利益；社会不同阶层之间的利益差别保持在合理范围内，让全体人民共享社会和经济发展的成果。环境问题实质上是利益问题，是不同利益主体之间环境权益的分配、享有和实现的问题。如果各利益主体的环境权益诉求之间及其与其他利益诉求之间关系相对稳定，都能得到同等对待，享有平等的实现机会，各利益主体趋向相互合作、和谐共处，就可以说主体间环境权益处于平衡状态，反之则为环境权益

---

① 简博秀. 没有治理的政府：新区域主义与长江三角洲城市区域的治理模式 [J]. 公共行政学报，2008（27）：1-41.
② 梅萍. 论利益均衡与伦理和谐 [J]. 道德与文明，2010（6）.

失衡。当前的区域环境问题，其实质是环境权益区域失衡的体现。环境权益的区域失衡可以从两个方面进行理解：一是区域内某一行政区主体为了自身经济的发展而将环境负外部性转嫁给区域内其他行政区主体；二是一地为保护环境和资源而牺牲发展机遇，其他地区却因此"搭便车"获益。在当前财税分权体制下，各级地方政府都成为利益主体。为了完成或"刷新"地方 GDP，实现短期财税收入最大化，突出任期政绩，各地方政府往往并不认真贯彻科学发展观，而采取不合理的片面经济发展政策，纵容甚至鼓励对自然资源的无序开发和利用。"有些地方政府不仅将自身目标置于中央政府的目标之上，而且置于地方社区之上，形成了掠夺型的地方政府。"① 乃至国家法制统一性都难以得到基本的保障。湘渝黔边界"锰三角"污染是这种区域环境权益失衡的典型例子：从 20 世纪 80 年代就开始锰矿开采和加工，可是几乎所有锰企业一直没遵守"三同时"制度和环境影响评价制度，不达标排放，矿渣任意堆放，污水直排酉水河，以致生活在污染区域的居民财产和健康严重受损。村干部和村民申诉，县长带他们去看邻县（不同省）企业排污口，说"管得了本县管不了外县"。企业则得鹬蚌相争之利，同一企业在两边办厂，哪边管得松、环境保护要求低、生产成本小就往哪边加大生产②。即使在中央最高层批示，国家环保总局挂牌督办，中央和地方政府投资过亿元人民币取得不错的治理成效后，笔者在相邻各县环保局调研，领导们对企业和省界断面自动监测的效果和可信度以及以后锰价上扬刺激扩大生产后的环保形势并不乐观，"囚徒困境"心理一览无遗。显然这是市场（企业）、国家（中央政府以及区域内各行政区地

---

① 托尼·赛奇. 盲人摸象：中国地方政府分析 [J]. 经济社会体制比较, 2006 (4).

② 中央电视台, 中国网络电视台节目. "锰三角"启示录 [EB/OL]. (2010 – 02 – 23) [2010 – 03 – 21].

方政府）、社会（居民和团体）的经济利益和环境利益之间的冲突和失衡，"具体表现为：企业在追求更多的利润和履行环境社会责任之间出现了失衡，地方政府在追求短期财税收入和长期环保目标之间出现了失衡，公众强烈的环境权益诉求和薄弱的环境维权能力之间出现了失衡"，甚至"在地方政府层面上出现了政治权力和经济权力融合的趋势，由此形成的特殊利益团体正成为破坏环境的首恶"①。从主体的角度分析，行政边界区域环境法治所面对的环境权益失衡可归纳为：行政边界区域居民的环境权益（生存权、发展权、环境权）同企业的经济权益之间的失衡、企业经济权益与政府尤其是中央政府的环境保护追求之间的失衡、地方政府之间的经济权益和环境权益的失衡，还应该包括地方居民的与环境有关的经济权益、环境权益乃至政治参与权益与地方政府环境和经济决策权之间的失衡。可见，区域环境权益失衡实际上是多元主体多元利益的失衡，以传统的依赖行政权力自上而下单向的解决方式最多只能治标而不可能治本。

区域治理理论指出应该通过开放的公共管理和广泛的公共参与、平等协商、合作进行公共决策和执行公共决策，以实现区域利益最大化，实现区域利益的动态均衡。行政边界区域环境法治正是面临区域内多元利益在环境资源领域的冲突，其存在的现实合理性正是基于为区域环境治理提供相对稳定和规范的多元机制和规则。因此，环境权益的区域均衡成为行政边界区域环境法治的最终价值目标。需要指出的是，这里的均衡不是一种稳定不变的均衡，更不是均等，而是一种动态均衡，一种指向总体利益可持续性最大化的区域均衡趋势。这不仅包括区域内各行政区之间的环境权益均衡，也包括环境权益各类型之间的均衡，还包括区域内环境权力与权利之间的均衡（国家权力和社会权力之间的均衡）。具体而言，行政边界区域环境法治的利益均衡目标体现为三个方面，即限制和协调区域环境公共权力、保障区域居民环境权益、实现区域环境公共利益。

三、区域治理理论指引行政边界区域环境法治路径：重构区域公共权力体系

区域环境问题的产生及久治不愈，最核心的原因首先在于地方政府为了经济发展而不严格执行环境法律；其次是行政区之间陷入"囚徒困境"的不良竞争。如果环境法在各政府行政辖区得到了充分执行，全国环境问题将会极大削减，而不致象现在这样普遍和严重。但是，区域公共权力运行缺乏基本的开放性使地方保护主义无法避免，区域环境问题也就会陷入永无休止的运动式治理。典型的如 1997 年淮河治污"零点行动"、2000 年的"淮河水体变清行动"以及 1998 年年底"聚焦太湖零点达标行动"①；或者陷入"救火式"治理，政府间为了已经发

---

① 淮河水利委员会水文局总工程师谭炳卿指出，所谓"零点行动"以后"淮河污染反弹"的说法并不准确——淮河实际上从未达到过 2000 年底变清的水质标准。"当时，工厂全部停工、不准排污、用自来水冲洗河道……为了在零点达标，地方上什么办法都用上了。"他感叹说："要让水质达到 2000 年底定的目标，至少还要十年。"2001 年初，《人民日报》报道，国家环保局宣布淮河治污已完成了达标目标。然而，"几乎所有人都在见证着一个结果：淮河，一年复一年地污浊着，并没有什么改变"。1998 年底"聚焦太湖零点达标行动"，要求在 1998 年年底，太湖地区 1035 家重点污染企业必须全部实现达标排放。1999 年元旦钟声敲响之前，相关部门宣布"基本实现阶段性的治理目标"，所有企业已全部实现治理目标。然而，进入新世纪后，太湖水不但没有变清，甚至持续恶化。2007 年 7 月更发生太湖蓝藻令无锡市民没水喝事件。参见：南京大学学生记者团. 10 年再次惊心再走淮河［N］. 南方周末，2004 - 05 - 27.

生的环境灾难而临时合作，"共谋"以求息事宁人而忽视从根本上解决环境问题，典型的如江浙水污染事件的处理①。当前环境法的实施基本依赖自上而下行政权力在各自辖区封闭式运行，不仅缺乏向相邻行政区政府的基本开放，相邻行政区仅能就跨行政区的环境保护工作进行"协商"或由共同的上级行政机关协调处理；而且在本行政辖区内缺乏对该区域环境中的居民以及有关非政府组织开放，居民和非政府组织仅能根据我国《环境保护法》对破坏环境的行为在本行政区进行"检举"和"控告"，可依赖的法律途径主要是信访制度，或者就自己所受到的直接环境损害向法院提起诉讼；也普遍缺乏向乡镇基层政府更不用说"准政府"性质的"基层群众性自治组织"村/居委会开放，这些基层政府包括乡镇人大，其行为与国家意志和居民公共意志实际上常常缺乏一致性，因为国家意志通过省市县到乡镇实质上随权力一起发生了异化，而地方意志因为缺乏自下而上的常规稳定渠道和官方认可的影响力，乡镇既没有居民自治机构的法律地位，同时，"其实已经没有作为一级政府的独立权力空间"，"从法律的角度看，乡镇既没有被法律赋予行政许可的权力，也没有被赋予行政处罚的权力。事实上，乡镇作为政府权力实体已经不复存在"，而乡镇主要是执行县级政府命令，而缺乏影响县级行政决策的基本途径②。"锰三角"污染治理中除了村民和村干部通过"砸厂"和"联名辞职"启动了国家权力之外，居民、"基

---

① 唐国建. 共谋效应：跨界流域水污染治理机制的实地研究：以"SJ边界环保联席会议"为例 [J]. 河海大学学报（哲学社会科学版），2010（2）.
② 赵树凯. 乡镇治理与政府制度化 [M]. 北京：商务印书馆出版社，2010.

层群众自治组织"① 和基层政府基本上丧失了主体地位②。此外，还缺乏向人大和司法机关的充分开放。根据我国《宪法》，地方各级人大是本行政辖区人民的权力机关，但是并没有对行政边界区域问题联合议决的明确法律规定，"长三角""珠三角"以及"锰三角"等各地区域环境合作都没有人大的充分参与，而环境保护法明确规定跨行政区环保事宜由政府协商或协调解决而没有明确人大和司法机关解决这类问题的权力。总之，相邻行政区政府、居民与非政府组织、"基层群众自治组织"、乡镇政府甚至地方权力机关和司法机关都缺乏充分的法治途径影响、约束在区域环境治理上的行政权力的运行。这是典型的"压力型政府"权力体系，根据区域治理理论和实践，这种权力体系正是造成区域环境问题的根本原因之一，必须通过法治途径，实行开放性治理，赋予或认可其他主体区域环境治理的公共权力并保障其有效行使，以形成网络状的公共权力体系和运行方式。"公共权力，是指在公共管理过程中，由国家机关和其他公共组织掌握并行使的，用以处理社会事务、

---

① 我国的村民委员会作为"基层群众性自治组织"的法律地位现实中被严重异化了：据《中国青年报》2004 年 2 月 27 日报导，甘肃第一小康村兰州市西固区西固乡西固村十多年没有开过村民代表大会，没有推选过村民代表，村委会主任十多年从未改选过。富裕的农村尚且如此，一般农村就可想而知了。村民自治受到乡镇政府随意干涉的情况相当普遍。湖北潜江市人大代表调查发现，从 1999 年 9 月 28 日该市第四届村民委员会换届选举到 2002 年 5 月 1 日，全市 329 位民选的村委会主任被乡镇组织及个人宣布撤换（含免职、停职、降职、精减、改任他职等）的达 187 人，占总数的 57%（参见《人民日报》2003 年 11 月 12 日报道）。新农村建设和大学生村官制度，为农村建设输入了新的血液，但是诸如大学生村官优惠转乡镇干部、考公务员、考研等优惠政策实际上给乡镇政府以更充足的资源将行政权力彻底渗透村民自治，这不能不引起决策者高度重视。

② 如"锰三角"区域环境综合整治中，乡镇基层政府只能唯命是从执行上级政府命令，而缺乏主体性地位。参见：陆新元. 区域环境综合整治"锰三角"模式的启示 [J]. 环境保护，2009（1（A））.

维持社会稳定和增进公共利益的权力。"① 公共权力包括国家公共权力和社会公共权力，即国家权力和社会权力，国家权力是统治阶级运用国家机器来实现其意志和巩固其统治的支配力量。一般分为立法权、执法权和司法权。"所谓社会权力就是社会主体（公民特别是社会团体、非政府组织）所拥有的社会资源（物质和精神资源）对社会和国家的支配力。"② 行政边界区域环境法治不可能单纯依靠国家权力，而应该充分发挥国家权力和社会权力的各自优势。当前首要的是要将国家权力向社会的回归，"还政于民""还权于民"③，引导和加强基层社会治理，培养社会自组织能力，立法赋予和保障公民组建环境 NGO 的权力以及参与区域环境治理的主体地位，明确人大以及司法机关在区域环境治理中对各行政机关环境执法行为的监督和审查权力并建立和完善有关法律机制。国家行政权力在行政边界区域环境法治中的地位不容忽视，但是从实质上看，行政边界区域环境法治就是要通过多元的法治途径，"软化"行政权力的刚性，发挥区域其他主体的作用，依法成立有关区域协作机构或组织，构建有效协商机制，尤其是要发挥地方权力机关和公众参与并主导地方重大环境决策的作用。

四、区域治理理论引导行政边界区域环境法治机制建构与完善

区域治理理论认为区域治理需要多元主体之间开放、平等协作，传统的建立在科层制基础上的法治机制难以满足这一需求，需要将区域治

---

① 张维新．公共权力异化及其治理［J］．行政论坛，2011（2）．
② 郭道晖．权力的多元化与社会化［J］．法学研究，2001（1）．
③ 2008 年 8 月 31 日，原湖南省委书记张春贤在湖南全省"坚持科学发展、加快富民强省"的解放思想大讨论电视电话会议上，指出："前两次解放思想偏重于还利于民，这一次解放思想在继续注意还利于民的同时，更偏重于还权于民！"

理的现实要求反映到法治之中，建构新的机制。行政边界区域环境法治需要立法明确多元主体及其权责体系、协作机制、利益补偿机制以及环境纠纷解决机制等。

（一）明确行政边界区域环境法治的多元主体及其权责机制

区域环境治理主体包括中央和相邻行政区地方政府、企业、非政府组织以及区域居民①，应区域治理需要而组成的区域协作组织应该成为区域治理的当然主体。区域治理要求区域主体就区域问题上下互动左右联动进行平等协作，因此首先需要通过法治途径明确多元主体地位及其责任体系。行政边界区域环境法治要求的主体"上下互动"，不是指上下级政府贯通一体，上令下从，将结果或进一步的问题"互动"反馈给上级政府，也不是指上级政府将政治动员这一工具用到极致而使下级政府"积极响应和参与"，而应该指作为国家意志体现的中央和上级政府的意志和作为社会基层或底层公共意志之间的"互动"，换言之，上下互动应该是指国家权力和社会权力之间的互动，是作为国家意志的中央权力与作为最真实的基层民意之间的"互动"、共同作用于并实际参与地方政府环境决策和执行。从当前实践来看，就是要通过法律的途径，明确各级政府以及立法机关、执法机关和司法机关在区域环境治理中的主体地位，包括中央政府在区域环境问题上的主体性地位，一方面需要维持科层制基础上的合理法律机制，同时需要"软化""命令—控制"的权力运行模式，规定权力之间的平等协作参与决策和相互监督，建立多样、层次分明的责任体系，使权责相应，同时弱化政府经济和统

----

① 如在"锰三角"污染案中，该区域某村村主任联合邻省县村干部成立了"拯救母亲河行动代表小组"。这个临时性组织，组织化程度非常低，其活动都是居民的自愿自为行为。

治职能，而增强政府公共服务职能。此外必须明确社会权力主体在行政边界区域环境法治中的主体地位，赋予其平等参与区域环境治理决策的权力，并革除传统法治依赖强制和惩治的弊病，加强法治中的激励性制度，建立激励与约束相结合的机制，灵活运用国家法律中的"软法"手段和社会"软法"规范治理区域环境问题。同时，为了加强社会权力主体自治，"软法"机制的运用有其特殊价值，赋予社会组织"章程"和"决定"等对该组织成员的法律效力，并赋予这类"软法"在国家法律运行中一定地位①，通过软法和硬法的混合法治模式构筑整个行政边界区域环境法治中的责任体系。

（二）创新行政边界区域环境法治协作机制

区域治理需要平衡多元主体的多元利益，并创新主体间协作机制。明确区域主体之间的基本利益结构在行政边界区域环境法治中具有非常突出的重要性，利益结构的平衡、稳定是行政边界区域环境法治的追求目标，区域环境问题的实质就是区域环境利益结构失衡，主要表现在：一是"企业获利、国家和居民买单"，国家利益尤其是居民经济、社会以及人身健康和生命安全等利益随企业经济利益增加而受损；二是一个行政区如上游或上风向行政区排污导致下游或下风向行政区利益受损；三是上游或上风向行政区采取措施保护环境，环境改善的利益为区域所共享，环境保护地区或者个人和组织需要对环境保护投入人力和物力并因环境保护而丧失发展机会。对这些区域环境利益失衡现象，需要明确企业和有关行政区政府的责任，严格执行环境法律，同时建立有效的协

---

① 有学者认为这类"软法"在法律实施尤其司法中可以作为"证据"，起到证明和说理的作用。参见：罗豪才，宋功德．软法亦法：公共治理呼唤软法之治［M］．北京：法律出版社，2009：374.

作机制，为科学合理的生态补偿提供法治平台。

协作机制和利益补偿机制是区域治理由理论走向实践实现区域善治的核心，行政边界区域环境法治应该将区域协作纳入法治轨道，赋予区域主体组建区域协作组织的权力，并赋予区域协作组织维护国家法制统一和实现区域公共意志的职能。对区域环境立法协调、区域环境执法联动，尤其是社会主体参与行政边界区域环境法治的权力及其运行机制做出规定。

（三）推进区域环境纠纷的多途径解决

区域环境治理涉及多元主体多元利益之间的多元冲突，这意味着区域环境纠纷必然普遍而多样。区域治理理论要求通过多元权威和多元途径解决区域环境纠纷，充分有效地发挥司法在纠纷解决中的权威性功能，绝不能仅仅依赖地方政府协商解决或上级政府协调决定，这种专赖行政权力的解纷方式，既不利于民间纠纷解决机制合理发挥其效能，也不利于对行政权力的监督和社会共识的培育，进而会损害区域各行政区政府的公信力和权威，最终导致区域环境纠纷丧失基本的解纷途径。行政边界区域环境法治必然要求确认区域环境纠纷解决的多元权威，发挥调解、仲裁、司法裁判的功用，同时运用软法机制赋予区域非政府组织解决区域环境纠纷的职能，以促进纠纷的民间解决。需要指出的是，环境行政诉讼以及环境公益诉讼能有效监督政府公权力的行使，并为多元主体参与行政边界区域环境法治提供权威途径，它们在区域环境纠纷解决中的作用绝不容忽视。

第四节　协同法治：行政边界区域环境
法治的法理依归

一、"和谐法治"是行政边界区域环境治理的价值目标

区域环境治理是一种多元化的治理，政府在其中发挥着正式治理的作用，其他主体的作用也不可或缺。"正是官方的治理形式与非官方治理形式之间的合作、正式秩序与非正式秩序的合作、硬法与软法的合作，才成就了社会的有序化。"①"法治是善治的基本要求，没有健全的法制，没有对法律的充分尊重，没有建立在法律之上的社会秩序，就没有善治"，法治"既规范公民的行为，但更制约政府的行为"②。区域环境治理的目标是区域环境善治，"善治的前提是合法，离开合法性，善治也就没有了保障。换句话说，善治是法治的另一种表述"③。善治中的合法性"不仅指法律上的合法性，更指政治上的合法性，即人们从内心自觉认可和服从的状态"④。区域环境善治就是要通过多元主体的相互协作，尤其是要确立广泛的公民社会主体的行政边界区域环境法治权利和权力主体地位，通过规范的协作机制，发挥其"支持、协助并监督政府依法、正当、有序地"⑤ 进行区域环境治理，以达到区域人际

---

① 李清伟. 论公共治理理念及其法律范式的构建［J］. 法商研究，2009（1）.
② 俞可平. 治理和善治引论［J］. 马克思主义与现实，1999（5）.
③ 李清伟. 论公共治理理念及其法律范式的构建［J］. 法商研究，2009（1）.
④ 王学辉. 超越程序控权：交往理性下的行政裁量程序［J］. 法商研究，2009（6）.
⑤ 郭道晖. 政府治理与公民社会参与［J］. 河北法学，2006（1）.

和谐以及人与环境相和谐。因此，区域环境善治的实质就是行政边界区域环境法治，是区域环境治理的良法善治，由具备充分的法律合法性和政治合法性的法律（尤其是完善的程序性法规范）为多元主体构筑规范平台，使其进行广泛、公平、持续、开放的合作博弈，以形成区域环境治理合意或者共识，达至共赢的区域利益均衡。

市场与公民社会促生公共治理，市场和公民社会也都需要奉行法治，因而公共治理也无疑推崇法律至上原则，所有主体的权力/权利及其行为都不得与法律相冲突。公共治理的主体多元、利益多元、行为方式多元，对传统的法治提出挑战，传统的"由国家强制力保证实施"的"硬法"难以应对多元社会需求，因此区域治理的法治不仅仅是"硬法"之治，而是要认识到并推进"从单一规制转向混合法治理"，实现"软法与硬法合而为一"的"混合法治"①。为适应区域公共治理的本质需要，"规范的多样性是必要的，也是可能的；不但有硬法机制，也有软法机制；其中的硬法机制在日益走向成熟，而软法机制也将大显身手。因为在公共治理的语境下，实现治理目标的手段已经不再是，准确地说不全部是命令和控制式的管制方式，而是强调公共主体与私人主体之间的对话、协商并进而协作，从而通过多种治理手段共同实现治理目标的过程"②。区域治理要求法治扩展其调整范围，将区域治理中的多元主体行为、多元利益和社会关系都纳入调整之中，同时创设和运用多样的调整手段，尤其是要创设和利用多样的基于合意的柔性规范以引导主体行为；还应该创设多元责任体系和纠纷解决机制，制约

---

① 罗豪才，宋功德. 软法亦法：公共治理呼唤软法之治 ［M］. 北京：法律出版社，2009：404－513.
② 张晓明. 环境公共治理走向善治之法律支撑：以软法为视角 ［J］. 广东广播电视大学学报，2009（5）.

和防范区域治理主体逃避责任，"为了确保各方治理主体的权力行为与责任担当统一起来，就必须通过法律的形式扩充消极责任承担的主体类型、责任内容和形式。既要防止政府假借向社会放权而推卸职责，逃避责任，也要防止私人组织、公民社会组织滥用公共权力侵犯公民权利、损害公共利益"①。此外，还应该对受侵害的权益提供充分的救济途径。

在任何时代，法治都是只可能无限趋近的理想社会状态，人类智识和理性的拓展会不断提高对法治的基本诉求，也不断探索和尝试达致法治理想状态的途径；历史的和同时代的不同国家法治实践探索是人们形成法治理念的泉源。李步云教授早在1979年就提出法治"十标准或原则"，即法制完备、主权在民、人权保障、权力制衡、法律平等、法律至上、依法行政、司法独立、程序正当、政党守法②。夏勇教授提出"法治十大规诫"，即有普遍的法律、法律为公众知晓、法律可预期、法律明确、法律无内在矛盾、法律可循、法律稳定、法律高于政府、司法权威和司法公正③。张文显教授指出法治的四个基本标志：法律之治、人民主体、有限政府、社会自治、程序中立④。还有不少对法治的权威归纳，笔者认同姚建宗教授的基本判断，即我国学者们对法治问题的观察与思考展现出"单一视角与单向维度"，难免不与我国的法治理想和现实相疏离，因而主张采取"多重视界的综合维度"理解和思考

---

① 张世杰. 公共治理机制：实现责任行政的途径 [D]. 长春：吉林大学，2008.
② 李步云. 法治国家的十条标准 [J]. 中共中央党校学报，2008（1）. 该文是李步云教授结合当前问题，对其在1979年12月2日《光明日报》发表的法治十条标准的科学内涵所做的进一步阐述。
③ 夏勇. 法治源流：东方与西方 [M]. 北京：社会科学文献出版社，2004：22－34.
④ 张文显. 论中国特色社会主义法治道路 [J]. 中国法学，2009（6）.

法治问题①，但是，因为"法治"不断变幻的多重面相，有限理性的人类要全然揭示它们，恐怕勉为其难。我们只能以更宽容的视角理解法治的多元甚至逻辑上可能抵牾的含义，尽可能从更多的向度趋向法治真谛。

当前我国正在积极建设"环境友好型、资源节约型"社会、和谐社会，法治应该走出"斗争"哲学的历史阴影，摆脱"统治"的陈旧观念，将"和谐"确立为法治的基本理念或目标。和谐以差别和对立的存在为前提，差别产生协调和多样一致，对立拓展和谐的新样态、新内涵。和谐是矛盾的平衡协调、对立合一状态。"我们不仅要把和谐作为一个独立的价值，而且应当把和谐提升到法律价值体系之元价值的高度上来，提升到法的精神之元素（核心要素）层面上来，把和谐作为法的终极价值，作为法的绝对精神……和谐精神是人类的普遍精神，因此也可以说和谐是法的人类精神。"② 行政边界区域环境法治的理想状态就是要实现区域环境治理的和谐状态，"和谐法治"成为其当然的基本理念。

二、"协同法治"是行政边界区域环境"和谐法治"的本质特征

行政边界区域环境法治涉及区域内各相邻行政区政府、企业和其他社会组织以及公民之间复杂的相互关系，这些主体之间的协同行动决定行政边界区域环境法治的成效，也就是说行政边界区域环境法治最典型的特征就是协同性，是区域内不同行政区各类主体的协同行动及其结果与状态。因而，行政边界区域环境法治理论和实践本质特征可以归纳为

① 姚建宗. 法治的多重视界 [J]. 法制与社会发展，2000（1）.
② 张文显. 和谐精神的导入与中国法治的转型：从以法而治到良法善治 [J]. 吉林大学社会科学学报，2010（3）.

"协同法治"。党的十八大报告提出，要"加快形成党委领导、政府负责、社会协同、公众参与、法治保障的社会管理体制"，这种社会管理体制其实就是一种"协同法治"的蓝图，回应区域环境整体性自然特性的行政边界区域环境协同法治是这种协同法治的一个重要领域。

"协同"（Synergy）是指一个系统中的多种因素相互作用而产生某一效果，这一效果不同于或大于各因素分别产生的效果的总和。在组织化的社会行动中，协同是组织效应超越组织内个体各自效应总和或组织内最优秀个体最佳效应的状况或能力。协同"不仅有协调合作之意，而且强调由于协调合作而产生新的结构和功能，强调协调合作的结果"①。它不仅是一种强调相互依存、利益共享、风险共担的状态，更是一种更优的整体效应或集体效应，还可以指主体间融合协作的行为。与"协作""协调"和"合作"等概念相比较而言，协同更强调组织中联合行动的程度和结果，强调合作的融合度、复杂性、灵活性和人性化，强调合作的整体性和一致性，协同是一种以共同利益为动机、以相互关系增进为导向、立足长远的、积极的、广泛而灵活的、高度融合的组织化行为模式。

行政边界区域环境治理根本性困境的克服必须依赖区域内广泛主体尤其是具有主导性的政府主体之间及其与广泛的社会主体之间的协同，并依赖规则治理，在基本规范的约束和引导下各类主体协同有序地展开治理工作，才能实现区域环境善治，实现行政边界区域环境协同法治的蓝图。换言之，行政边界区域环境治理必须依赖"协同法治"。

首先，行政边界区域环境治理机制的多元主体资格及其权力/权利要依靠法律确认和保障。区域治理主体多元且各自利益多元，这需要法

---

① 李辉，任晓春. 善治视野下的协同治理研究［J］. 科学与管理，2010（6）.

律规范主体地位和主体基本责任，以形成充分体现主体间性、纵横有序、良性互动的区域治理主体结构；同时，区域治理是政府、非政府组织、企业和公民社会成员的平等协商合作，非政府主体的权利/权力的行使和运用有可能受政府不当限制、干扰甚至剥夺；地方政府间以及中央/上级政府与地方/下级政府之间的权力可能互相冲突或推诿。因此，这需要法律来保障区域主体权利/权力的实现，并防备来自政府权力的侵害，也防止政府权力的滥用，为权益的损害时提供多元的法律救济途径。

其次，法治为行政边界区域环境治理机制运行提供规范框架，使之制度化，形成长效机制。法治的相对稳定性可以增加区域主体对区域治理目标的实现和政策工具的选择具有可预期性。在行政边界区域环境治理中，有效规制政府行政权力的行使具有非常现实的意义，因为在现代行政管理体制下，"政府权力运行的应急性、广泛性和灵活性等特征使行政权的运行可能成为威胁公民权利、社会权利的力量，甚至导致国家权力结构的失衡，进而使法律对政府行政权力的控制变得困难甚至不可能"①。公共治理可以弥补立法机关和司法机关对行政权力监督的现实不足，但必须在法治的规范框架内，否则，治理将变得无章可循，或者导致行政专横与专制，或者陷入无政府主义的泥坑，在区域问题上则会形成恶劣的府际竞争，形成"有统治而无治理"的区域局面，背离行政边界区域环境治理对有序社会运行机制的追求。

再次，法治可以为行政边界区域环境治理机制提供标准和评价机制。行政边界区域环境治理多元主体的多元利益追求及其行为，以及多元治理机制都需要相对稳定的标准和评价机制，每一治理主体的地位、

---

① 李清伟. 论公共治理理念及其法律范式的构建 [J]. 法商研究, 2009 (1).

功能及其行为，事实上都不断受到区域治理其他主体对它的评价，法治才能保证这种公共评价的客观、公正和有序，也促使不同治理主体对自身的价值、追求和行为预期进行判断，进而予以自我规范、约束与调适，真正发挥区域治理中的主体意识。

三、行政边界区域环境"协同法治"的核心内涵

行政边界区域环境"和谐"法治状态只有通过"协同法治"才能达成。行政边界区域环境"协同法治"包含三个核心内涵，即以区域民生为本、区域权力的有序规束、区域利益的动态均衡。

（一）以行政边界区域的民生为本

李克强总理曾经指出，环境保护是发展问题，也是民生问题，是关系全面建设小康社会的一件大事①。民生问题也是保障人之为人的基础问题，是社会发展的最根本的起点和落脚点，社会发展应当是以人为本、以民生为本的可持续发展。人类应该摆其脱物质主义沉疴，重塑人的主体精神，使人人都有参与社会发展并共享社会发展成果的均等机会，每个个人的尊严和基本权利得到社会普遍尊重，"全部人类历史的第一个前提无疑是有生命的个人的存在"②。社会发展就是不同阶层、不同群体的个人相互作用形成的合力推动的。即使不同的人因为各种原因而事实上存在很大的差异，在不同领域形成社会的强势群体和弱势群体，但是，"人，按其本性来说，就是一种类存在物。人的类本性表明，人只能存在于同他人内在统一的一体性的关系中，也只能存在于同外部世界即人的对象性存在的内在统一性关系之中；而且这种一体性的

---

① 曹光辉. 环境保护是重要的民生问题［J］. 决策导刊，2010（9）.
② 马克思，恩格斯. 马克思恩格斯选集：第 1 卷［M］. 北京：人民出版社，1995：67.

关系不但构成人的有意识的活动的对象，并且还是人的自为活动所遵循的基本原则"①。每个"他人"都是"我"的存在，"每个人都是小我和大我的统一体，人与人之间不再有人的分别，而只有个性的不同，也就是说他们在人格上是完全平等的，个性上是充分自由的"②。人们因为对社会资源掌握和使用能力的差异会形成强弱之分，但是这不应该成为人的本质的分野。和谐法治就是要通过法律机制保证每个"小我"基于平等的人格而实现生存和发展机会均等，一方面要平等保护每个个人的基本权利，只有切实的尊重和保障每个社会成员的基本权利才谈得上法治；另一方面要为弱势者创设更多的生存条件和机会，以消解社会成员之间权利义务能力的事实上的不均衡，权利的保护才可能实现。权利和尊严是人之为人的要素和标准，尊重他人同样的权利和尊严就成为每个人的作为"人"的核心义务，尊重和保障促进人的权利和尊严就成为公共权力机构合法性的根源，因此公共权力必然总是有限的，而公共权力机构的义务是不容推卸的，"法治不仅要求社会活动主体认真对待权利和权力，而且要求社会活动主体认真对待其义务和责任""法治在社会活动主体自治与自律的层面上，所要求的不过是所有社会活动主体的自我尊重与相互尊重和自己对自己负责而已"③。"如果法律尊重人的尊严，那么，遵守法治就是必要的。"④

　　行政边界区域环境协同法治必须以区域民生为本，保障和依赖区域社会每个人的基本权利，无论其身处哪一个行政区，也无论其尊卑。

---

① 高清海. 高清海哲学文存：第 2 卷 [M]. 长春：吉林人民出版社，1997：117.
② 高清海. 高清海哲学文存：第 2 卷 [M]. 长春：吉林人民出版社，1997：132.
③ 姚建宗. 法治的多重视界 [J]. 法制与社会发展，2000 (1) .
④ RAZ J. The Authority of Law：Essays on Law and Morality [M] . Oxford：university press，1979：222 - 221.

"民生问题从表面上看是一个社会、经济问题，但其实质，则是一个典型的权利问题，而权利，正是法治的要义所在"①　"民生问题，转化为法律话语，就是权利问题，尤其是以生存权和发展权为核心的社会权的尊重、保护和实现问题"②。行政边界区域环境协同法治要达到政府目标与区域社会需求和基本保障的协同，也要达到不同区域内人们基本权利的协同，不能以一个行政区的经济发展需求轻视相邻行政区的环境社会利益诉求，更不能以企业合符政府利益诉求的税赋贡献率否定公民环境权益的诉求。"环境保护不仅仅关涉人们的发展权，也直接影响人们的基本生存权""民生需要通过各主体的需求表达和汇聚得以体现，各主体对所处的环境不仅应该享有充分的知情权，也必须享有充分的表达权和参与决策权""民生是具体的""保障人人身体健康，实现人的全面可持续发展正是最大的民生"③，行政边界区域环境协同法治最终要通过区域协同行动，实现区域内各类主体充分的环境知情权、表达权、参与区域环境治理的决策权以及诉请救济的权利。

"以行政边界区域的民生为本"不仅要保障区域主体的基本环境权益，也需要实现其权利和义务或责任之间的协同，"法治不仅要求社会活动主体认真对待权利和权力，而且要求社会活动主体认真对待其义务和责任""法治在社会活动主体自治与自律的层面上，所要求的不过是所有社会活动主体的自我尊重与相互尊重和自己对自己负责而已"④。行政边界区域环境保护是区域内每一个主体的基本义务，2014 年我国

① 付子堂，常安. 民生法治论 [J]. 中国法学，2009 (6) .
② 龚向和，左权. 地方民生立法审思 [J]. 河南省政法管理干部学院学报，2011 (2).
③ 肖爱，唐江河. 论两型社会建设中的地方环境立法转型 [J]. 吉首大学学报（社会科学版），2012 (3) .
④ 姚建宗. 法治的多重视界 [J]. 法制与社会发展，2000 (1) .

新修订的《环境保护法》第六条明确要求"一切单位和个人都有保护环境的义务"，公民应当"采取低碳、节俭的生活方式，自觉履行环境保护义务"，这一法律要求并不受行政边界的任何影响，并且成为行政边界区域环境协同法治最基本的规范，但是区域环境治理不仅仅是个人的责任，更是政府和企业的责任，所以该条同样规定政府对本辖区环境质量负责，企业等生产经营者应当保护环境并对造成的损害承担法律责任。政府和企业等生产经营者无疑在区域环境治理中属于"强者"，他们掌握更多的信息和社会资源。因此，强化区域内各行政区政府以及企事业单位环境保护责任在区域环境协同法治中具有极为重要的意义。"对于一个国家来说，要让国民拥有环境权上的平等和有效地保护环境，首先就必须要求强者不侵害弱者；而侵害一旦发生，必须由强者来承担责任。曾饱受四大公害之苦的日本，今天以美丽的岛国驰名，其成功的经验就是：严格的公害防治及公害补偿政策——强者承担责任，弱者得到补偿。"① 通过环境法律使区域内"强者"承担责任，是以区域民生为本，实现区域环境正义、保障公民基本环境权益的必然途径，也是协同法治的内在要求。

（二）行政边界区域权力的有序规束

这里所说的"规束"包括控制和引导。在长期的国家和社会一元状态下，我国法治社会是"在法律规束住了国家权力和政府后而使权利在人和人之间得到合理配置的社会状态"②。规束政府权力，强化政府责任并且提供足够的法律渠道使政府责任得到实现，这样才能使区域

---

① 韩立新. 强者承担责任，弱者得到补偿：日本治理环境的经验对中国的启示 [J]. 绿叶，2010（4）.
② 徐显明. 论"法治"构成要件：兼及法治的某些原则及观念 [J]. 法学研究，1996（3）.

内各行政区政府彼此之间具有协同行动的动力，也使政府有与区域环境治理其他主体协同的需求。法律规则能增进政府规制和行政的效率，提高政府对公共产品的提供能力，提升市场与社会的功能，强化政府和社会的协同①。随着社会力量的不断崛起和社会的多元组织化程度的不断加强，"社会权力"已成为事实，"以社会权力制约国家权力"可以作为对"以国家权力制衡国家权力"机制的补充，并且"从未来发展趋势来看，其将成为主导机制，也将是社会发展必然归宿"②。当然，需要法律规束的就不仅仅是国家权力，社会权力同样必须纳入法律规束之中，正如哈贝马斯所说的，我们"不能继续把宪法理解为一个主要调节国家与公民关系的秩序框架；经济权力和社会权力之需要法治国之规训程度，不亚于行政权力"③。因为任何权力都具有自然扩张的特性，都会导致腐败。"社会权力在一般情况下属于'软权力'，在施加于相对人（政府）时，通常是采取'先礼后兵'的原则，先沟通反映、协商谈判、建议批评、游说申诉，争取得到对方（特别是国家权力）的支持合作，如果不行则诉诸舆论的压力、群众性的抗争，直到社会革命。"④当然，社会权力也可以通过参与国家权力的合理分工合作，尤其是通过诉讼借助司法权而对行政权为代表的国家其他公权力实现有序规束。但是社会权力也可能侵害社会个体甚至公共利益，如恐怖组织对个人人身和社会公共安全的危害。在区域环境治理中，往往还会出现一

---

① Matthew Lange The Rule of Law and Development：A Weberian Framework of States and State – Society Relations. Matthew Lange and Dietrich Rueschemeyer. States And Development. Palgrave Macmillan ltd. 55，2005.

② 郭道晖. 社会权力：法治新模式与新动力［J］. 学习与探索，2009（5）.

③ 哈贝马斯. 在事实与规范之间［M］. 童世骏，译. 北京：生活·读书·新知三联书店，2003；305.

④ 郭道晖. 社会权力：法治新模式与新动力［J］. 学习与探索，2009（5）.

种现象，即区域内强势（尤其是经济或政治上的强势）行政区罔顾相邻弱势行政区合理合法的环境利益诉求。这些无疑成为我国当前政府和社会信任危机的根源。

但是，"我们所关心的不仅仅是个人是否自由或安全抑或是否感到自由或安全的问题，而是作为一个整体的社会中的各种（通常默默展开的）过程之间如何达致和谐与平衡的问题"①。在当前我国市民社会成长严重不足的情况下，对社会权力不能给予太多束缚，而应该从法律上给予更多的保护和引导，使之有能力与强势的经济组织或政府进行合理合法的协商与合作，充分发挥"以社会权力规束国家权力"的积极效用；同时，因为社会权力成长后权力的多元化，也强化了社会权力之间的彼此制约和平衡，多元社会的所有利益主体因此获得了利益诉求和整合的畅通渠道，也减轻了国家事无巨细管理社会事务的负担，从而有效地推进社会的公共治理达至善治。而对于以暴力工具为后盾的国家权力必须严加规束，并使之服务于社会，从而使公民的权利空间和人格尊严得到基本保障。"我们希望法律精神弥漫全国，也希望能有一个以人权为唯一正当政治目标而以人民意志为唯一权力来源的法治政府，还希望建立一种消除任何权力超出合法限度而不被制止的体制，因为这些都是法治社会所应具备的。"② 我国当前法律的运行存在严重的"行政依赖"③，这在行政边界区域环境法治中更为突出，环境法仅仅原则规定

① 富勒. 法律的道德性 [M]. 郑戈，译. 北京：商务印书馆，2005：35-36.
② 徐显明. 论"法治"构成要件：兼及法治的某些原则及观念 [J]. 法学研究，1996 (3).
③ "行政依赖"是指"在法律运行的权力结构中过于重视行政体系，忽视或轻视其它权力尤其是相对保守和中立的司法权力的现象。参见向明，肖爱. 论法律运行的司法最终原则：以"行政依赖"的克服为中心 [J]. 湖南师范大学社会科学学报，2011 (4).

同级政府协商和上级政府协调解决，对具体机制以及对这样的协商和协调过程都缺乏基本的监督，也没有纠错和审查机制，这与区域治理（新区域主义熏陶下的现代公共治理）的基本精神大相径庭，"在现代公共治理中，对公共治理过程中行政权的自由裁量权的控制成了现代法律的基本精神。行政法也由早期的管理法转变为现代的控权法"①。因而，行政边界区域环境法治无疑首先要规制行政权力，但是，传统的"程序控权"无法契合区域治理的内在逻辑要求，其最根本的理由是这种"程序控权"的主体仅仅是国家公权力主体，即其"控权"程序的主体是不充分或不完全的。行政边界区域环境法治要求使公民社会组织等国家公权力主体之外的其他主体也获得程序中的主体性，基于交往理性和主体间性，发挥程序参与主体的自主性，通过协调机制而非控制机制实现程序正义，达到有效控权的目的。因为"程序的本质特点既不是形式性也不是实质性，而是过程性和交涉性"②，因此，"程序正义不能从某一根本规范演绎出来，而只能通过不同层面的交涉和议论分别实现。所以说，程序系统本身即具有把片段性的交涉过程加以衔接整合的特征"③。行政边界区域环境法治需要通过基于交往理性的程序控权而实现对区域内各种权力的有序规束。

行政边界区域环境法治"政府—企业—社会"三者互相协作互相监督的关系非常切合王曦教授对环境法治主体间互动关系提出的"环保主体互动等边三角形模型"④，王曦教授与佩斯大学法学院合作对美

① 李清伟. 论公共治理理念及其法律范式的构建 [J]. 法商研究, 2009 (1).
② 季卫东. 法律程序的意义：对中国法制建设的另一种思考 [M]. 北京：中国法制出版社, 2004：32.
③ 王学辉. 超越程序控权：交往理性下的行政裁量程序 [J]. 法商研究, 2009 (6).
④ 王曦. 环保主体互动法制保障论 [J]. 上海交通大学学报（哲学社会科学版）, 2012 (1).

国纽约州哈德森流域治理的研究验证了该模型的有效性①。

（三）区域利益的动态均衡

马克思指出："人们奋斗所争取的一切，都同他们的利益有关。"②
利益是人的社会生存条件与状态，包括物质的也包括精神的利益形态。
利益是人们依存与合作的事实状态，利益的本质就是社会关系，而不是
社会关系的本质。利益具有差异性和对立统一性，总是在社会运行过程
中不断分化与组合，利益分化和差别太大并缺乏纾缓和调和机制往往会
导致社会矛盾加剧，危及社会稳定与安全。我国近年来环境群体性事件
频发，其中最本质的是环境利益严重失衡：企业将廉价劳动力和廉价的
自然资源转化为其高额经济利益，企业和企业主赚了钱转移他处发展，
全体纳税人却为其资源和生态破坏以及环境污染"买单"，地方居民甚
至还得忍气吞声承受环境污染所致病症的折磨。这种利益失衡必须通过
社会改良，通过规则治理、通过法治达至利益均衡。"利益均衡是指按
社会各个利益主体都能接受的方式和规则进行资源配置和利益分配，以
便把利益冲突减少到最低限度，尽可能地保持利益关系的稳定和利益格
局的平衡""利益均衡是社会和谐的本质诉求"③。

行政边界区域环境法治目标在于多元利益的动态均衡，这种均衡不
是利益的平均分配，也不是利益的此消彼长，而主要是所有利益主体都
获得利益多元增长的机会或空间，对立的利益诉求能够获得纾解的渠道
并能多方位地寻求一致，换言之，和谐法治的利益均衡是借助法治使多

---

① WANG XI, R L, OTTINGER. Assessing Environmental Governance of the Hudson River
　　Valley：An Application of IPPEP Model ［J］. Pace Environmental Law Review, 2013,
　　31（1）.

② 马克思，恩格斯. 马克思恩格斯全集：第 1 卷 ［M］. 北京：人民出版社，1956：
　　82.

③ 梅萍. 论利益均衡与伦理和谐 ［J］. 道德与文明，2010（6）.

元主体利益行为规范、个人利益公平地获得可预期性、社会总利益增长共享机制完善，从而减少利益分化程度，保障利益博弈有理有节，求同存异使利益多元对立和多元一致并存。利益的多元一致性形成社会共同体的凝聚力，多元差异性则推动社会利益主体适时分化与组合，产生更高的社会整体利益，是社会发展的动力。和谐法治的利益均衡的实现需要通过法律对弱势群体予以更多保护和关怀，如在几乎所有的环境纠纷中，受害人往往是缺乏相关知识和信息又没有规避污染损害能力者，因而环境法中普遍实行因果关系的举证责任倒置。1963年建立的"通过法律维护世界和平中心"（后改为"世界法学家协会"），其意旨就是要帮助创建"一个新的法治社会：强者面对公正、弱者得到保护、和平得以永续"①。正如《春秋繁露·度制》中所说的："使富者足以示贵而不至于骄，贫者足以养生而不至于忧。以此为度而调均之，是以财不匮而上下相安，故易治也。"

四、行政边界区域环境协同法治的基本要素

这里所说的法治的基本要素意指完整意义上的法治所应具有的、贯彻和实现和谐法治理念的实质要素和形式要素。如前文所述，众多学者将其统一归纳为法治基本"原则""标准""规诫"或"标志"；基层群众则主要关注法治的三个具体内容②，一是"治官"标准是评判法治建设的标准。"干部带头守法了，群众自然就会守法"。部分民众甚至认为现实的法治"治民"而不治官。二是"司法公正度"。司法廉洁公正才会使基层群众更倾向于打官司，而非上访。三是立法中立。笔者认

---

① 张文显. 论中国特色社会主义法治道路 [J]. 中国法学，2009（6）.
② 郭奔胜，傅丕毅. 探索中国法治标准 [J]. 瞭望，2007（19）.

为行政边界区域环境协同法治包含实质要素和形式要素两大类。

（一）行政边界区域环境协同法治的实质要素

这里所说的实质要素就是区域环境协同法治最核心的、体现其基本理念的要素或核心原则。

1. 法律至上，法、理、情相得益彰

行政边界区域环境法治必须坚持法律至上而绝不能"行政权力挂帅""经济决定一切"，以保障区域环境治理即使面对复杂多变多元的矛盾也能有基本的规则与预期。法律至上是指法律在社会和国家生活中应该具有最高权威，尤其是当公民权利与公共权力发生冲突，或者社会权力、国家权力相互之间发生冲突时，应该以法律为评判的最高标尺。"法治的精髓是法律具有不容挑战的至上权威，这主要是一种不怒自威，通过使用较少的国家强制性产生较多的威慑性以保证对社会行为选择产生足够多的引导性，据此完成法律规范和调整社会关系的目标。"① 法律作为维持社会正常运转的最低标准的行为规范，不树立为最高权威，则社会基本价值和秩序就缺乏起码的评判和维护的客观标准。我国应当奉行法律至上："其一，我国社会主义法是人民意志的集中体现，主张法律至上即是主张人民意志至上；其二，具有根本规范性质的四项基本原则已变成了我国社会主义法的组成部分，主张法律至上亦即主张四项基本原则至上。这种推理虽然依据的是非理性的事实判断，但其结论却是理性的。它要求全社会所形成的主流法治信念为：只承认法律一种权威。"②

---

① 罗豪才，宋功德. 软法亦法：公共治理呼唤软法之治 [M]. 北京：法律出版社，2009：405.

② 徐显明. 论"法治"构成要件：兼及法治的某些原则及观念 [J]. 法学研究，1996（3）.

法律至上并不排斥情理在协调行政边界区域环境治理主体间利益关系中的作用，因为区域社会虽然有行政边界的认为分割，但是往往是典型的习俗相同，姻亲相间的"熟人社会"，完全摒弃情理的法治也是不可能的，而且情与理在熟人社会对人们行为约束中有不容忽视的积极意义，有利于形成"软法规范"。但是，区域环境协同法治内在要求法律至上地位不可动摇，情与理只能在法律规则确定的范围和程序下才能具有现实合法性，使法、理、情相得益彰，协同作用，这也是协同法治的基本内涵。

2. 整体政府和责任政府

"法治是善治的基本要求，没有健全的法制，没有对法律的充分尊重，没有建立在法律之上的社会秩序，就没有善治"，法治"既规范公民的行为，但更制约政府的行为"①。责任政府狭义上是指"一种需要通过其赖以存在的立法机关而向全体选民解释其所作的决策并证明这些决策正确合理的行政机构"②。广义则可界定为：受人民委托、按照人民的意志与利益行使公共权力，直接或间接对人民负责，并接受人民监督与控制的政府形态。责任政府"意味着宪法和法律是政府及其官员施政的准绳；公民的权利与义务受政府切实的保障；政府的渎职、失职与违法行为必须承担法律责任；受政府及其官员公务行为损害的公民，有权提出诉讼并获得赔偿"③。政府"真正履行其责任时才是合乎理性、道理的，才是合法的"④。人民是国家一切权力的所有者，也是法治的

---

① 俞可平. 治理和善治引论 [J]. 马克思主义与现实，1999 (5).
② 布莱克维尔政治学百科全书 [M]. 邓正来，译. 北京：中国政法大学出版社，2002：702.
③ 陈国权. 论责任政府及其实现过程中的监督作用 [J]. 浙江大学学报，2001 (2).
④ 张成福. 责任政府论 [J]. 中国人民大学学报，2000 (2).

主体，政府只是受人民委托行使行政权，必须对人民承担责任。政府是国家机关重要组成部分，必须切实履行其职能，政府应该有法必依。责任政府是高效、廉洁、诚信的政府。从制度层面上看，责任政府是选举制度、代议制度、权力制约与监督制度、司法制度等组成的民主法治体系，政府的权力是人民所授予，其权力的行使必然受到制约，"责任政府是权力制约的必然产物""是法治的题中应有之义"①，1959 年在印度新德里召开的国际法学家会议通过的《新德里宣言》，把法治原则归结为四个方面，其中第二项就规定"既要规范行政权力的滥用，也要有一个有效的政府维持法律秩序"②，这表明责任政府应该是法治下的权责统一的政府。"责任政府要解决的是权责对应问题，有多少权力，就须承担多少责任""从权力与责任的关系视角，即以现代的民主法治精神，建构权责一致的政制体系"③。

3. 人民主体，区域社会共治

行政边界区域环境法治的主体只能是人民，作为主体的人民，"包含了民众、公民等群体和个体"④，他们根据宪法和法律"通过各种途径和形式，管理国家事务、管理经济和文化事业，管理社会事务"，共同治理区域环境。这里说区域环境法治的主体是人民而不是国家机关，"那种认为法治的主体是国家机关，人民群众是法治的客体，依法治国就是依法治民的观念是错误的"⑤。因为"一个切实可行并有效的法律制度必须以民众的广泛接受为基础"⑥，即必须是具备充分法律合法性

---

① 何士青，徐进. 责任政府与政治文明 [J]. 国家行政学院学报，2004（2）.
② 李步云. 法治国家的十条标准 [J]. 中共中央党校学报，2008（1）.
③ 陈国权，徐露辉. 责任政府：思想渊源与政制发展 [J]. 政法论坛，2008（2）.
④ 郭道晖. 政府治理与公民社会参与 [J]. 河北法学，2006（1）.
⑤ 张文显. 论中国特色社会主义法治道路 [J]. 中国法学，2009（6）.
⑥ 同①.

和政治合法性的"良法"制度。我国《宪法》明确规定，国家"一切权力属于人民。人民行使国家权力的机关是全国人民代表大会和地方各级人民代表大会"。政府机关只是人大的执行机关。政府必须代表社会全体的基本利益，并在决策和执行中使社会利益格局达至均衡，政府应当在决策和执行中广泛听取社会各个方面的意见和诉求，提供充分条件使弱势群体能平等、充分和有效地表达诉求、参与决策和获得保护。"一个切实可行并有效的法律制度必须以民众的广泛接受为基础。"[1]政府化解社会矛盾应该秉着公平正义精神，做到不偏不倚，"要特别警惕某些地方政府机关与富人阶层形成利益共同体，以牺牲弱势群体的利益为代价来维护强势群体的利益，使公共资源和社会财富继续不适当地向少数人一边聚集"[2]。一些地方政府挂牌保护污染企业，连环保部门的工作人员要进厂履行法定的现场检查职能都必须经市长、县长等地方政府负责人批准，这实际上抛弃了人民主体的法治要求，违背社会起码公平和正义。此外，法治的主体也不是政党，政党只是"人民"中的一部分，党组织和党员都"必须在宪法和法律的范围内活动，不能以党代政、以党代法"[3]。十七大报告再次强调，"各级党组织和全体党员要自觉在宪法和法律范围内活动，带头维护宪法和法律的权威"。需要明确的是，人民是抽象的，其实也是具体的，每个个人都是人民的具体分子，但这种原子化的个人，如果没有组织就是一盘散沙，除了成立一个个企事业单位，还应该通过法律充分引导、规范组建各类真正的非政府

---

[1] E. 博登海默. 法理学：法律哲学与法律方法 [M]. 邓正来，译. 北京：中国政法大学出版社，1999：358.

[2] 张文显. 和谐精神的导入与中国法治的转型：从以法而治到良法善治 [J]. 吉林大学社会科学学报，2010（3）.

[3] 李步云. 法治国家的十条标准 [J]. 中共中央党校学报，2008（1）.

组织，这样，人民主体才会有发挥主体能动性的途径。

　　行政边界区域环境法治需要发挥国家公权力自上而下的主导性作用、推动同级政府间的协作，尤其要依赖社会自下而上的主体性功能的有序、有效发挥，尊重、确立和保障公民社会在区域环境法治中的主体性地位，保障其利益表达、利益选择、利益协调沟通等自治性权利，实现国家良法善治下的社会治理势在必行。社会治理是指"社会的事务应该主要由社会主体进行治理"，充分发挥社会多元主体的积极性治理社会。整体的法治既需要建设法治的国家，也需要建设法治的社会。法治国家意味着民主法律化、制度化，意味着将国家公共权力纳入法治的轨道；法治社会意味着广泛的社会治理，各类非政府组织成为公共治理的重要主体，各种各样的软法、民间法、社团规范、乡规民约、纪律政策、道德习俗等发挥着法律无法替代的作用。"总之，法治国家引领法治社会，法治社会为依法治国构筑坚实的社会基础。"① 市场经济社会必然是一个利益和主体多元的社会，市场经济的本性要求以市场为中心，主体间自由、平等进行协商与合作，这始终是法治的基础。国家和政府仅限于人民授权治理的社会公共领域，以解决社会不能解决的或解决成本过于巨大的问题，但限于政府的有限理性，即使这些社会公共领域，也必须通过法治充分发挥社会和市场的主体性作用，以免政府失灵，更要防止政府依仗所掌握的维护法律秩序所必需的权力，侵入、压制或并吞社会的制度空间。但是，社会治理不是无政府主义，而是要在法治的架构下，与市场、政府组成社会进步的"三驾马车"。社会治理需要培育成熟的民间组织。此外，社会治理必须缘法而治，正如政府，作为承担社会公共事务作用的主体，其成立、职能、活动范围与方式、

---

① 张文显. 论中国特色社会主义法治道路［J］. 中国法学，2009（6）.

责任等都必须在法治框架之下。区域环境法治的人民主体具体化为区域内的公民和公民团体或组织，这些主体是区域环境法治的真正推动者。总之，区域环境治理必须依赖人民主体，实现区域环境共有共治。

（二）行政边界区域环境协同法治的形式要素

这里所说的形式要素即行政边界区域环境"协同法治"在如何贯彻和谐法治基本理念，并体现协同法治实质要素精神的技术性外在表现。主要包括协同性立法、协同执法、权威的区域司法和多元区域解纷机制等。

1. 协同性立法

"良法是指对社会发展起积极或推进作用的法"，是"真、善、美"之法①。良法的内容应该符合事物本性、反映时代精神、适应客观条件。"法律是人的行为本身必备的规律，是人的生活的自觉反映。""事物的法的本质不应该去迁就法律，恰恰相反，法律倒应该去适应事物的法的本质"。"立法者应当把自己看作一个自然科学家，他不是制造法律，不是在发明法律，而仅仅是在表述法律。"② 良法价值应体现人类正义，促进社会进步，良法"是衡平价值关系而使价值冲突降至最低限度之法"，当正义与利益、自由与秩序、公平与效率、安全与和平、生存与发展等价值发生冲突时，秉持正义、自由、公平、安全、生存为恒定的优先价值标准，而做出异于经济价值观的价值选择③。良法形式上要求结构严谨合理、体系和谐协调、语言规范统一。良法之治是和谐

---

① 李步云，赵迅. 什么是良法 [J]. 法学研究，2005（6）.

② 马克思. 马克思恩格斯全集：第 1 卷 [M]. 北京：人民出版社，1965：72，139，163.

③ 徐显明. 论"法治"构成要件：兼及法治的某些原则及观念 [M]. 北京：法学研究，1996（3）.

法治直接的外在表征，要求"建立公民权利主导型的立法模式"①，通过民主、规范、科学的立法、执法、司法，并强化守法和法律监督，最终实现和谐法治。正义、自由、公平、安全、也应该成为环境法治处理社会价值追求矛盾的恒定优先标准，以实现环境良法之治，实现社会和谐法治。

2. 协同执法

法治之法应该在宪法和法律规定的范围内统一适用和普遍有效，它包含几个方面的要求，即必须是统一的、公开和明晰的、一般性的、有效的。"统一"是指在法定管辖范围内所有法律规范（包括规范性文件中设定的规范）应该是统一协调的，同时也必须是与国家整个法律体系协调的，这要求立法权包括法律解释权都必须是统一协调的，当前我国亟需严格规范行政机关的"红头文件"，建立对政府红头文件的严格的公开和审查机制，杜绝其对法律法规的曲解甚至直接"颠覆"②。法律必须是公开的和明晰的，必须广泛公布以便让服从规则的人知道规则是什么，而不致其模棱两可，正如《商君书·定分》所言："故圣人为法，必使之明白易知。""一般性"要求法律规范具有一定的抽象性以对社会生活进行一般性的普遍的调整，并使同类同质的情况得到同类同质的对待，同时法律应该普遍得到遵守，任何人都不得僭越，《管子·法法篇》指出，"令未布而民或为之，而赏从之，则是上妄予也""令未布而罚及之，则是上妄诛也""令已布而赏不从，则是使民不劝勉、不行制、不死节。""令已布而罚不及，则是教民不听"。当然，现代法治不应该停留在《管子》时代的"治民""教民"，法律至上的原则要

---

① 李龙，汪进元. 良法标准初探［J］. 浙江大学学报（人文社会科学版），2001（3）.
② 如四川沱江污染案中，某司法局居然以红头文件禁止律师接受受害者的委托，严重违反国家法律。

求自国家首脑到乞丐、从执政党到无业流民都必须生活在法律的天空之下，任何凌驾于法律之上的特权都是践踏法律、践踏所有人的基本尊严。即使《管子》也深刻认识到这点："君有过而不改谓之倒。臣当罪而不诛谓之乱。"

3. 权威的区域司法和多元区域解纷机制

司法权是被动性、程序性、判断性权力，不会像行政权那样无孔不入，也不可能像行政权时常表现出来的那样颐指气使，反而很容易为行政权所驱使，成为其奴仆。司法权威首先要保证司法中立，"司法中立，既是程序正义所应格守的原则，也是实体正义所含之当然要求。中立的目的，乃是为了追求审判的公正"①。司法的中立包括价值中立和程序中立，前者指司法权应该恪守"公平、正义"的价值，除了为司法价值的实现考虑司法效率外，效率不应该成为司法权衡的要素，经济效率必须"靠边站"，司法权只能"一切以社会公平正义建设为中心"，这是司法中立的核心价值要求，司法独立首要的是司法价值独立，不容其他国家权力和社会权力的任何侵蚀，其实现途径包括我国宪法、法律明确规定的"司法机关独立"，以及西方法治中的"法官独立"。司法的程序中立，首先指司法程序不受其他国家权力运行程序影响甚至打断，其次是司法程序不受司法机关内部行为干扰，一是司法行政机关丝毫不得干扰立案、审案等任何环节，二是法院审判委员会不得影响审判程序，审判委员会应该注重对法律精神的宏观把握和分析指导，而不应该对具体案件的"积极""把关"。此外，在我国还必须改革执行制度，不致使执行影响案件的依法审理和判决。作为判断性权力，司法权还具

---

① 徐显明. 论"法治"构成要件：兼及法治的某些原则及观念 [J]. 法学研究，1996 (3).

有终极性，即对纠纷的判断和处理是最后的和最具权威的，保持司法中立，必须保障独立审判，司法权的运行只接受监督不接受指挥和命令。否则司法权就会被其他权力所吞噬。区域环境法治尤其强调司法权威，因为在"三大国家"公权力中，只有司法权可以依法不受制于行政区划的简单分割，因而司法权威有助于在行政边界区域维护国家法制统一，也有助于整体上推进区域环境法治共识的形成。

第三章

行政边界区域环境法治的多元主体

第一节 行政边界区域环境法治主体范围

一、主体与主体间性

古希腊哲学认为"人是万物的尺度,是存在的事物存在的尺度,也是不存在的事物不存在的尺度";康德提出"人为自然立法""人是目的而不是手段";马克思明确指出"主体是人",是处在社会关系之中从事现实感性活动的人,是相对于客体即实践活动和认识活动的对象而言的,不是独立自存的实在物。主体在与客体的相互作用和相互比较中获得其自身规定性。正如马克思所说:"对象如何对他来说成为他的对象,这取决于对象的性质以及与之相适应的本质力量的性质……因为我的对象只能是我的一种本质力量的确证。"① 因而,"主体,是与客体相对应的存在,指对客体有认识和实践能力的人,客体是主体活动所指

---

① 马克思恩格斯全集:第42卷 [M]. 北京:人民出版社,1995:125-126.

向的，并反过来制约主体活动的外在对象"①。人作为现实、具体的存在物，其本质是一切社会关系的总和，只有在与客观事物的相互关系中才能产生和造就现实的人。"人的主体性是人作为活动主体的质的规定性，是在与客体相互作用中得到发展的人的自觉、自主、能动和创造的特性。"② 其内涵主要包括人的自主性、能动性和创造性。

主客二分的主体性理论为人们认识世界提供了便捷有效的途径，但是随着这一理论发展和普遍运用，人的主体性被过分强调，生活世界被理解为明确的主客体世界，每个事物都成为认识者的客体性对象。主客体的截然分离与对立也被移植到人与人的生活世界中，导致社会等级观念和差序格局的强化，造成人际关系新的隔阂与异化。主体性理论虽然在某种程度上也意识到了"他者"的存在，但"他者"在主体性理论中只是被认识和改造的对象。"因此，一种有效克服主体性理论困境的思路是弥合人与人之间因主体性理论而产生的裂痕。在此背景下，主体间性理论得以产生。"③

主体间性是指"作为自为存在的人与另一作为自为存在的人的相互联系与和平共存……人在我思中不仅发现了自己，也发现了他人，他人和我自己的自我一样真实，而且我自己的自我也是他人所认为的那个自我，因而要了解自我就要与别人接触，通过他人来了解自己的自我，通过我影响他人来了解我自己，因而把这种人与人相联系的关系称为主体间性的世界"④。正如后现代主义所强调的"在后现代的社会秩序中，

① 蒙冰峰.主体间性道德人格教育研究［D］.西安：西安理工大学，2010：9.
② 郭湛.主体性哲学：人的存在及其意义［M］.昆明：云南人民出版社，2002：30.
③ 祝捷.从主体性到主体间性：宪法解释方法论的反思［J］.广东社会科学，2010（5）.
④ 金炳华.哲学大辞典（修订版）（下）［M］.上海：上海辞书出版社，2001：2037.

人与人、人与物、物与物之间的关系，不再是相互对立的关系，而是一种相互成全的关系"①。

胡塞尔首先提出主体间性理论，哈贝马斯交往行为理论则被认为是该理论最杰出的代表。哈贝马斯认为交往行为主要处理人与人之间的关系，通过交流达到人与人之间的理解与一致。交流起源于至少把两个主体结合在一起的交往行为，发生在通过语言而建立起来的对稳定的主体间框架中。生活世界是主体间认可的共同世界，始终与以理解为目的的交往行为相联系。所以，主体间性是以交往理性为指导的交往行动的核心，自我与他人的交往是生活世界中的直接互动关系。哈贝马斯的主体间性理论的主体是"社会化主体"而非"先验主体"，是"交往主体"而非"孤独主体"，着眼于人的"主体间性"而非人的"主体性"。

主体间性理论以对主体性哲学的反思为前提，近代主体意识的充分发展甚至张扬是主体间性问题的基点，"主体间性并非对主体性理论的彻底颠覆，在某种意义上，主体间性理论是在对主体性理论做出认同基础上的一种理论发展，因为不承认主体性，主体间性理论就会丧失立论基础"②。主体间性除了涉及主体与客体的关系，还涉及自我与他人、个体与社会的关系，主体间性即交互主体性，主体间性不把自我看作特立独行自在自足的个体，而是看作与其他主体的共在。同时，"主体间性不是主体性的简单相加与重叠，而是较之主体性更为深层的先验结构，是主体性得以产生的根源所在"③。"主体客体化"和"客体主体化"现象正是主体间性理论在现实生活世界的反映。

---

① 周菲．"主体间性"理论视域中的公共生活［J］．河北学刊，2006（5）．
② 周家荣．以人为本 从主体性到主体间性：兼论马克思主义以人为本思想对主体间性哲学观的引领［J］．湖南师范大学社会科学学报，2008（5）．
③ 虎小军，张世远．主体间性 哲学研究的新范式［J］．宁夏社会科学，2007（2）．

主体间性具有如下主要本质特征：（1）交互联系性。从主体间性考察，现实的交往主体总是处于"主体—主体""主体—中介—主体"的交互联系中。（2）独立平等性。主体间交流对话和话语的独立性与平等性是主体间性的核心。（3）可沟通理解性。主体与主体共享经验与信息，形成沟通理解的平台，保障相互间的理解与沟通。这切合了公共生活的差异性、共识性、民主性和开放性等特性①。因而，主体间性理论强调主体之间的不可分割性，是对公共生活世界多元共在性的肯定和回应。区域公共治理强调开放的公共管理和广泛的公众参与二者不可分割，正是突显区域公共治理主体间性的决定性意义，可以说，不尊重主体间性就没有公共治理，也就谈不上行政边界区域环境法治。

二、行政边界区域环境法治主体界定

随着法治的推进，对法治主体的界定出现多种观点：有的认为法治的主体仅仅是人民；有的认为法治的主体是具有充分自由意志的个人；有的认为社会主义法治主体应划分为人民群众、政府及其工作人员和执政党三个层次；有的认为法治主体是国家、政府、政党；有的认为法治主体是包括自然人、法人、社团在内的社会成员；有的认为法治主体就是法律本身；还有学者认为法治主体包括"作为实质主体的主权者和作为形式主体的法"②。

本研究认为法治的主体只能是人，而不能是法律本身，"徒法不能以自行"。法是人的意志的抽象和表达，法的形成和运行都离不开人的自主性、能动性和创造性，当然也常常被人尤其是专制主权者滥用。人

---

① 周菲."主体间性"理论视域中的公共生活［J］. 河北学刊，2006（5）.
② 孟庆垒. 论法治主体的二元性［J］. 法治论丛，2005（5）.

类历史上所有形式的法律都是主权者意志的结晶，反映主权者的利益和需求，并最终为主权者服务。法治作为治国方略，有赖于主权者的选择和推动实施。在奉行人民主权的现代社会，人民是当然的主权者，法是人民公共意志的体现，人民是当然的法治主体。我国宪法明确规定"一切权力属于人民"。但是人民的意志一旦通过合法渠道形成了法律，就具有超越性权威，人民自身必须遵循法律行事，这也是人民维护自身主权者权威的根本需要。所以，我国宪法规定："人民行使权力的机关是全国人民代表大会和地方各级人民代表大会。"这也就是说，人民必须通过人民代表大会制度行使主权，人民代表大会制度则是由《宪法》以及《全国人民代表大会组织法》《地方各级人民代表大会和地方各级人民政府组织法》《立法法》等一系列宪法相关法明确规定的。换言之，一旦人民选定了法治的治国方略，人民也都必须服从于法律，实质上也就是服从于人民自己的公共意志。然而，作为法治的真正主体，人民是抽象的集合体，而法治的实施必须落实在具体法治过程的每个微观方面。因此，必须通过各微观法治行为主体立足于主体间性的相互作用，人民才可能真正实施法治，也只有立足于主体间性才能充分解释作为主权者、立法者的"人民"为什么必须臣服于自己所立之法，也才能充分理解法律为什么高于政府、"法律为什么应当高于政府"以及"法律为什么能够高于政府"等问题①，并通过主体间性关系避免政府以"人民"的名义违反宪法和法律，也在全体人民中树立法律权威，使法律成为所有人与所有人交往理性的基本依据。

总之，笔者认为法治的实质主体是人民，法本身不是法治主体，而只是人民公共选择的结果，这是从宏观层面而言的；从微观层面看，法

---

① 周赟. 法治的主体［J］. 文史哲，2009（3）.

治主体是法治过程各行为主体，但是对微观层面法治主体的确认必须立足于主体间性，也就是说，之所以这些微观法律行为的主体成为法治主体，不是因为他们手中的各类权力或政治暴力机器，而是因为他们在主体间性基础上获得了法治主体的合法性和合理性，没有主体间性，这些微观层面的行为者就不能成为法治主体。

　　本研究所称的行政边界区域环境法治主体正是指基于主体间性的、具体的区域环境法律关系的主体。法律是调整人们之间利益关系的规范性工具，因而，行政边界区域环境法治主体应该是区域环境治理中的利益相关者，即那些能够影响区域环境决策或者能够被区域环境决策所影响的任何个人和群体①，包括政府主体和社会主体。政府主体包括中央政府和地方政府，也包括与区域环境保护有关的政府部门以及行使国家权力的有关公务员，这类主体的共同特征是行使管理国家、区域或地方环境公共事务的权力，在当前基于科层制的环境法治框架下，这类主体能够充分影响行政边界区域环境法治的不同决策。社会主体包括个人主体和集体主体，个人主体是与区域环境保护直接相关的自然人，尤其是区域内居民，他们常常受到区域环境决策直接影响，是区域公共意志的源头，是行政边界区域环境法治的核心利益相关者，没有与他们基于主体间性的充分交流和对话，行使国家公共权力的政府在行政边界区域环境法治中的主体地位就欠缺合法性根源；个人主体还包括专家，通常他们受区域环境决策影响不大，但是对区域环境决策影响不可忽视，而他们可能常常基于各方面的影响和"理性计算"而迎合政府或某些领导②。集体主体包括企事业单位、非政府组织以及实际上具有"准政

---

① 这里借用了弗里曼的定义：利益相关者是"那些能够影响企业决策或者能够被企业决策所影响的任何个人和群体"。该定义被认为是利益相关者理论正式形成的标志。
② 陈阿江. 水污染事件中的利益相关者分析［J］. 浙江学刊，2008（4）.

府"性质的村/居委会等"基层群众自治组织"和"八大人民团体"①，这些主体都具有汇聚区域内居民公共意志的便利和功能，应该成为居民与政府之间沟通的桥梁。需要特别指出的是，企业由于遵循市场至上的规律，追求利益最大化，如果没有严格的环境执法和司法以及广泛而积极的社会监督，企业往往忽视环境保护而将环境负外部性转嫁给社会，如世界500强企业在其环境民主和法治发达的母国是环保优秀企业，可是进入中国后基本上都存在环境违法行为。但是企业是GDP的贡献者，对区域环境决策起着举足轻重的作用，作为环境污染的核心贡献者，无疑也会深受区域环境决策的影响。

对行政边界区域环境法治这些主体范围的认知不能停留在主体与区域环境决策的利益相关性分析上，这还是传统的主体性分析方式，主体性分析方式与主体间性的分析进路的最根本的区别在于：第一，主体性分析方式着眼于认识主体与认识对象之间的关系，追求客观和真实，其基本功能是为认识提供客观基础；而主体间性的分析进路则着眼于认识过程中具有差异性的认识主体的相互关系，以共识为其价值取向，其基本功能为了在理解与共识的基础上形成认识结论。第二，主体性的分析方式以再现认识对象作为认识的终极目标，当这一目标无法实现时，则以绝对真实和相对真实的理论来阐发认识结果的合理性；而主体间性的分析进路则将再现认识对象视为获得共识的手段，而结论的共同性作为认识结果的合理性来源。第三，主体性分析方式往往无法摆脱"真实性""真理性"等预设命题的困扰，从而陷入本质主义的深渊；而主体间性的分析进路则是非本质主义的，强调充分发挥主体的能动性。同

---

① 即中华全国总工会、中华全国工商联合会、中华全国妇女联合会、中国共产主义青年团、中华全国青年联合会、中华归国华侨联合会、中华全国台湾同胞联合会、中国科学技术协会。

时，也保证了认识结果合理的可接受性①。基于主体间性分析进路才能恰当地认知行政边界区域环境法治主体。

　　主体间性理论运用于行政边界区域环境法治具有极为重要的方法论意义：其一，有利于明确行政边界区域环境法治中的多元主体。主体间性理论有利于形成多元主体通过改造或变革共同客体而发生相互影响、相互联系的物质活动。区域环境治理的本质是区域内多元主体共同参与区域环境公共事务的治理，主体间性是区域治理的核心关系，从主体间性的视角才能更好地理解和明确行政边界区域环境法治的多元主体并保障各主体独立性，避免部分主体被其他主体消解。其二，有利于分析和理解行政边界区域环境法治主体间的利益结构和权力结构。人类现实生活世界的利益关系和权力关系主要是主体间关系，从主体间性立场出发，才能够充分认识和协调行政边界区域环境法治中的利益关系，建立和完善区域利益补偿法律机制。同时，协调区域环境公共权力关系，建立行政边界区域环境法治中的上下互动左右联动的权力协作机制，化解科层制自上而下单向度权力运行在区域环境治理中的困境。其三，有利于区域环境法律制度的科学设计和落实。立足于主体间性才能避免行政边界区域环境法治各主体以自我为中心，在制度设计与落实上强化交流与共识，促使各主体相互承认和尊重对方的主体性，以形成一种共在关系，最终形成一个行政边界区域环境法治的共同体。

---

① 杨波. 对法律事实建构论的初步阐释：以主体间性为分析进路的思考［J］. 法制与社会发展，2006（6）.

第二节　行政边界区域环境法治主体间利益结构

一、利益结构的涵义

"人们在社会活动中所以守法或不守法，其根本原因并不在于法律的存在。或者更明确地说，法律自身根本不是人们遵守或违背它的原因。人们行为的动力在于自已的利益。"① 《管子·禁藏》更形象地说："商人通贾，倍道兼行，夜以继日，千里而不远者，利在前也。渔人入海，海深万仞，就彼逆流，乘危万里，宿夜不出者，利在水也。故利之所在，虽千仞之山，无所不上，深渊之下，无所不入焉。" "利益可以看作是人们——不管是单独地还是在群体或社团中或其关联中——寻求满足的需求、欲望或期望。因此，在借助政治组织机构调整人们的关系或规范人们的行为时，必须考虑到这些需求、欲望或期望"，"法律秩序或法律，作为解决争议的权威指引或基础，并未创造这些利益"②。法律是这些利益诉求的结果，必须反映这些利益诉求。首先，法律制度应该对这些利益进行分类并认可其中一定数量的利益；其次，法律设置一定的利益界限，界限的确定要考虑到其他被认可的利益，或者，在考虑通过司法或行政程序来有效保护利益的可能性后确定其界限；最后，设定法律措施保护被认可并被界定的利益。"它制定价值准则，用以决定认可什么利益、确定对被认可的利益的保护界限、判断在任何给定案

---

① 黄建武. 利益结构对法行为的制约 [J]. 现代法学，1995（4）.
② 罗斯科·庞德. 法理学：第3卷 [M]. 廖德宇，译. 北京：法律出版社，2007：14.

件中对有效法律行为予以实际限制的重要性。"① 人们的利益产生和实现于现实社会关系中，社会关系的构成状况因此反映了人们利益构成，社会关系结构实质就是人们的利益结构。法治社会，人们通过法行为影响、建立、改变或消除一定的社会关系，解构或建构利益关系，实现自己的利益，形成新的利益结构②。

结构是系统内各组成要素间的相互联系、相互作用的方式，客观事物总是以一定结构形式而存在、运动、变化。利益结构与人们的社会生活息息相关，利益结构的形成离不开主体间的利益冲突及其运行，任何利益结构都是主体间利益矛盾的结果，又包含着新的利益冲突，因此，利益结构是主体间利益关系运行中的动态平衡。目前，对利益结构还没有形成一致的定义，但在以下几个方面取得了共识：一是利益结构是社会系统和政治系统的深层结构，构成社会、政治运行的内在动力；二是利益结构反映了不同利益主体占有资源的差异；三是反映了主体间利益关系的模式和状态。"利益冲突是环境资源保护不力的症结所在。要建立利益平衡的制度机制并使之规范化、法律化，以充分调动各类利益主体保护生态的积极性和主动性，并预防和化解纠纷。"③ 行政边界区域环境法治的质量也取决于对区域环境治理中的利益结构的准确把握。

二、利益结构分析在行政边界区域环境法治中的意义

"一定的利益结构和利益保护要求，会引发一定的利益保护机制"，"如果要提高法律调整的效率，我们就应当在法学研究中、在立法和司

---

① 罗斯科·庞德. 法理学：第3卷 [M]. 廖德宇，译. 北京：法律出版社，2007：17.
② 黄建武. 利益结构对法行为的制约 [J]. 现代法学，1995（4）.
③ 夏勇. 论西部大开发的法治保障 [J]. 法学研究，2001（2）.

法的实践中，正确认识和把握利益结构对法行为的制约作用和制约机制"①。分析行政边界区域环境法治利益结构，有助于解释、预测行政边界区域环境法治中利益主体的行为，以便通过法律制度的调适影响相关利益结构。"形成利益结构的一个最重要因素是制度结构，通过分析利益结构，就能把制度结构同制度下的社会后果联系起来，从而为制度的改进提供切入点：改变利益主体面临的不合理的利益结构。"② 换言之，厘清了利益结构才能更好地进行制度设计，加强制度的针对性，提升制度的可实行性，推动公民对法律制度的自愿服从、习惯性服从，并使制度的强制服从更加合理。如先启动社会组织激励和强制，即借助社会强制服从，未能奏效再借助行政手段强制执行，最后才通过司法手段强制实行。这也要求一个法治国家司法必须公正，并且合法的判决要以国家所有暴力机器保证得到切实执行，使司法权力真正具有最终性，而不能以行政权力篡改或否定法院判决，然后行政部门"协调"解决纠纷③。

在行政边界区域环境法治利益结构中，可以发现政府是行政边界区域环境法治利益结构的决定性因素，企业具有与政府尤其是地方政府经济利益的内在一致性，而居民和社会组织的经济利益和环境利益与企业

① 黄建武. 利益结构对法行为的制约 [J]. 现代法学，1995（4）.
② 刘海波. 利益结构视角下的中央与地方关系 [J]. 北京行政学院学报，2006（1）.
③ 陕西横山县波罗镇山东煤矿与波罗镇樊河村发生矿权纠纷多年未得到解决，2002年，省国土资源厅被诉至法院，此后在横山县、榆林市两级法院的一、二审判决中，国土资源厅均获胜诉。2005 年，榆林中院重审该案，国土资源厅败诉。2007年，陕西省高级法院驳回国土资源厅的申诉请求。但数年得不到执行。2010 年 5月，陕西省国土资源厅召开"协调会"，以会议决定否定生效的法院判决，结果引发群体性械斗。参见：申欣旺. 原陕西"行政抗法"事件 [J]. 新闻周刊，2010（32）；秋风. 司法与行政的消长之间 [J]. 新闻周刊，2010（32）；赵蕾. 陕西国土厅抗法续：最高法很生气 国土厅很淡定 [N]. 南方周末，2010 - 08 - 06.

和政府经济利益产生冲突和失衡的可能性都比较大，尤其是当前普遍发生"企业发财、公仆升官、政府买单、居民受污染所害"的现象，表明居民和社会组织的环境利益甚至经济利益在利益结构中处于非常弱势的地位，受制于行政区划和现行行政考核机制，区域内各行政区政府之间环境利益难以形成共同体，但是居民和社会组织环境利益并不明显受行政区划的分割，他们比较容易形成环境利益共同体。因此，在行政边界区域环境法治中，转变政府职能具有深远意义，"环境保护目标的实现需要政府职能从经济发展主导型向公共服务型转变"①。政府职能的转变需要从全国视野，并涉及政治体制和经济体制的深层变革，也需要各个方面法律制度的不断推进。从区域治理和主体间性视角观察，在行政边界区域环境法治中，国家环境公共权力及其运行状况直接决定了行政边界区域环境法治利益结构中的核心利益关系，也决定着行政边界区域环境法治主体间关系与行为策略的选择。因而，区域权力结构调整应该成为行政边界区域环境法治可行的制度建构路径，笔者认为它在行政边界区域环境法治中具有基础性地位。

三、行政边界区域环境法治中的利益结构分析

基于以上分析，本文的"行政边界区域环境法治的利益结构"是指由行政边界区域环境法治各主体的主要利益构成以及主体间利益关系模式等所形成的有机体。

（一）行政边界区域环境法治中的利益分类

利益可以按照不同的标准予以分类，"根据利益内容性质的不同，

---

① 葛俊杰，毕军. 利益均衡视角下的环境保护模式创新：社区环境圆桌会议的理论与实践 [J]. 江海学刊，2009（3）.

我们可以把利益分为物质利益、政治利益、人身利益和精神利益；根据利益空间范围的不同，可分为整体利益、局部利益和个别利益；根据利益时间范围的不同，可分为长远利益、短期利益和眼前利益；根据国家结构标准的不同，可以将利益分为中央利益和地方利益"①。这些分类也适用于行政边界区域环境法治，不同类型的利益从不同角度体现了行政边界区域环境法治中的利益结构。然而，鉴于当前我国在"一切以经济发展为中心"的战略下，政府尤其是地方政府动辄将经济利益上升到国家政治利益的高度，以"经济发展是最高政治"而主宰了其他利益，尤其是主宰了可能与好大喜功的 GDP 经济发展存在现实冲突的环境利益，"当政府给自己套上了国内生产总值（GDP）增长的紧箍咒时，经济发展的硬任务必然将环境保护挤压成为软任务。不解除 GDP 增长的紧箍咒，环保就摆不上紧要位置"②。在环境法治中最无法回避的是经济利益与环境利益的冲突，一定程度上而言也是短期利益与长期利益的冲突，所以笔者认为在行政边界区域环境法治中，应该首先基于利益内涵而将利益分为环境利益与经济利益。在行政边界区域环境法治利益结构中这两类利益常常表现出尖锐的矛盾冲突甚至人为的截然对立。但是，"环境利益与经济利益均为同质同源正当利益，不能轻言环境利益优先或经济利益优先，应当强调两种利益的共生协调和双赢"③。法律的任务实质上在于确认、保障、衡平乃至增进利益，为了平衡环境利益与经济利益，国家必须推进环境法治，扶持明显弱势的环境利益，对环境利益受损救济与环境利益的增进做出适当倾斜。

此外，根据利益主体进行分类更有利于理解法治中的利益结构。

---

① 李启家，李丹．环境法的利益分析之提纲［EB/OL］．
② 任剑涛．环保的绩效困局与政治保障［J］．绿叶，2011（2）．
③ 李启家，李丹．环境法的利益分析之提纲［EB/OL］．

"考察一下这些由人们提出并要求法律予以认可和保护的请求与需求，利益可以恰当地分成三类：个人利益、公共利益和社会利益。"个人利益直接涉及个人生活，是从个人生活的立场看待的请求、需求和欲望；公共利益是那些由有关的个人提出或从有组织的政治社会生活立场提出的请求、需求，"是作为法律实体的有组织的政治社会的请求"；社会利益，尽管从某些方面看，包含了前述一些内容，但它是指从社会生活的角度考虑，被归结为社会集团的需求、要求和请求①。笔者认为，作为"从有组织的政治社会生活立场提出的请求、需求"，公共利益是从利益的性质而言的，相对应的就是私人利益，同时，现代法治社会强调国家和社会二元结构，"社会利益"对应于"国家利益"应该是合符"有组织的政治社会"的基本结构和逻辑的，社会是一个抽象的庞然大物，"社会利益""被归结为社会集团的需求、要求和请求"，因而，法律上，社会集团或社会组织才是通常的社会利益主体。

概言之，行政边界区域环境法治中的利益，可以从内涵上分为环境利益和经济利益；从性质上分为私人利益和公共利益；而从主体上可以大体上分为个人利益、社会利益和国家利益。社会利益是从社会生活的角度，主要由各类社会团体或组织提出和体现的利益，这些社会团体或组织越多、自治能力越强就越能充分反映、体现、表达和实现社会利益，国家利益则通常具体表现为政府利益，政府又包括中央政府和地方政府以及政府各部门，在行政边界区域环境法治中这些政府主体在当前体制下又依行政区划而形成横向分割，各自成为独立于对方而相互竞争的利益主体。它们存在的合法性都基于公共利益，但是即使是政府甚至国家，也并非总是代表公共利益，它们有着自己的主体性利益诉求。因

---

① 罗斯科·庞德. 法理学：第3卷［M］. 廖德宇，译. 北京：法律出版社，2007：18.

而，只有从主体间性立场，通过法律制度制约并激励各级政府有关行为，同时促使其与社会主体进行开放、充分的对话，在交往理性引导下，国家利益才能得到充分表达和实现，否则，国家就会沦为专制实体，国家利益就会被政府层级或部门甚至少数政客转化为其私益的借口，法律就不可能成为治国方略而沦落为役民的工具。其实，即使是个人主体，其私人利益也常常与公共利益互为你我，现实生活世界正是一张由各类利益织就的疏而不漏的网。所以行政边界区域环境法治的利益结构本质上现实地需要突破主体性的限制而充分体现主体间性关系。

（二）行政边界区域环境法治中的核心利益关系

李丹博士"将环境立法中涉及的利益分解为环境公益、经济公益、环境私益和经济私益四个利益维度"，认为"环境公益之间关系、环境公益与经济公益之间关系、环境公益与经济私益之间以及环境公益与环境私益之间关系无法为传统法律部门很好地调整"，主要属于环境法的调整范畴，并基于此建构了环境立法中利益调整与衡平的一般理论①。借鉴这一分析方法，基于主体间性，则行政边界区域环境法治必须面对和应该努力衡平的主要利益关系包括以下几点②。

1. 政府之间的利益关系

（1）地方政府经济公益与中央环境公益之间的关系；（2）省级政

---

① 李丹. 环境立法的利益分析：以废旧电子电器管理立法为例［M］. 北京：知识产权出版社，2009：28-40.

② 需要说明的是：区域环境法治中主体多元且利益多元，要厘清多元主体之间多元利益关系勉为其难，权宜之计，这里有意"忽视"政府、社会组织的"私益"因素，仅考虑其公益的方面；同时，对企业和居民则暂且仅考虑其"私益"方面而不考虑其"公益"成分，且不考虑制度之外可能存在的利益因素（如权力寻租或"潜规则"等滋生的利益），以尽可能抓住问题的主要矛盾。但是这不排除在后文分析时兼及这些方面。

府经济公益与县级政府环境公益之间的关系；（3）省级政府环境公益与县级政府经济公益之间的关系；（4）一行政区政府经济公益与相邻行政区环境公益之间的关系；（5）相邻行政区政府环境公益之间的关系；（6）相邻行政区政府经济公益之间的关系。此外，还有环保职能部门的环境公益与政府尤其是县级政府经济公益之间的关系、环保职能部门环境公益与经济职能部门经济公益之间的关系，这些关系都会对行政边界区域环境法治的利益结构产生深刻的实质影响。这类利益关系与政府职能分工和国家权力结构具有内在的一致性，避免这类关系失衡有必要调适权力结构尤其是国家权力结构，并扶持社会权力以促进国家权力的科学理性运行。

2. 政府与企业之间的利益关系

这类利益关系中影响行政边界区域环境法治利益结构的主要是企业经济私益与政府环境公益之间关系。企业行为兼具私益与公益性，尤其是现代企业强调企业的社会责任。但是，企业的本质要求其必须不断实现其经济私益才能生存，而环境保护是各级政府的一项重要职能①。企业经济私益与政府环境公益之间关系不可避免会出现冲突与失衡，通过环境法治促使企业将环境成本纳入其经济行为之中有利于衡平这类关系。

3. 政府与居民和社会组织之间的利益关系

这类利益关系中对行政边界区域环境法治利益结构产生实质影响，常常发生冲突和失衡的关系主要包括：政府环境公益与地方居民经济私益关系、政府经济公益与居民或社会组织环境公益关系、政府经济公益

---

① 七届人大一次会议在重申环境保护是一项基本国策的基础上，将其列为政府工作的十大任务之一。2002 年 1 月 8 日，国务院召开第五次全国环境保护会议，指出环境保护是政府的一项重要职能。

与居民环境私益关系。居民与其生存环境不可分割，这决定了居民对其生存环境有经济私益和环境私益的要求，这都是根本性的利益，统一于居民的现实生活之中。政府的经济公益与环境公益作为主要是"外来的"利益主张，与居民或社会组织的经济与环境利益虽然具有同质性，但都可能产生冲突与失衡，尤其是与相邻行政区居民的利益更容易产生冲突。居民基本环境利益能获得起码的尊重与保障，并能分享地方经济发展的成果，这类利益关系才可能根本上得以平衡，这是行政边界区域环境法治目标与归宿。

4. 居民、社会组织之间的利益关系

这类利益关系是现代多元社会最具体、最丰富的利益关系，包括居民之间、社会组织之间以及居民与社会组织之间的各类利益关系。在一个崇尚规则治理的、真正和谐的法治社会，社会组织的利益与居民利益具有深刻的一致性或具有很容易达成一致的可能性，并且必然成为居民利益最有效的实现途径与保障。这类关系中影响行政边界区域环境法治利益结构的利益关系包括：居民经济私益与社会组织环境公益之间的关系、居民环境私益与社会组织经济公益之间的关系，尤其是一地居民经济利益与邻辖区居民或社会组织环境利益之间的关系、社会组织的经济利益与相邻行政区社会组织环境利益之间的关系。区域环境决策和管理共同参与机制和区域生态补偿机制是衡平这类关系的主要政策工具。

5. 行政边界区域环境法治中趋向促生共同体的几组利益关系

管理学和社会学有关实证研究表明，我国行政边界区域环境法治中难以回避几组常常或较容易促生共同体的利益关系，这些利益关系甚至可能成为行政边界区域环境法治利益结构的决定性因素，不理解、不回应这些利益关系，难以保证区域环境法律制度的科学有效性。从利益性质看，这些利益共同体包括经济利益共同体和环境利益共同体。

（1）促生经济利益共同体的利益关系

首先是地方政府与企业之间的经济利益关系。地方政府需要发展地方经济以解决地方就业，充实其财政，以解决事权下放财权上收导致的县级财政困境；同时提高 GDP 政绩，以利于政府官员个人升迁。这与企业经济利益诉求具有根本上的一致性。其次是县级政府与乡镇政府经济利益关系。根据《地方各级人民代表大会和地方各级人民政府组织法》，乡镇人大和政府比县级以上人大和政府少了"环境和资源保护"方面的职能，即没有明确规定乡镇人大和政府环境和资源保护职能。在当前体制下，乡镇与县级政府具有经济利益上的深刻的同一性，乡镇成为县级经济决策的践行者，实现县级经济发展成为它们的共同目标，地方环境利益很容易被他们共同忽视。基层政府、组织同居民一样与本地环境息息相关的，加强他们对环境的共同决策权，改造行政边界区域环境法治权力结构是衡平这类关系所必需。

（2）促生环境利益共同体的利益关系

"增进环境公益行为一定促进环境私益的满足，环境公益是环境私益实现的必要途径，环境私益与环境公益的利益诉求具有趋同性，因而环境公益与环境私益之间表现为依存共生关系。"[①] 政府环境公益与社会组织环境公益之间、政府环境公益与地方居民环境公益之间、居民环境私益与社会组织环境公益之间、环境保护组织环境公益与居民环境公益之间、相邻行政区居民的环境利益之间都具有互相促进的同质性甚至同一性，因此，这些环境利益的主体比较容易形成利益共同体。实际上，在行政边界区域环境法治中，相邻行政区居民总是先行走向联合：

[①] 李丹. 环境立法的利益分析：以废旧电子电器管理立法为例 [M]. 北京：知识产权出版社，2009：32.

1995 年，浙江嘉兴渔民带上数千斤死鱼到江苏盛泽镇政府静坐，盛泽政府要求镇里所有商店"不许卖给浙江农民方便面、水和一切吃的东西"，江苏百姓伸出援手并与浙江渔民走向反污染的联合①；"锰三角"污染治理中也首先是湘渝黔三省边界村民和村干部走向联合，然后，居民与本辖区政府理性的环境合作，而且表明当外界环境保护力量足够强大时，相邻行政区政府也能暂时形成环境利益共同体。

第三节　行政边界区域环境法治的权力结构

一、行政边界区域环境法治权力结构问题分析

"权力是一种社会关系，它是指任何主体能够运用其拥有的资源，对他人发生强制性的影响力、支配力，促使或命令、强迫对方按权力者的意志和价值标准作为或不作为。这种权力，若其拥有者或主体是国家（政府），就称为国家权力，若其拥有者或主体是社会组织或公民个人，就称为社会权力。"② 社会权力具有三大要素③，一是享有公民政治权利，只有能真正享有公民政治权利的社会主体，才能成为社会权力主体；二是掌握相当的社会资源，必须具有一定的经济、政治或文化的社会资源才能对社会产生一定影响力、支配力；三是有组织形式和具有自组织能力，有组织才能形成社会合力，才有力量，掌握足够社会资源的

---

① 翟明磊，童剑华. 一个跨省河流污染维权事件的 5 年观察 [EB/OL]. (2006 –
　04 – 14).
② 郭道晖. 社会权力：法治新模式与新动力 [J]. 学习与探索，2009 (5).
③ 郭道晖. 论社会权力：社会体制改革的核心 [J]. 中国政法大学学报，2008 (3).

个人也可以成为社会权力主体，但是，其影响力往往通过形成和借用其他组织而得以实现，因此，社会组织是社会的主要权力主体。

作为一种权力，社会权力同样具有腐败趋向并可能会被滥用。"社会公权力在本行业内进行自我管理、自我约束、自我监督，自治性就决定了它们必然要集立法者、执法者甚至司法者于一身。这就为社会公权力因'权倾一时'而肆意侵越私权利埋下了伏笔，同时也为司法权规制社会公权力提供了充分的现实依据"，"社会公权力代表了公民社会①生成与发展的必然趋势，代表了现代社会格局变迁的新动向""社会公权力为我们更好地理解公权力、公共治理和公法提供了一个全新视角，对全面把握和实施公域之治，以最终更好地维护权利主体的合法权益将有积极意义"②。美国"组织良好、势力庞大"的工业游说团体运用其社会权力，"在影响小布什政府坚决拒绝采取行动应付全球变暖方面，无疑起到了重要作用""他们想方设法阻止或肢解被认为威胁到化石燃料利益集团的立法"③。当然，社会权力也能通过环境保护 NGO 组织对国家权力形成制约，如给国家施压促使其制定强制性的环保目标、整理科学信息以影响政府决策和社会公众行为等。

---

① 市民社会与公民社会这两个概念有区别："市民社会是经济的社会，市民是私人，市民社会是私人的社会。而公民呢，是'公人'，是公共的人。公民和公民权的特点就是要参与国家、参与政治"；"市民社会，作为一个私人的社会、经济的社会，作为一个民事的主体，他的权利可以抵抗国家的权力，但主要是要求国家别干预市民社会主体的利益"。"公民权规定的就是公权利、公共权利，就是要参与政治"，"公民的权利不但包括公民的政治权利，就是公民的公权利，而且包括公民的私权利，所以公民权的核心就是参与国家政治的权利，来监督国家，当然也可以支持国家。"参见：郭道晖. 论社会权力：社会体制改革的核心 [J]. 中国政法大学学报，2008（3）.

② 冯之东. 社会公权力的司法救济与民间化：以公私法域交融背景下的足球协会为研究个案 [J]. 南京大学法律评论，2010（2）.

③ 安东尼·吉登斯. 气候变化的政治 [M]. 曹荣湘，译. 北京：社会科学文献出版，2009：135.

　　"权力结构是指权力的组织体系、权力的配置与各种不同权力之间的相互关系。""只有将制约权力问题转化为一个权力的结构问题，对权力的制约才是可能的""决定权力主体行为的主要力量不是权力主体的道德属性，而是权力结构本身"①。权力结构合理才可能使公民能平等地进入权力体系，并防止权力私有化，防止不同权力互相侵犯，也才可能合理分配社会资源、解决社会纠纷。所有的权力都应该出自人民，并不得有单向的绝对权力和绝对命令与服从关系，人民"当家作主"和"法律至上"是权力结构合理化的根基。

　　国家权力在政治学上通常分主权和治权两大类。以权力与规范间的关系为依据，治权则分为立法权、行政权和司法权。本质上看，立法权是议决权，行政权是管理权或执行权，而司法权是一种判断权。应该使这些权力彼此依存而互相牵制不至于某种权力胡作非为，如使立法权必须通过行政权与司法权的运行才能具体作用于社会；而没有基于立法权而立的法，行政权和司法权就不得运行；只有司法权才能对一切权利和权力包括立法权与行政权的合宪性与合法性做出最终判断。

　　对待上下级权力关系，则应该通过宪法"把管理全国性事务的权力交由全国性政府行使，而把管理地方性事务的权力交由地方政府行使，它们各自都得不到某些权力，同时也存在着某些交叉着的管辖权"②。这样，上下级权力各有其独立范围，上下级权力关系由政治关系转变为法律关系，上下级权力关系因而进入了法治的轨道。"法律上，上下级权力主体在法律上是平等的，上下级之间的关系是建立在法律之上的，下级的服从基于法律的权威并在法律的范围以内，而不是上

---

①　周永坤．权力结构模式与宪政［J］．中国法学，2005（6）．

②　肯尼思·W. 汤普森．宪法的政治理论［M］．张志铭，译．北京：生活·读书·新知三联书店，1997：9.

级的权威。"① 上下级权力的单向服从关系也就转变成一种相互牵制的关系。地方在其自治的事务范围内，也获得抗拒政府权力任性干预的可能。

社会权力实质上则是参与权，即通过多元主体和途径参与到国家权力结构中，使权力结构充实而更灵活运转。社会权力主体包括各种非政府组织、团体和个人等，他们运用自己所掌握的技术、资本、信息等各种资源互相联合，对其他社会权力主体的公共行为进行监督，并与之竞争以使自己能对公共事务产生更大的权力效应，同时，社会权力通过各种途径作用于国家权力，在法治社会，所有国家权力的运行都应当有社会权力的广泛参与并接受其监督，而且国家权力中的司法权以及行政权的某些部分必须经社会权力予以启动。多元化社会的权力结构中，国家权力是骨架，社会权力则是肉身，合理组合在法治的框架内才能形成具有旺盛生命力的有机整体。

在行政边界区域环境法治的权力结构中，同样包括国家权力体系和社会权力系统。国家权力系统中有横向权力结构，也有纵向权力结构。横向权力结构中有上述立法权、行政权和司法权等，同时，相邻各行政区也都具有这三种权力。因管辖制度的规定，可以根据当事人住所地、诉讼标的物所在地或者法律事实所在地来确定行使司法权的法院，可见，司法权具有跨行政辖区运行的可能，这点不同于立法权和行政权。横向权力结构有各种权力之间的横向关系，还有各行政辖区权力横向平级关系。区域环境问题从行政辖区来看是本行政区域内的事务，但是它又涉及相邻行政区，并且其处理也可能会影响到中央权力和目标的实现，因此，应权衡各方关系，原则是维护国家政治和法制的统一。纵向

---

① 周永坤. 权力结构模式与宪政 [J]. 中国法学，2005 (6).

权力结构失衡会严重制约行政边界区域环境法治发展。社区、村组等基层自治性组织以及各种临时组合的或获准成立的民间组织，乃至企事业等组织都具有一定的社会权力，与上述国家权力一起形成网络状权力结构体系，共同作用于区域环境事务。

从立法权来看，全国人大（及其常委会）和国务院及其各部委有中央立法权，设区的市级以上地方人大（及其常委会）以及省级政府和较大的市级政府分别制定地方性法规和地方政府规章，地方立法不得与国家宪法、法律与行政法规相冲突。然而，中央立法并没有对横向府际立法关系做出规定。2007 年实施的《重庆市环境保护条例》在全国首次明确规定了"倍罚制"和"日罚制"①，可是，相邻的湖南省和贵州省却并没有类似规定，这样，"锰三角"区域对同一性质和程度的违法排污行为的执法和司法，在紧邻的不同行政辖区会产生差异悬殊的结果，这可能导致经济发展压力大各行政辖区环境立法竞相降低环境保护要求。这不仅仅是行政和司法问题，更是一个立法权配置和协调的问题。

从行政权的角度看，各级地方政府是同级地方人大的执行机关，同时接受中央政府的领导。国务院环境保护部门对全国环境事务行使行政权，包括与地方政府"双重"领导地方环境保护部门，地方环境保护部门在本辖区行使环境行政权。但是对跨行政辖区的区域环境问题，并没有联合或共同执法的规定。目前我国只有《环境保护法》第 15 条关于"协商"或"协调"的原则性规定。其他环境保护单行法的相关规

---

① 该条例第 111 条规定："对违法排污行为和破坏生态环境的行为造成严重环境污染或危害后果的，可加收二倍以上五倍以下的排污费。违法排污拒不改正的，环境保护行政主管部门可按本条例规定的罚款额度按日累加处罚。有前两款规定情形之一的，对主要负责人处以一万元以上十万元以下罚款。"

定基本上是重复该条文。但是，没有明确的程序规定，立法权、司法权以及社会权力对其也都缺乏具体机制施加影响进行监督。

我国司法权理论上属于国家，但是，各级法院对本级人大及其常务委员会负责并报告工作。各级法院院长依法由同级人大选举和罢免，同级人大常委会接受法院院长提请而任免副院长、庭长、副庭长、审判委员会委员和审判员，此外，法院的财权以及法官待遇受制于同级政府，"法院院长无论在党内的地位还是行政级别都低于同级政府首长"①。因此，实际上，司法权也受制于行政区划分，在区域环境司法中，从立案到判决执行，法院很难排除强力行政权的影响而秉公行使司法权，更难以"胳膊往外拐"依法判处作为本行政区内利税大户的污染企业承担责任；依法判处相邻行政区致害企业承担责任的判决也常常难以执行。

行政边界区域环境法治权力结构中的社会权力，实质上是公民参与国家事务和社会事务管理的权力，对国家权力和其他社会权力实行监督和督促。我国《宪法》第41条规定了公民的依法对国家机关及其工作人员"批评建议"和"申诉、检举和控告"的权利。我国《环境保护法》第6条规定"一切单位和个人都有保护环境的义务，并有权对污染和破坏环境的单位和个人进行检举和控告"。但是，因为社会整体上缺乏有效的多样化自组织形式，除了企业等经济组织或有关行会，像环境保护NGO等社会公益性组织较难获得批准成立，即使成立了也很难发展而与经济组织抗衡，并且因为缺乏充分的公益诉讼渠道，也很难对国家公权力进行有效监督。因此，社会权力与国家权力之间的关系基本上是一种从属关系，在行政边界区域环境法治领域也是如此，这与我国

---

① 张晏. 中国环境司法的现状与未来 [J]. 中国地质大学学报（社会科学版），2009（5）.

"社会从属于国家"的历史传统是相应的:"普天之下,莫非王土;率土之滨,莫非王臣。"不以法治克服这种传统的弊端,社会权力就难以对国家公权力产生实质的有益影响。

二、行政边界区域环境法治权力结构失衡的原因

统观我国环境法治,从立法、执法、司法、守法到法律监督整个环境法律运行全过程存在严重的行政依赖,以致法学理论界和实务界长期普遍地把环境法几乎等同于环境行政法,忽视了环境保护民事手段和刑事手段的特殊要求,严重忽视或轻视社会权力甚至国家权力中的人大立法权和决策权以及相对保守和中立的司法权力的现象,"司法介入的严重不足不仅使得司法解决纠纷的基本功能无从发挥,而且使得行政处理与司法处理以及社会处理处于断裂状态,根本无法有效运行"[1]。行政边界区域环境法治中也存在更为严重的行政依赖,其权力运行"行政中心"导向使区域环境保护停留在行政威权"统治"[2]的思域里,造成行政边界区域环境法治行政依赖的原因主要有以下几方面。

(一)行政边界区域环境法治中地方人大立法权被严重边缘化

我国宪法和法律规定地方各级人民代表大会都是地方国家权力机关,地方各级人民政府是地方各级人民代表大会的执行机关,是地方各级国家行政机关。然而,我国现行宪政体制实质上是全国人大下的一府两院制,全国人大及其常委会才真正享有高于行政权和司法权的立法权,其制定的法律是行政立法和地方立法的依据,但是地方人大制定地

---

① 吕忠梅. 水污染纠纷处理主管问题研究 [J]. 甘肃社会科学, 2009 (3).
② 关于"统治"与"治理"的关系,参见俞可平. 全球化:全球治理 [M]. 北京:社会科学文献出版社, 2003:6-13;俞可平. 权利政治与公益政治 [M]. 北京:社会科学文献出版社, 2005:117-119.

方法规不得与行政法规相冲突，即地方人大及其常委会的立法权受限于作为最高行政机关的国务院的行政立法权。人大并没有上下级隶属关系，但是，国务院与地方政府却具有刚性的上下级隶属关系，地方政府更容易通过国务院而获得对地方人大的实质影响，使地方人大沦为政府"履行法律手续"的工具，以致出现"政府领导人大，而不是人大领导政府"①"人大的经费事实上受制于政府"②的局面，这种情形下，地方人大难以行使对政府规章及规范性文件的审查监督与撤销权，也难以行使职权罢免政府有关领导人。这种状况直接造成地方人大在行政边界区域环境法治中的缺位或被严重边缘化。

我国宪法和法律并没有明确赋权地方人大和地方政府对区域环境问题行使议决性立法权。然而，实践中，地方政府却通过政府法制办或其他部门联席会议等方式制定了诸如《东北三省政府立法协作框架协议》《长江三角洲地区环境保护合作协议（2009—2010 年）》《泛珠三角区域环境保护合作协议》《泛珠三角区域跨界环境污染纠纷行政处理办法》《珠江三角洲环境保护规划纲要（2000—2020）》等诸多文件。我国《环境保护法》第 15 条规定对跨行政区的环境保护工作由政府协商或协调解决，显然应该是针对区域环境保护具体问题和项目的行政管理工作，并非就跨行政区的环境保护授权地方政府或其法制办和相关部门制定规范性法律文件。当然，当前这种区域环境协作对区域环境问题的解决是有积极意义的，但是，正如学者实证研究发现，区域内各政府为

---

① 蔡定剑. 中国人民代表大会制度［M］. 北京：法律出版社，2003：37.

② 有些地方流行这样的"官谣"："党委用钱一句话，政府用钱一笔画，人大用钱说好话，政协用钱看人大。"根据我国《宪法》规定，合理可行的做法应该是："人大、党委、政协用钱法定化，政府、法院、检察院用钱求人大"。参见刘大生. 完善人民代表大会制度的十条建议：为纪念人民代表大会制度建立 50 周年而作［J］. 政治与法律，2004（6）.

了短期经济发展和社会"稳定"等政绩目标会有意无意达成"共谋"，以表象的经济争议的暂时解决掩盖了生态环境问题本身①。造成这种结果的一个重要原因就是地方权力机关被边缘化，至今未见相邻辖区的地方人大就区域环境问题进行协作调研、立法和执法监督的报道，也没有地方人大对上述政府间的规范性文件进行审查的实例，"对于以政府办公室或政府组成部门名义发布的文件，依据地方组织法的有关规定，应通过政府机关内部行政层级自行监督和审查，不应主动报备"②。但是，现实正是这些政府规范性文件甚至五花八门的"红头文件"对中国法律做了操作层面的解释（并且其中不乏"曲解"），推动中国的"具体法治"。当前行政边界区域环境法治实践中这种倚重地方政府或其部门的方式，"进一步边缘化享有立法权的地方人民代表大会及其常务委员会的立法职能"③。

（二）区域环境司法深受行政因素制约

因为地方政府事实上掌握了地方法院的人事和财权，与地方政府短期政绩和 GDP 追求可能产生冲突的环境司法自然难以开展。在行政边界区域环境法治领域中则还要面对相邻行政区的竞争，在缺乏有效环境

---

① 这种"共谋"指相邻政府之间互相让步，并使企业答应给予受害人们一定的经济补偿。政府可以"依法"高效收取排污税费并维稳有绩效，污染受害者的利益获得基本补偿甚至略有"赚头"，企业则获得新的排污机会。这样，从社会效应看，"有效地协调了上下游的利益博弈，并在一定程度上遏制或避免了因经济纠纷引发的突发性事件"；然而，生态效应上，"不仅忽视了河流生态系统，而且由于它将污染事件信息控制在内部，其结果往往是加剧了河流的水污染"。参见唐国建. 共谋效应：跨界流域水污染治理机制的实地研究：以"SJ 边界环保联席会议"为例 [J]. 河海大学学报（哲学社会科学版），2010（2）.
② 沙泉. 加强基层人大对本级政府规范性文件备案审查工作 [EB/OL]. (2010 - 5 - 21) [2011 - 0 - 19].
③ 陈光. 论我国区域立法模式的选择：兼评王春业之《区域行政立法模式研究》[J]. 安徽大学法律评论，2010（1）.

法律规制的状况下，这种竞争就很容易导致各行政区都将污染集中到边界区域，以使经济发展导致的环境损害的不利后果转移到相邻行政区，以邻为壑，损人利己。这样，区域环境司法在立案、审判，乃至判决的执行都无法排除相关行政区行政权力的影响。皖浙边界水污染案①的窘境绝不是个别现象，纵使做出判决，通常任何一方都会以其本辖区检测机构的结论对抗法院做出的于己不利的判决，依法委托对方行政区法院执行，可是对方法院对"发过去的委托书甚至连个回音都没有""一封封的去函催，但往往效果不乐观"。最后还是要上级政府或中央环境保护行政主管部门出面，才将判决执行，纠纷得到暂时解决。因为行政权力幽灵般深入的影响，法院也明哲保身，自甘成为地方政府的"配角"，为地方经济"保驾护航"，丧失其基本的追求公平正义的立场，以至于在松花江污染事件中，人们要求赔偿的诉求无一获得立案。

（三）社会权力受制于行政权力

因为对受制于地方政府的司法的失望，人们"理性计算"后往往选择"信访"，出于对本地方政府的不信任而往往"越级上访"，以求问题的解决。跨界区域环境纠纷大多是这样进入到人们的视野。这其实已经形成为一种行政引导机制，即通过地方政府的行政威权使地方人大难以真正行使监督地方政府的权力、使司法边缘化，过度运用信访制度，从而将社会权力聚焦到行政权力运行轨道。但是这样往往使得民愤扩大，实际上将其引向上级政府甚至最高行政机关。然而即使是在更高

---

① 因为安徽广德县有机合成化工厂污染导致浙江长兴县泗安水库水产养殖户损失，浙江省长兴县人民法院1999年做出化工厂承担赔偿责任的判决到2002年一直未得到执行；2002年3月再次发生污染诉讼，同一法院受理，屡次送达诉状副本遭拒，最后委托广德县法院送达，然后是管辖异议，然后又是当事人双方出具各自环境检测机构的结论相反的有关鉴定。最后做出判决，显然又会面临1999年判决的命运。参见仲夏，童童. 跨界污染遭遇执法"壁垒"[J]. 浙江人大，2002（6）.

或最高行政机关处理该纠纷时，往往宁愿将所有直接利益相关者化整为零，然后政府之间、政府与肇事企业之间协调、协商做出方案，安抚民心，息事宁人。在政府行政权力和政治动员的规束下，社会权力放弃或丧失了监督肇事企业行为和直接与其博弈"讨价还价"的机会，企业与居民无法达到相互理解和让步，甚至行政边界居民与政府尤其是与致污企业所在地政府的怨愤情绪没有得到真正纾解。在苏浙边界水污染导致的"沉船断江"事件、"锰三角"污染事件等区域环境纠纷的处理中，都可以看到政府抑制社会权力而不是引导和组织社会权力之间的博弈，从而导致引火上身和埋下新的纠纷种子。

笔者认为正是因为依赖行政权力级别上的威权解决区域环境问题，导致国务院及其环境保护行政主管部门穷尽"环保风暴""区域限批""挂牌督办"等措施都长期无法遏制全国环境"总体恶化"的状况。所以，应该优化行政边界区域环境法治中的权力结构，以法治方式规范所有权力的运行。

三、行政边界区域环境法治权力结构重塑

（一）强化地方人大立法决策权

根据以上分析，可以说，我国行政边界区域环境法治问题真正肇因是行政权力，是在区域环境问题解决中对行政权力的过分依赖。强化基层地方人大的决策权，真正实现宪法规定的人民当家做主的权利，让乡镇人大、县人大对区域环境问题能突破行政辖区界限共同或协作行使议决权，制定规范性法律文件，由各行政区人大审议通过使该文件获得法律效力。中国社会科学院李林研究员曾指出我国立法发展趋向："在纵向方面，立法职权将可能进一步下放到地、县级的人大……在必要的情

况下，将可能赋予乡级人大和某些社会自治组织以有限的自治立法的职权。"① 强化地方人大在行政边界区域环境法治中的决策权，还包括共同或交叉对区域内各行政区环境法律文件的审查，以发现和解决地方立法冲突问题，通过沟通与协作研究和优化本区域的环境规划；以意见书和建议书的方式监督相邻行政区政府与区域环境治理有关的行政行为。当前实践中普遍开展的区域环境行政执法联席会议，其实质仍然是地方政府行政行为，应该对地方人大负责，所以地方人大有权也有责任对其进行监督，防止"共谋"贻害生态环境的现象，同时避免执法联席会议实际上侵蚀地方人大立法权，政府联席会议只能根据法律法规和人大制定的规范性文件联合订立执行性协议并接受地方人大监督。这一权力行使过程中产生的纠纷则通过司法做最终裁判，以保障地方行政权和立法权之间的平衡，保障国家法制统一，而不得让上级行政权力来"盖棺定论"。用司法方式"通过裁决个别纠纷，可以间接协调政府间关系，其方式有不为人注意的重大好处。中央与地方关系难题的治本之策是……建立真正意义上的司法权"②。

（二）摆脱司法"地方化"，确立司法最终原则

司法是人类社会走向有序不可缺少的主导性结构。司法必须遵循专业化的严格程序，并且只能通过个案审理的权力运行方式作用于社会（最高法院严格依据宪法和法律进行司法解释的行为除外），迥异于采行议决方式的立法和上令下从的行政，而且在司法权内部，不同法院、法庭和法官可以通过审级制度、合议庭制度等产生几乎完全外在于裁判者的监督机制，这是任何其他公权力机构都无法做到的。尽管我国司法

① 李林．全球化时代的中国立法发展：下［J］．法治论丛，2003（1）．

② 刘海波．中央与地方政府间关系的司法调节［J］．法学研究，2004（5）．

的现状不尽如人意，但司法权是唯一可能真正保障国家意志贯彻到地方并能防止越权与腐败的最有效国家权力。所以《宪法》明确规定，法院依法独立行使审判权，"不受行政机关、社会团体和个人的干涉"。实践中，司法屈从于地方 GDP 及政绩追求，不仅造成国家法律与社会基层生活脱离，也无疑是当前司法腐败的一个重要原因。司法去地方化就是要摆脱目前法院人、财、物受制于地方的局面，修改《宪法》，明确"中华人民共和国的司法权属于国家"，并在《宪法》中恢复 1954 年《宪法》第 78 条的规定："人民法院独立进行审判，只服从法律。"①这样的司法才能事实上摆脱地方行政威权而真正服务于国家法律，也才可能对区域环境问题秉公裁判，这也是西方法治先进国家将法院与行政区划错开设置的智慧之处，值得我国借鉴。可以结合国土功能区划和环境状况以及司法现状，突破行政区划在全国设立最高法院分院②，专司跨行政区的各类案件，尤其是区域环境资源保护方面的案件，这样就可以达到司法去地方化的目的。

行政边界区域环境法治要求将司法最终原则作为法治和宪政的基本原则之一，即要求法律运行从当前的行政依赖转向以司法逻辑贯穿始终，让司法不仅对私法纠纷有最终的裁判权，而且对所有公权力运行的合宪性与合法性都有终极性裁判权，甚至对政治行为的合法性也同样有最终的裁判权，正如托克维尔所说："在美国，几乎所有的政治问题都迟早要变成司法问题。因此，所有的党派在它们的日常论战中，都要借

---

① 刘作翔. 中国司法地方保护主义之批判：兼论"司法权国家化"的司法改革思路 [J]. 法学研究，2003（1）.
② 2014 年 10 月，十八届四中全会提出，最高人民法院设立巡回法庭，探索设立跨行政区划的法院和检察院。12 月 2 日，中央全面深化改革领导小组通过《最高人民法院设立巡回法庭试点方案》。2015 年 1 月最高人民法院第一巡回法庭、第二巡回法庭正式设立。目前最高人民法院已经设立了 6 个巡回法庭。

助于司法的概念和语言。"① 这样，一方面避免地方政府将区域环境问题泛政治化；另一方面使各相邻地方政府的行为处于有效司法监督之下，避免其将普通环境法律问题延宕为跨行政区群体性政治性事件。需要强调的是，司法最终原则并非要以司法权凌驾于最高立法权，这是违背我国人民代表大会制度这一根本宪政制度的，司法最终原则必须以宪法和基本法律规定为基础。

行政边界区域环境法治的司法最终原则包括如下涵义：一是各行政区所有法规、规章乃至规范性文件应以司法便利性作为质量评判的一个基本标准，改变当前以行政的便利和效率作为立法基本价值追求的现状，并将其都纳入司法审查的范围，允许社会权力主体在具体案件中提出申请而启动对这些规范性文件的司法审查；二是各行政区所有行政行为都接受司法审查；三是法院通过合法的司法程序做出的生效裁判必须执行。"应不容恣意翻案，否则司法制度之安定性、可信性、吓阻性，以及司法资源之有效利用，皆将严重受损。"② 做出最终判决后，任何机关、组织或个人都不得更改和违背该判决。在民族生态习惯法中裁判的终极性也极受重视，"即使当事人受了冤枉，也不得反悔。凡是定了案的，即使是错判，公众也要按《约法款》的规定进行处罚……任何人不得违抗"③。司法判决的必须执行在行政边界区域环境法治中至为重要，因为没有司法判决的执行，则各行政区的行政权力的无规则博弈，将使区域环境问题永无解决的可能。要保障区域环境司法的公正

---

① 托克维尔. 论美国的民主：上卷［M］. 董良果，译. 北京：商务印书馆，1997：310.
② 王兆鹏. 重新思考非常上诉制度［J］. 月旦法学杂志，2009（170）.
③ 罗康隆. 侗族传统社会习惯法对森林资源的保护［J］. 原生态民族文化学刊，2010（1）.

性，一是要树立法律至上，法官只服从宪法和法律；二是接受人大的依法监督；三是可借鉴西方法治发达国家的弹劾制度，对枉法裁判的法官通过司法性程序审查，有罪则担责并终身不得从事涉法职业。以行政领域绩效考核的方式考核和奖惩法官是与法治背道而驰的。

（三）强化基层社会组织化建设，确立环境公益诉讼制度①

在行政边界区域环境法治中，面对实力强大的现代企业和公权力机构，被行政区划分离的原子式利益相关者必然难以有所作为，在区域环境事件中也总会发现底层社会为了与企业讨价还价暂时"组织"（这些行动过于松散，甚至算不上真正的"组织"）起来。但是地方政府显然对这些临时性的"组织"过于敏感，对企业的违法排污等行为则过于迟钝。其实正如企业和政府本质上都是公共利益所需要的，群众性组织也一样，但是都具有懈怠和张狂的可能，只有通过法治完善社会组织化机制，赋予社会主体参与国家和社会公共事务管理的权力，企业、社会和政府才可能互相监督和协作，使各自的诉求都能有机会实现。强化基层组织化建设有利于汇聚、整合民意，环境保护国家意志②的形成没有基层的民意畅通表达与上下沟通是不可想象的。湘渝黔边界"锰三角"污染、陕甘蒙宁四省边界"黑三角"污染、苏浙皖边界污染，乃至淮河污染等，这些经典的区域环境问题都是当地民众旷日持久的理性抗争绝望而走向极端时，才引起"国家最高权力系统"震动的。这些充分

---

① 2013 年修正，2017 年再度修正的《中华人民共和国民事诉讼法》、2014 年修订的《中华人民共和国环境保护法》、2017 年修订的《中华人民共和国行政诉讼法》、2018 年制定的《中华人民共和国土壤污染防治法》都规定了公益诉讼制度。

② 国家环保总局环境与经济政策研究中心主任夏光认为："我们可以把国家最高权力系统关于环境保护的政治意愿和行动部署的集合称为'环境保护的国家意志'。在这里，国家最高权力系统包含国家层面的政党、立法、行政、司法等权力机构。"参见夏光. 论环境保护的国家意志 [J]. 环境保护，2007（6）.

表明，"环境保护的国家意志"缺乏民意凝聚上行的康庄大道，因而缺乏现实土壤。而且，不得"越级上访"的规定本身也很大程度上堵塞了地方民意，"环境保护的国家意志"的"国家性"肯定会大打折扣。多年来，环境法学界和实务界以及几乎所有的受环境危害地方居民普遍期待提高排污费标准和环保违法罚款额、实行"日罚制"① 等，然而这些都未能成为"国家意志"，值得深思。"国家意志不应也不必替代社会行动"，其实，在多元化社会，没有哪一个国家有能力"替代社会行动"，国家不仅"应鼓励和扶持环境保护的社会行动"，而且必须充分尊重社会的主体性，尊重甚至依赖社会行动，才可能形成真正的"环境保护的国家意志"并保证这一"国家意志"不为行政层级和行政区划所曲解或分割而得以贯彻到底。湘渝黔边界"锰三角"污染事件中，分别隶属三省的居民成立了"保护母亲河行动小组"、苏浙边界"沉船断江"事件也充分体现了民间理性而卓越的组织性，可是政府处理这些事件时并没有让这些组织化的力量发挥主体性，参与决策，也没有趁机扶持这些民间力量组织化、常规化，以有效监督、制衡排污企业与地方政府，这应该是政府的失策，淮河流域污染以及苏浙边界污染频繁惊动中央也是明证。

此外，需要完善环境信息公开制度，保障区域内各行政区的环境信息都能为社会主体方便地获取，以最大限度减少信息不对称导致的各种误解或冲突。在行政边界区域环境法治中，环境公益诉讼制度具有摆脱地方利益和行政区划束缚的优势，让与该区域环境有关的组织和个人都可以对污染致害者以及不作为或滥作为的行政机关提起诉讼，社会权力得以同国家公权力进行有序博弈与协作，区域环境问题也才可能获得实质性解决。

---

① 2014 年修订的《环境保护法》第59 条正式确定了"按日连续处罚"制度。随后修订或修正的《大气污染防治法》（2015）第123 条、《水污染防治法》（2017）第95 条、《海洋环境保护法》（2017）第73 条都做了规定。

第四章

行政边界区域环境法治的协作机制

第一节　行政边界区域环境法治立法协作机制①

　　立法是全面而严谨的决策，区域环境立法协作实质是行政边界区域环境法治主体共同参与区域环境事务决策，是"人民当家做主"的宪政原则在行政边界区域层面的落实，主体的广泛参与是行政边界区域环境法治的基础，这种参与首先体现在基于主体间的平等协商决策。因为立法决策实质上是民意汇聚、利益博弈并抽象以形成治理规则的过程，

---

① 笔者作为核心参与人参加了湘鄂边界酉水河保护协作立法课题（该课题分别由吉首大学法学与公共管理学院和湖北民族学院法学院承担，并协作开展研究）。在课题规划时，笔者向湘西土家族苗族自治州人大常委会提出的立法协作机制基本上被采纳，即：在充分沟通基础上采行"跨行政区人大联度会议确定立法原则框架——委托第三方开展立法研究——联合立法调研分别起草文本——跨行政区人大联席会议讨论形成示范文本——各行政区人大在协定原则和示范文本基础上依法通过和发布本行政区立法文件——跨行政区人大联合检查和立法后评估"的模式。《恩施土家族苗族自治州酉水河保护条例》（2016）、《湘西土家族苗族自治州酉水河保护条例》（2017）先后颁布实施。两条例都设专章对"跨行政区协调保护机制"做出了规定。

行政边界区域环境法治主体需要遵循立法的规律和规则。因此，对多元主体进行新的整合与分类，以便利分析和建构区域环境立法协作机制。

一、行政边界区域环境立法协作主体的类型化分析

法学界对立法主体的界定主要有法治说和功能说两种，前者认为立法主体是依法有权立法的国家机关的总称；后者认为，"立法主体就是有权参与或实际参与立法活动的机关、组织和人员的通称"，包括享有有关职权的立法者，也包括"虽然不具有这样的职权但却能对立法起实质性作用或能对立法产生重要影响的实体"，如执政党等。当前我国一般是按法治说界定立法主体，但是，忽视或简单地否定功能说，仅从法治形式上认识立法主体，"不符合从来的立法实践，也不利于充分发挥各方面立法主体的作用，特别是不利于对那些实际上的立法主体予以制约"①。

综合法治说和功能说确定立法主体，在我国立法法的基本框架下，可以将区域环境立法协作主体归纳为职权立法主体和参与立法主体两大类。

（一）行政边界区域环境立法协作的职权立法主体

职权立法主体是依法定或经合法授权而有权认可、制定、修改、补充、解释或废止法律（广义的法律）的国家机关、社会组织或特定个人，如全国人大及其常委会、国务院及其各部委、经济特区和较大的市的立法机关、作为提案人的最高人民法院、参与法案表决的人大代表等。

区域环境立法主要是要调整涉及区域内各主体共同的、明显具有区

---

① 周旺生. 立法学 [M]. 2 版. 北京：法律出版社，2009：164 - 166.

域特性的环境利益，因此，"应该充分赋予并保障区域立法的自主性或自治性而不应该皆由中央立法来规制"，区域立法主要以地方立法为依托，可以视为地方立法权的一种行使方式①。但是，区域环境立法也可能深刻影响国家整体环境利益结构，而1989年我国《环境保护法》第15条②的规定过于原则并且过于依赖政府权力而忽视人大权力和司法权力的作用，可操作性不强。需要全国人大及其常委会、国务院及其环境保护监督管理部门等中央层面的立法主体对地方政府如何处理相互之间基本关系、如何开展区域环境立法和执法协作等做出引导性、框架性立法。

地方层面的立法主体包括③：省、省会市、较大的市的人大及其常委会（制定地方性法规）、自治州和自治县的人大（制定自治条例和单行条例）。此外，全国人大常委会先后授权省、自治区、直辖市和较大的市的人民政府，可以根据法律、行政法规和本省、自治区、直辖市的地方性法规，制定规章。如在湘渝黔"锰三角"区域，湖南省、重庆市、贵州省的人大及其常委会（制定地方环境法规）、政府（制定地方环境规章），还有湘西土家族苗族自治州、秀山土家族苗族自治县、松桃苗族自治县等民族州县的人大（开展有关该区域环境保护的民族自治立法）等都具有法定立法职权，由这些主体就区域环境资源保护进行立法协作顺理成章，但是必须创新立法机制，使这些主体能够就该区域环境资源保护进行突破行政边界的立法协作。

---

① 陈光．我国区域立法主体制度探析［J］．兰州学刊，2009（9）．
② 这里是指1989年我国《环境保护法》第15条。
③ 2015年3月15日第十二届全国人民代表大会第三次会议修正的《中华人民共和国立法法》第72条、第82条分别对"设区的市的人民代表大会及其常务委员会""设区的市、自治州的人民政府"的立法权做了规定。但是，这些立体的立法权限于城乡建设与管理、环境保护、历史文化保护等事项。

（二）行政边界区域环境立法协作的参与立法主体

参与立法主体是指不享有法定的立法职权，但是应该或实质上参与立法活动并对立法产生重要影响的国家机关、社会组织或个人。我国基于法治说的传统立法主体理论否认参与立法主体的合理性，认为根据人民民主的宪政原理，人人（包括自然人、法人和其他组织）都成为参与立法主体，这样的立法即使可能，其成本也不可估量。然而，人人都具有立法权是解决有无实体权利问题，而参与立法则是该权利实现途径和方式问题。《宪法》第 2 条明确规定："中华人民共和国的一切权力属于人民。人民行使国家权力的机关是全国人民代表大会和地方各级人民代表大会"。《立法法》第 5 条规定："立法应当体现人民的意志，发扬社会主义民主，保障人民通过多种途径参与立法活动。"如何落实"一切权力属于人民"，保障全体人民通过多种途径参与国家和地方立法活动，使立法真正体现人民的意志，是国家必须面对的问题。因此，参与立法主体本身不仅具有合理性、合法性，而且具有合政治性，并且已经具备人民代表大会制度等现实制度基础。

参与立法主体在区域环境立法协作中具有不可或缺的作用：一是使立法更好地体现该环境区域中人们的意志并为其提供更优质的环境公共服务。多元主体的参与有利于凝练区域内环境公共意志和需求，并促使立法对其做出更明确的反映。二是可以对区域内职权立法主体的立法活动予以监督、制约，保障区域环境立法中法定立法权的合法行使。三是可以增强区域内各级政府、居民、企事业单位和其他组织对区域环境立法成果的理解，从而推动该立法的具体实施。"承认政府具有合法性的公民更有可能遵守法律、支持政权以及接纳不同的观点，而立法过程中的公民参与对于培养这种合法性是至关重要的。"① 四是区域环境立法中的多元主体彼此博弈有助于弱化甚至消解区域内各行政区之间的对立和地方保护，培养共同的或互补的价值追求，以形成合力实现区域环境与经济发展帕累托最优。

具体而言，区域环境立法的参与立法主体包括：（1）不具有法定立法权的政府机构，如省级政府各部门、非民族自治县以及县级以下人大和政府；（2）居委会、村委会等"基层群众性自治组织"；（3）政党和对国家和社会生活有较大影响力的公民社团，如具有"准政府性质"的八大人民团体和越来越多的民间环境 NGO、行业协会、有关学术团体；（4）作为区域环境立法协作的个人主体，虽然如果没有特定身份，个人就很难对立法产生大的作用，但是按照民主法治的基本原则，一定数量个人的自由联合可以为区域环境立法提出议案和建议，应鼓励专家学者运用其专业特长和知识参与区域环境立法协作，他们的参与对解决好区域环境立法的地方特色与可操作性、超越部门利益和狭隘地方利益，"能够发挥其不可替代的功能"②；（5）企事业单位。我国环境法长期简单地将排污者（单位和个人）尤其是企业单位视为环境管理对象。然而，排污只是现代生产和生活的副行为，而且排污者自身最了解排污的知识和信息，应该通过多元、开放的机制让其参与区域环境立法，并使这些企事业单位相互之间能在区域环境立法机制中规范化博弈，这一定程度上可以避免掌握经济实力的企事业单位成功地"游说"职权立法者，甚至将这些立法者驯服成自己的代言人。

---

① 卡尔·克茨. 公民与议会：公众对于议会的参与和信心［M］. 节大磊，译//蔡定剑. 国外公众参与立法. 北京：法律出版社，2005：4.
② 吕忠梅. 地方环境立法中的专家角色初探：以珠海市环境保护条例修订为例［J］. 中国地质大学学报（社会科学版），2009（6）.

这些主体与区域环境中的多元利益相关者通过多元渠道相联系，它们作为区域环境立法的参与主体不仅有利于保证立法成果反映真实民意，而且有利于立法在社区的宣传、遵守和执行，降低法治成本。

二、行政边界区域环境立法多元主体的组织模式

在区域环境保护领域利益的多元化决定了区域环境立法主体的多元，需要有效的组织模式才能将多元主体的多元利益追求形成统一行动，也推进社会主体对立法的普遍服从。目前国内对区域立法研究集中在区域行政立法，王春业博士指出这是"一种打破行政壁垒的、跨行政区划的、能在一定经济区域各行政区划共同适用的新型地方行政立法模式"①。这种模式通过在中央与地方之间创制一个拥有立法权的主体"区域行政立法委员会"来完成区域立法，区域行政立法委员会的成员由各省级代表团组成，代表团成员包括"省级副省（市）长、省会市副市长、有规章制定权的地级市市政府副市长"，"还可以聘请经济学或法学专家作为本行政区划的代表成员"②。但是，区域行政立法模式没有同级的权力机关通过备案对立法进行监督，区域行政立法本身实体内容的公正性无法保障。"除非在中央与省之间再设立一级权力机关，负责行政立法委员会的成员选任与立法监督，但这种做法又显然需要更改宪法框架。"③ 并且，这种区域行政立法模式最大的遗患是屈从于我国长期以来行政立法权优位于权力机关立法权的现实，"进一步边缘化

---

① 王春业. 区域行政立法模式研究：以区域经济一体化为背景［M］. 北京：法律出版社，2009：2.
② 王春业. 区域行政立法模式研究：以区域经济一体化为背景［M］. 法律出版社，2009：128.
③ 宋方青，朱志昊. 论我国区域立法合作［J］. 政治与法律，2009（11）.

享有立法权的地方人民代表大会及其常务委员会的立法职能"①。

基于以上分析，笔者认为区域环境立法应该在现行立法体制基本框架内，采用区域环境权力机关立法协作和区域环境行政立法协作并存的模式，并设立相应的立法协作会议组织。

首先，在各行政区划的县级以上人大和政府都设立区域协作职能机构。这些机构专司与相邻行政区的沟通、协调和共同行动，指导和监督本行政辖区下级行政区划间的协作。具体设置有两种方式：一是在人大或政府设立区域事务专业委员会或办公室，因为其综合性强，常常需要相应的专业部门合作，所以宜由人大或政府主要负责人直接领导。这样设立的机构在本行政区划内相对来说"位阶"高，有利于本行政区内的统一协调和高度重视，综合性考虑区域协作；二是在人大各专业委员会或政府各部门设区域办公室，开展专业性的区域协作。如在人大环境资源专业委员会以及环境保护行政主管部门下设区域环境协作办公室，专司区域环境协作事务。这种专业性区域事务协作机构日常工作专业性、针对性强。但是，本行政区内协作难度大，环境资源保护要求容易在本行政区内决策时被"平衡"掉，导致区域环境协作沦为事后应急协作。在当前我国区域环境问题严重的情况下，既在各部门设置区域性机构，也在有关县级以上尤其是省级行政区人大和政府设置综合性区域法治协作机构，不失为一个妥当选择。设置机构的具体方式需要在对各自行政区进行深入研究基础上确定。

其次，组建区域环境立法协作委员会。包括区域环境人大立法协作委员会和区域环境行政立法协作委员会。省级行政区内的跨市县区域环

---

① 陈光.论我国区域立法模式的选择：兼评王春业之《区域行政立法模式研究》［J］.安徽大学法律评论，2010（1）.

境行政立法可以通过省级地方立法确定基本框架，然后借鉴跨省区域环境立法协作模式进行立法协作。因此，跨省区域环境立法模式更具有代表性。跨省边界区域环境立法模式还宜分省级和市县级委员会。协作委员会由各行政区代表团组成。

区域环境人大立法协作委员会各代表团由以下人员组成：本行政区人大常委会主任或负责环境事务的副主任担任负责人，本辖区人大区域环境事务委员会主要委员作为核心成员，再加上本区域内区域性环境问题突出的下级行政区人大的相关代表和工作、生活在本区域的专家学者和社会贤达以及社会组织的代表，尤其要保证一定数量的乡镇基层人大代表。

这样的区域环境人大立法协作委员会组织模式设计基于几个基本考虑：第一，立法协作委员会机制强调的是在现有职权立法体系下的多元"协作"，而不是要设定一级独立的立法机构。多元主体平等协作是其价值所在。第二，正因为是协作，其代表团组成人员的来源就可以也应该突破辖区行政级别对等的限制。这并不违宪，我国人大制度并没有等级规定，地方各级人大是其辖区内人民当家作主的权力机关，只要其遵守与上位法"不相抵触"的立法原则就行。第三，要保证区域性环境问题突出的乡镇基层人大和社会贤达的一定比率，因为这些代表与该区域环境有着更深刻和持久甚至终生的利益存在，能避免官员交流任职体制下"流水的官"对本区域环境利益的"短视"。这些人作为代表团成员不仅使代表团更具代表性，而且还可以加强区域环境立法的针对性，从而促进立法决策的科学性。第四，在没有立法权的县级人大也设立区域环境人大立法协作组织，是因为县级人大拥有法定的"重大事项决定权"，基于此而做出的决定具有广义的立法属性。围绕这项权力的行使而进行区域协作更有利于快速及时地监督政府将区域环境问题解决在较早时期，甚至预防区域环境问题发生。然而，赋予所有县级人大地方法规立法权，才能使跨县市级行政区环境立法协作具有更充分的合法性。中国社会科学院李林研究员曾指出我国立法发展趋向："在纵向方面，立法职权将可能进一步下放到地、县级的人大……在必要的情况下，将可能赋予乡级人大和某些社会自治组织以有限的自治立法的职权。"①

区域环境行政立法协作委员会只能在省级政府之间以及较大的市政府之间组成，但是，因为我国"较大的市"并非普遍的行政设置，因而会普遍面临区域内只有部分市县级行政区有地方规章立法权。应该鼓励市县级政府对执行环境法进行广泛协作，并订立有关协定，可以通过授权或者审批、审查制度，确立这类协定的法律性质和效力。目前比较可行的是科学建构省级区域环境行政立法协作委员会，各代表团由其省级政府有关负责人、政府法制办主要负责人、环境保护行政主管部门主要负责人和业务骨干等构成，如果是针对"锰三角"这类区域性环境问题突出的边界区域，则宜保证代表团中有该区域基层政府主要负责人和环境保护负责人员，以加强协作的针对性和及时实施的有效性。区域环境行政立法应该对基层执法联动机制的构建等做出规定。

各区域环境立法协作委员会下都应该设常委会作为协作委员会休会期间的日常协作平台，常设委员会的代表构成以及工作方式等由区域环境协作委员会确定。

三、行政边界区域环境立法协作主体的运行机制

"机制是保证制度实施的规定性"②，区域环境立法主体的运行机制

---

① 李林. 全球化时代的中国立法发展：下 [J]. 法治论丛，2003（1）.
② 吕忠梅. 环境法新视野 [M]. 北京：中国政法大学出版社，2000：258.

是指在区域环境立法协作中多元主体依照法定或立法协作委员会组织协议的规定参与立法协作的方式和制度。区域性问题如区域环境问题之所以成为普遍性问题，甚至引发严重的群体性事件，核心原因是各行政区囿于行政区划故步自封甚至以邻为壑，互不开放，所以多元主体平等的、互相开放的协作机制是理想的区域环境立法主体运行机制。

（一）行政边界区域环境立法协作会议制度

行政边界区域环境立法采用协作会议方式进行决策。协作会议应该确立科学的会期制，保证充分的讨论和科学决策。区域环境行政立法协作委员会常务会议最好每季度举行一次，区域环境行政立法委员会会议每半年举行一次，这有利于政府及时有效地把握区域环境立法要求，推动和规范区域环境执法联动。区域环境人大立法协作委员会每年举行一次会议，常委会议至少每年举行两次。区域环境人大立法委员会会议应该在区域环境行政立法协作会议召开之后，在地方两会前召开，以便将区域环境立法内容纳入地方立法框架并通过全国两会进一步形成关于区域环境保护的国家意志。

行政边界区域环境立法协作会议主要工作，一是通过会议多方沟通、商谈形成区域环境共识；二是审查各行政区环境法规、规章以及规范性文件之间是否存在冲突，探索化解之道；三是确立区域环境立法规划；四是调整和确定区域环境立法协作基本方式。2006 年，《东北三省立法协作框架协议》确立了三种立法协作方式：对于政府关注、群众关心的难点、热点、重点立法项目，三省将成立联合工作组；对于共性的立法项目，由一省牵头组织起草，其他两省予以配合；对于三省有共识的其他项目，由各省独立立法，而结果三省共享——这被分别概括为紧密型、半紧密型和分散型的协作。笔者认为，区域环境立法协作委员会有两种主要协作方式，一是联合立法，即对分歧大的重点环境事务由区域环境立法协作委员会成立由各行政区共同参与的立法工作组，或者确立立法项目委托给高校或研究机构进行调研、起草草案，由区域环境立法协作委员会审议通过，然后提交各行政区人大审议通过实施。二是立法共享，即对共性和共识比较多的区域环境事务由某一在该领域立法较成熟的行政区负责立法，其他行政区配合协助，经过区域环境立法协作委员会议或常务会议审议通过后共享、形式上经各行政区立法程序后实施，以节约立法成本。

行政边界区域环境立法协作会议，应该设立专门的参与机制，以保证各区域环境立法参与主体的充分参与。可以仿照近年来中央"两会"吸纳非人大代表列席会议的做法，允许部分利益相关者依申请列席区域立法协作会议；会议期间组织各种形式的小组会议沟通更广泛的民意；可以允许村委会、居委会以及在本区域活动的民间组织、企事业单位代表向会议申请与任何行政区代表团进行沟通，区域环境立法协作委员会审查后拒绝的应该说明理由。

（二）行政边界区域环境立法程序的启动

针对区域立法程序的启动，有学者认为应选择"民间发起，官方回应"的运作机制，即应首先由区域立法参与主体等非政府组织提出立法建议，"区域立法职权主体在相关的专家学者或研究机构的协助下进行立法论证，并与立法参与主体充分沟通之后，决定是否将该立法建议纳入正式的区域立法程序"①。笔者认为，区域环境立法协作体现了多元主体网状、平等的相互关系，但是并不否认掌握更多公共资源的"官方"引导功能，而且，"官方"更有能力和责任启动区域环境立法

---

① 陈光. 我国区域立法主体制度探析［J］. 兰州学刊，2009（9）.

程序。"按照科学决策的要求，决策权需要在不同组织或人员中分配，如决策的启动既可以来自于行政首长，也可以来自民间。"① 立法作为最典型的决策，应该采行"民间和官方均可发起，官方引导推进"的运作机制。即职权立法主体或参与立法主体都可以向区域环境立法机构提出立法建议书，区域环境立法协作机构收到建议书后应该审查，如果否决该立法建议，应该给出明确具体而有说服力的说明；如果认为申请具有合理性，则应该整理发文给本区域内各行政区职权立法主体，由其在其辖区内进行公示和接受利益相关者评议、组织专家学者初步研究，整理出反馈报告报区域环境立法协作机构，区域环境立法机构再决定是否正式启动区域环境立法程序。

（三）行政边界区域环境立法程序制度

行政边界区域环境立法要体现区域环境立法的协作性而又基本遵循现有立法规则，不至于对现行立法程序制度造成"颠覆性"影响。如在所有程序中增加多元主体参与途径，在审议和表决程序中实行双重审议制度等。

法案起草很大程度上决定着该法律文件的基本精神和命运。区域环境立法协作程序启动后，可以由提出启动申请的主体提出立法草案，也可以向社会招标征集草案，鼓励多元主体自由联合提出草案。为了保障立法的客观、公正，避免长期以来由官方垄断立法起草的弊端，提倡由非官方的中立机构负责、以专家学者为主体来起草法案。区域内各地方政府对法案起草给予充分的保障和便利条件，起草人有权在提交的立法草案报告中对此做出评价、批评或表扬。

---

① 薛刚凌. 中央政令不畅的原因与对策：基于对地方公务员的调查数据分析 [J]. 国家行政学院学报，2010（2）.

草案形成后应该通过各种媒介向社会公布，广泛征求意见。鉴于区域环境立法协作涉及最底层公民的生命、健康和财产安全，应该将正式的草案文本及其说明免费发到区域内各村组，要求村组发动和收集意见，为了节省政府成本，鼓励民间组织和学校、科研机构进行宣传、调研，甚至"游说"，鼓励将这类活动纳入学生社会实习或见习工作。尤其在区域环境人大立法协作中更应该如此充分依靠群众力量提高立法地方特色和现实针对性。

法案的审议、表决和通过程序实行双重体制，即区域环境立法协作委员会审议、表决和各行政区立法机关审议、表决。区域环境立法协作委员会表决通过的只是准法律文件，还必须通过现行的各行政区立法审议和表决程序才能具有法律效力。因为区域环境立法协作委员会成员基本上是各行政区立法机构的核心成员，而且，本行政区的民意充分参与了区域环境立法过程，立法协作会议通过稿在各行政区做根本性更改或整体否决的可能性不大。即使某一行政区对立法协作会议通过稿做实质性修改，也可以采用在该行政区"试行"的方式，"试行"期间接受区域环境立法协作机构的指导和监督，区域内其他行政区的区域立法机构也可以对其进行观察、建议和督促，以培养和实现区域内共同的环境利益诉求。

在区域内各行政区立法机关对区域环境立法协作会议通过稿审议和表决程序中，区域环境立法协作委员会成员有权申请列席本区域内其他行政区关于区域环境立法审议和表决的会议。此外，应该在平等、自由而充分讨论的基础上实行无记名的表决机制，充分尊重代表的表决自由，因为可以合理推定每个代表"基于自己的认识做出的投票判断，都是反映人民意志和利益的，只是侧重点和角度有所区别而已"①。

区域环境立法表决通过之后并不意味着立法终结，区域环境立法协作机构还应该建立立法后评估机制，即通过对区域环境立法的实施以及区域环境事务、经济和社会状况的发展变化的跟踪和综合评估，及时发现和解决可能出现的问题，并适时对区域环境立法进行修改、完善或者废止。如果发现对行政边界区域环境法治有害或"不适当"的地方立法，应由区域环境立法协作机构做出评估交由有关职权立法主体启动修订程序予以变更或者废止。区域环境立法后评估机制中，同样不可忽视区域立法参与主体的作用。

第二节　行政边界区域环境法治的执法联动机制

一、行政边界区域环境行政执法联动的内涵

无论是学术界还是实务界，对什么是执法或者什么是行政执法历来争议不断，对什么是环境执法或环境行政执法也同样意见多样，这也表明对一个基础性概念进行普遍性界定的困难。针对这种术语界定困难的现象，姜明安教授说："不完全相同的界定在社会科学中、在法学中应该是允许的。当然，在特定的场合，我们使用任何概念必须确定。否则，就会出现形式逻辑混乱，人们之间就无法进行思想的或学术的交流。"② 因为狭义上而言的环境执法概念更具有规范性意义，本研究的

---

① 李林. 全球化时代的中国立法发展：下 [J]. 法治论丛，2003（1）.
② 姜明安. 行政执法研究 [M]. 北京：北京大学出版社，2004：8.

本节认为，环境执法（即环境行政执法）是指"国家环境保护行政机关的执法机构以环境相关法律法规为依据，为保证实现环境保护目标、保护生态环境以及公众健康而实施的监督检查、行政处罚以及行政强制等一系列行政行为"①。这一概念将环境执法明确为环境监督检查、奖惩、征收和强制等行政行为，而将带有准司法性质的环境行政处理以及行政立法排除在外。该术语强调环境执法是行使法定的环境行政权的行为，而且是该职权行为本身直接对相对人的权利义务产生影响，而不包括那种环境保护部门居中引导，由双方当事人彼此相互决定权利义务的调解行为，也不包括通过环境立法等抽象行政行为间接影响不特定行政相对人权利义务的行为。

行政执法涉及多元主体，其中包括依法享有环境执法权的政府、政府部门及其具体执法人员，还包括受委托执法者，这些主体都是基于行政执法权主体。但是，从主体间性的视角，从一个执法过程系统观察，要取得预期的执法效果，环境行政执法不能不考虑行政执法相对人以及与具体行政执法有利益关系的利益相关者。此外，因为行政执法的公共性和专业性，还不能忽视社会公众和专家，这些主体的参与和监督也成为社会治理视野下的行政执法不可忽视的内容，因为这些因素可能直接决定行政执法的实效和正当性，不能将这些因素排除在行政执法分析范围之外。因此，在社会治理视野下，环境行政执法应该是行政执法权主体（包括受委托执法者）、行政相对人与其他利益相关者，以及公众和专家等社会主体的协作过程，这也是"协同法治"的普遍性意义的重要组成部分。在行政边界区域环境法治中，这种环境行政执法协同或协

---

① 陆新元，DANIEL J，DUDEK，等. 中国环境行政执法能力建设现状调查与问题分析 [J]. 环境科学研究，2006，19.

作尤为重要，笔者将这种协同概括为"执法联动"。

　　"执法联动"在2014年以前的环境资源法文本中主要体现在《环境保护法》（1989）第15条的政府间"商调机制"，《水法》（2002）第12条规定的"流域管理与行政区域管理相结合"，以及《水法》第56条、《水土保持法》（2010）第46条规定的"商裁机制"①。2014年修订的《环境保护法》第20条明确规定了跨行政区域的重点区域、流域环境污染和生态破坏的"联合防治协调机制"和其他区域的"调商机制"（即上级人民政府协调解决或者有关地方人民政府协商解决）。随后的《大气污染防治法》（2015）第五章专章（共7条）规定了重点区域大气污染"联合防治"，第86条明确规定："国家建立重点区域大气污染联防联控机制，统筹协调重点区域内大气污染防治工作。"《水污染防治法》（2017）则不仅在第31条保留了此前的"商调机制"，还在第28条规定："国务院环境保护主管部门应当会同国务院水行政等部门和有关省、自治区、直辖市人民政府，建立重要江河、湖泊的流域水环境保护联合协调机制……"本节用"联动机制"以涵括上述立法中"商调""商裁""联合防治""联合协调"以及"联防联控"等明确规定，意指各类主体之间"联合协调与行动"。

　　笔者在2015年将国内代表性的环境执法"联动机制"分为"环境监察与环境监测、环保主管部门与法检公等法律部门、环保主管部门与一般行政部门、跨行政区的政府和部门之间等多种类型，并将其与"综合执法""社会执法"并列为环境执法的三大方式②。但是，基于

----

　　①　如《水法》第56条规定："不同行政区域之间发生水事纠纷的，应当协商处理；协商不成的，由上一级人民政府裁决，有关各方必须遵照执行。……"
　　②　李爱年，肖爱. 法治保障生态化：从单一到多元 [M]. 长沙：湖南师范大学出版社，2015：147－157.

多元主体的主体间性立场，笔者认为"联动执法"应吸收"社会执法"的主要元素才能做到真正的有效联动执法。而对一个行政区政府内部各部门之间的联动执法则属于综合执法的范畴。为贯彻落实《中共中央关于深化党和国家机构改革的决定》《深化党和国家机构改革方案》部署要求，2018 年 12 月中共中央办公厅、国务院办公厅发布了《关于深化生态环境保护综合行政执法改革的指导意见》，着力深化生态环境保护综合行政执法改革，整合组建生态环境保护综合执法队伍。随着改革的推进，生态环境保护综合行政执法可望得以突破。本节主题在于行政边界区域环境行政执法联动，各个行政区的生态环境综合行政执法可以促进区域行政执法联动。但是，生态环境保护综合行政执法不是行政边界区域执法联动问题的主要方面。

"联防联控"这一术语很大程度上获得了中央政府的认可：2010 年5 月 11 日，环境保护部等九部委共同制定了《关于推进大气污染联防联控工作改善区域空气质量的指导意见》（以下简称"《指导意见》"[1]）。根据该《指导意见》，区域大气污染联防联控"是指以解决区域性、复合型大气污染问题为目标，依靠区域内地方政府间对区域整体利益所达成的共识，运用组织和制度资源打破行政区域的界限，以大气环境功能区域为单元，让区内的省、市之间从区域整体的需要出发，共同规划和实施大气污染控制方案，统筹安排，互相监督，互相协调，最终达到控制复合型大气污染、改善区域空气质量、共享治理成果与塑

---

[1] 该《指导意见》是由国务院批准，由国务院办公厅转发的，"属于由部门联合发布的重要的行政规章性政策文件"而不属于部门规章。具体分析参见常纪文．域外借鉴与本土创新的统一：《关于推进大气污染联防联控工作 改善区域空气质量的指导意见》之解读（下）[J]．环境保护，2010（11）．

造区域整体优势的目的"①。这一概念比较科学地揭示了区域大气污染防治执法联动机制的核心要素：区域政府之间、共识、区域整体利益、联合与分享。但是，其管理性明显而法治意味弱，与行政边界区域环境法治的多元化要求也存在差距。因此，本文主张采用"行政边界区域环境执法联动"这一术语，以强调是"行政边界区域的"执法性联合或协作行动。

　　基于以上分析，行政边界区域环境执法联动机制是指行政边界区域内各行政区政府（包括其各相关部门）之间、政府与生产经营者以及社会组织等主体之间通过沟通和信息交流，形成对区域整体利益以及区域环境执法的共识，进而整合资源、统筹安排、互相监督、互相协调，协同行动，以解决区域性环境问题的规范性过程和方式。

二、行政边界区域环境执法联动机制的主要内容

　　在展开讨论行政边界区域环境执法联动机制之前，需要强调的是目前无论是何种形态的国家，其国家和社会治理都是按照科层制逻辑搭建基本架构的，任何一个主权国家，为了政令畅通运转有效，都会将国土划分为不同区域进行"分而治之"。真正的差异在于是如何分，划分的各区域是如何运行，相互之间是什么关系，等等。概而言之，从行政边界区域生态环境治理的视角看，属地管理是根本，政府间协调联动是纽带，社会参与是保障。因此，我国环境保护法都规定县级以上人民政府对本辖区环境质量负责，这不仅具有合宪性、合法性，而且也切合国家和社会结构的基本逻辑。问题是协调联动和社会参与是否得以落实，这需要一系列制度化完善。

---

① 王金南，宁淼. 区域大气污染联防联控机制路线图［N］. 中国环境报，2010 - 09 - 17.

（一）行政边界区域环境执法联动的组织模式

目前，行政边界区域环境执法联动机制还处于积极探索加速推进阶段，协调联动组织形式呈现出多种样态，既彰显了活力，又表现出规范性不足。大体上可以将目前的行政边界区域或者跨行政区执法联动组织模式概括为以下几种。

一是设置专门的区域环境执法机构。自 2008 年国务院大部制改革开始，中央层面就越来越重视跨行政区环境执法工作。2018 年开始着力快速推进的这一轮党和国家机构改革，不仅特别重视政府部门之间的生态环境保护综合行政执法改革，而且也高度重视区域性环境问题的监督管理与处理。不仅明确了生态环境部"协调解决有关跨区域环境污染纠纷，统筹协调国家重点区域、流域、海域生态环境保护工作"，以及"监督指导区域大气环境保护工作，组织实施区域大气污染联防联控协作机制"等职责①，而且还在大气环境司加挂"京津冀及周边地区大气环境管理局"，专门设立了"区域协调与重污染天气应对处"（京津冀及周边地区大气环境协调和重污染天气应对办公室），主要承担重点区域划定、联防联控机制、京津冀及周边地区大气污染防治领导小组日常工作。这是我国在国务院设立的第一个专门的区域行政机构。此外，在 2017 年年底，为了推进中央环保督察，经中央编办批复，原环境保护部的华北、华东、华南、西北、西南、东北六个环境保护督查中心都正式改名为"督察局"，机构性质也由原来的事业单位转为环保部派出行政机构，主要职能由原来的"督企"转向"督政"。这种专门的区域环境执法机构主要还是依靠行政职权运行，跟地方政府属地责任非常类似，但是其协调联动的特性更多一些。

---

① 本节关于生态环境部职责的资料都来自中华人民共和国生态环境部官网。

二是设置重协调功能的区域环境机构。水利部先后设立了长江、黄河、淮河、海河、珠江、松花江、太湖七大流域委员会（或者管理局）。但是这些水利部派出机构，主要职能还是协调，其行政管理职能非常有限。2011年修订的《淮河流域水污染防治暂行条例》第四条规定了在淮河流域水资源保护局下设淮河流域水资源保护领导小组，"负责协调、解决有关淮河流域水资源保护和水污染防治的重大问题，监督、检查淮河流域水污染防治工作，并行使国务院授予的其他职权"。同年，国务院制定实施的《太湖管理条例》设立了太湖流域管理局，也一样重在协调和监督管理，而没有明确具体行政执法权。

三是地方联席会议模式。主要是地方政府在环境行政执法或者跨行政区环境纠纷解决中，基于问题导向自发组织或者在国务院的引导或者督促下组织，针对共同问题沟通、协调，进而形成联席会议的执法联动组织模式。当然，联席会议往往只是这种组织模式的表现形式之一，可能还通过政府间协定确定其他模式，组织区域环境执法联动。

这三种组织模式各有所长，但是也各有其不足，第一种主要还是依赖于中央针对重点区域流域设立专门性的行政机构，统一行使行政执法权，虽然比传统行政执法机构来说更强调协调性，但是其协同的程度还是较低的。而第二种和第三种则需要适当明确行政边界区域各政府的生态环境职责，并将推进跨行政区的沟通与协同执法作为其重要职能之一，将行政边界区域沟通协调与联动执法常设组织机构的建设与运行作为相关行政区党委和政府考核要素，促使联动执法组织的规范化。

（二）行政边界区域环境信息协同制度

充分的环境信息公开是行政边界区域环境联动执法的前提和基础，也是其不断推进的动力源泉。但是行政边界区域环境信息不是相邻行政区环境信息的简单相加，区域环境法治需要建立在区域环境信息整体性基础上，这离不开区域环境信息的协同生成、整理、发布甚至协同利用。

行政边界区域环境信息协同，是指行政边界区域环境法治中各类主体对区域环境信息的生成、公开、获取乃至运用等所进行的建设性活动，既包括区域居民之间、社会组织之间以及居民与社会组织之间的沟通与协作，更包括这些民间主体与政府、企业，尤其是与相邻行政区政府、企业的沟通与协作，以及相邻行政区政府之间的沟通与协作和企业之间的沟通与协作。它对保障区域环境信息的真实性、培养区域环境共识、监督区域环境行为具有至为重要的意义，是区域环境法治的前提和基础。

首先，区域环境信息协同有助于在边界区域普及环境知识，提高公众环境意识和环境法治意识，预防和化解纠纷。

其次，区域环境信息协同有助于培养公众参与区域环境法治的主体性意识。主体性意识的增强会推动相邻行政区的居民或团体积极参与区域环境法治协作，并走向联合或形成新的区域环境保护团体或组织，加强其与村/居委会以及乡镇基层政府的互动与协作，增强区域环境法治社会主体的影响力，改善区域环境法治权力结构，加强社会基层的自组织性，减少国家治理社会基层的成本与难度，促进区域社会基层环境利益与经济利益的协调与衡平。信息阻隔和不对称会影响区域公众形成共识采取共同行动。在"锰三角"污染治理之初，各行政区民众都向政府申诉或抗争过，但是被企业或地方政府"各个击破"。在反复抗争中民众了解到各相邻政府也无能为力，于是三省边区"基层群众自治组织"和民众逐渐走向联合，并组成"保护母亲河行动小组"，非常理性地采取"过激"行动，引起中央高度重视而最终使"锰三角"区域环境治理成为国家跨行政区环境治理典范①。

再次，环境信息协同有利于对区域排污者的排污行为进行监督和制约。包括对本辖区的排污行为的监督与制约，也包括对邻行政区排污行为的监督与制约。行政边界区域环境信息协同是排污企业自律和他律以及政府和民间监督与制约企业排污行为的动力源泉。

最后，环境信息协同有助于监督和制约政府及其部门的行为，增强政府决策的科学性。政府决策的科学性是以充分有效的信息和相关主体的广泛参与为基础的。行政边界区域环境信息协同有利于监督和制约政府及其职能部门的行为，减少互相推诿的空间，也增加了政府环境监管的灵活性。苏浙边界水污染纠纷中，嘉兴市政府就充分利用上游盛泽镇排污信息，由暗转明地支持地方居民的抗争，支持居民起诉上游排污企业，以此推动了本行政区环境保护工作。

环境信息公开应该尊重环境中每一个人的环境信息诉求，从而达到充分有效的信息沟通使行政边界刚性弱化的目的，主体之间也有动力形成环境信息收集、整理、传播机制，信息沟通与协作就能常态化良性发展，民众的环境保护意识就得以培养。

在行政边界区域环境信息公开制度设计上要突出主体间性，强化程序机制，为主体间平等、开放参与提供程序保障。同时，拓展信息生成和发布的主体范围，强调政府和企业环境信息公开义务以及拒绝公开的说理义务。

区域环境法治所有主体都应当有生成和公开区域环境信息的权力，尤其是各行政区社会基层群众自治组织以及乡镇政府。也认可环境

———————

① 环境保护部环境监察局区域处. "锰三角"，探寻区域环境综合整治之路 [J]. 环境保护，2009（13）；陆新元. 区域环境综合整治"锰三角"模式的启示 [J]. 环境保护，2009（1）.

NGO 收集整理生成与提供区域环境信息，我国实际上有不少环境 NGO 起到了环境信息生成和发布的主体作用，如马军领导的"公众环境研究中心"就制作并在网络发布了中国水污染地图和大气污染地图，还从 2008 年起每年对 113 个城市的"污染源监管信息公开指数"进行分析评价，在其官方网站上发布，引起国内外学者的重视。其实，民间生成和发布环境信息是分担了政府的公共职能，为政府节约了大量的信息处理成本①。

政府生成与发布环境信息需要与相邻行政区政府协作，就某些信息按统一的标准进行审核，决定是否发布。为了生成权威的区域环境信息，政府必须主导、协作加强区域环境信息能力建设，如协作或共建区域同一标准的在线监测设施，进行联网监测，并将监测点的选择征求相邻民众意见，选定的监测点在区域内广为公示并设立醒目的标牌。对未设监测点的污染所及区域也应该定期不定期抽检以获取充分的环境信息。

（三）建立联动执法响应制度

首先，要明确需联动执法的范围。如上所述，行政边界区域环境执法首先要遵循属地管辖原则，在属地管辖权范围内，相邻行政区主体只能监督其执法，而不能越俎代庖或者干预执法。只有在严格履行本行政区环境保护职能的前提下，在依靠自身难以有效执法的情况下联动执法才能获得正当性。

其次，要建立行政边界区域联动执法平台。确保联动执法能够在第

---

① 美国"信息与管制事务办公室"1999–2007 年间连续发布年度《政府信息收集预算》，从中可以看出，"政府信息形成权的运用已经给公众带来了沉重的经济负担"。参见：于立深. 论政府的信息形成权及当事人义务［J］. 法制与社会发展，2009（2）.

一时间响应和处理，确保有效执法。该平台其实质就是行政边界区域不同政府共同的环境信息沟通和共享平台，对该平台的响应情况不仅将影响区域环境执法效力，也将成为对各有关主体考核的重要内容。

再次，要将联动执法响应机制法制化。对联动执法的范围、种类、响应主体、程序、时间以及响应级别等予以明确规范。通过法制化增强执法联动的稳定性和可预期性，也有利于分清责任。

（四）协同应急处置与后督查

一旦发生区域性突发环境事件，区域内各行政区环境保护部门必须立即报请当地政府迅速启动环境突发事件应急预案，并及时通报相邻行政区环境保护主管部门，提出控制、消除污染的具体应急措施，协助当地政府控制和处置该突发环境事件，并依法及时上报有关情况。

对于引发区域性环境纠纷的企事业单位，当地政府和环境保护部门要依法处罚并提出限期整改要求，由区域内各有关行政区环境保护部门组成联合督查组对其整改情况开展后督查，确保整改措施落实到位。必要时，由共同的上一级环境保护部门组织进行督查、督办。

第五章

行政边界区域环境纠纷解决机制

　　行政边界区域环境纠纷可以从广义和狭义两个方面界定，广义的行政边界区域环境纠纷系指因区域环境问题而引起的主体间矛盾和冲突，可以根据引起纠纷的环境问题的内容分为区域环境资源权属纠纷和区域环境污染侵权纠纷；也可以根据纠纷的性质将区域环境问题分为区域环境刑事纠纷、区域环境行政纠纷、区域环境民事纠纷。狭义的行政边界区域环境纠纷仅仅指区域环境民事纠纷，系指因行政边界区域环境问题而引起的区域环境资源的权属纠纷、区域环境污染侵权纠纷。"无论环境纠纷呈现何种形态，都具有争议的核心是环境权益、涉及个人利益与社会公共利益、涉及科学技术问题、双方当事人力量的不均衡的特点。"① 本文从利益结构与权力结构的分析路径和现行环境法的基本规定，从主体间性的角度，将行政边界区域环境纠纷限于因行政边界区域环境污染而引发的相邻行政区政府之间的纠纷和区域主体间环境民事纠纷，把前者称为"行政边界区域政府间环境纠纷"，把后者称为"行政边界区域环境污染损害赔偿纠纷"，本研究主要针对后者即因污染引起的区域环境民事纠纷展开分析，因为这类区域环境纠纷最为普遍且具有

---

　　① 吕忠梅. 水污染纠纷处理主管问题研究 [J]. 甘肃社会科学，2009（3）.

基础性，更重要的是往往处理不及时、不公正就引发政府间纠纷或发展成群体性事件甚至刑事纠纷，这类纠纷因而也往往能或明或暗地汇聚多元区域主体的多元诉求，并反映区域权力结构关系和状态。相邻政府间环境纠纷往往是民事纠纷升级后区域政府权力主体博弈明朗化的纠纷形式，也是比较常见的区域环境纠纷形式，因而也是本研究需要关注的。

第一节　行政边界区域环境纠纷非诉讼解决机制

一、行政边界区域环境纠纷解决机制困境

社会学意义上看，纠纷（dispute）或争议、争端、冲突，是特定的主体基于利益冲突而产生的一种双边（或多边）对抗行为，"纠纷不仅是个人之间的行为，也是一种社会现象"，纠纷解决（dispute resolution）则是指在纠纷发生后，特定的解纷主体依据一定的规则和手段，消除冲突状态、对损害进行救济、恢复秩序的活动①。就法律意义而言，纠纷及其解决一方面表明在某种程度上的原有利益与权利均衡状态或秩序被打破，意味着对该社会既有制度和秩序的损害，是一种消极的存在；但在另一方面，"在利益关系日益复杂的现代社会中，纠纷性质、种类、规模的发展和变化，促进了法律的不断发展和进步。就此而言，寻找新的纠纷解决途径的过程，就是法律与社会进步的过程，是秩序化程度不断提高的过程"②。

---

① 范愉. 纠纷解决的理论与实践［M］. 北京：清华大学出版社，2007：71.
② 吕忠梅. 环境友好型社会中的环境纠纷解决机制论纲［J］. 中国地质大学学报（社会科学版），2008（3）：4.

　　面对广泛而复杂、形式与内容多样的资源利用开发与保护改善环境的活动，各种利益的冲突难以避免，有关环境权益的争议及环境纠纷亦层出不穷。区域环境纠纷的数量、范围及影响也不断扩大。现实表明，在社会转型期和高速发展期，环境利益纷争乃至区域环境纠纷与矛盾正不断加剧，其背后的深层原因表现为：原有的权力（权利）格局和秩序被动摇或打破，在资源短缺、利益冲突和对立加剧的背景下，各种新的诉求不断提出，环境保护与资源利用呈现出紧张状态。在这种情况下，一方面，既有的规则不足以解决新的纠纷、满足社会需求；另一方面，纠纷解决机制的正当性、权威性和有效性都受到严峻挑战。因此，能否通过合理有效的纠纷解决机制及时妥善地解决纠纷，并由此开通发现规则与重建秩序的通路，乃至预防或减少纠纷的发生，"是关系到社会能否顺利渡过转型期，实现社会稳定发展与变革的关键所在"①。

　　从环境法与其他传统法律部门关系看，环境纠纷以及区域环境纠纷在媒介、内容等诸多方面体现出鲜明的个性特征，传统的法律机制与规则在处理新的纠纷类型时显得非常不适应，围绕环境权益所开展的相应的制度设计仍然不能满足社会对环境法的需求，而这本质上是由于环境纠纷区别于传统法律纠纷的特质形成的。环境纠纷是一种新型的纠纷，它具有如下特点②：第一，环境纠纷争议的核心是环境权益。环境权益融合了环境生态价值和经济价值，因而环境纠纷解决不能只考虑一般民法意义上的财产利益和人身利益。第二，环境纠纷所涉利益具有多元性。第三，环境纠纷具有广泛性。环境法律关系的主体、客体和内容等要素的广泛决定了可能的环境纠纷的广泛多样性。第四，环境纠纷的处

---

① 范愉. 纠纷解决的理论与实践 [M]. 北京：清华大学出版社，2007：73.
② 张梓太. 环境纠纷处理前沿问题研究 中日韩学者谈 [M]. 北京：清华大学出版社，2007：282.

理往往需要科学技术的运用。第五，环境纠纷当事人中受害人一方往往人数众多。第六，环境纠纷双方当事人力量不均衡。一是经济实力不平衡，环境侵害加害人一般多为企业和机构，具有更强的经济实力；二是信息的不对称。环境侵害加害方掌握更充分的有关知识和信息。第七，环境纠纷处理的相关法律的天然性漏洞。立法机构无法在环境立法中涵盖社会生产、生活的方方面面；环境纠纷处理的法律规范不健全。

区域环境纠纷作为环境纠纷的一种，具备以上环境纠纷的共同特点，同时更具复杂性：因为区域环境纠纷跨越不同行政区，涉及利益以及利益主体更加多元，同时也涉及更加多元的权力间相互博弈。我国现有的区域环境纠纷解决机制尚不能满足当前需要，在现实运作中，陷入了一种价值的困境。这种困境，可以归结为如下主要症结。

（一）在决定与合意之间——区域环境纠纷解决缺乏合意途径

日本学者棚濑孝雄依据纠纷是由当事者之间自由的"合意"还是由第三者有拘束力的"决定"来解决这一标准，将纠纷划分为"根据合意的纠纷解决"和"根据决定的纠纷解决"①。前者又称"合意型纠纷解决"，指双方当事人就以何种方式和内容来解决纠纷，达成合意而使纠纷得以解决，如和解、调解；后者又称"决定型纠纷解决"，指第三人就纠纷应当如何解决做出一定的指示并据此终结纠纷，最典型的例子就是审判。如果把环境纠纷解决模式也类型化为"决定型"和"合意型"，那就不难发现，我国现行有关区域环境纠纷解决模式，主要是诉讼、行政复议、行政申诉以及针对区域政府间环境纠纷由上级政府"协调解决"等，都是决定型模式；而对合意型纠纷解决模式往往规定

---

① 棚濑孝雄．纠纷的解决与审判制度［M］．北京：中国政法大学出版社，1994：10－22．

过于原则和空泛,如区域政府间环境纠纷的"协商"解决以及区域环境污染损害赔偿纠纷的"协商"和环保部门"调解处理"等纠纷解决方式。区域善治需要开放的公共管理和广泛的公众参与,这包括对区域环境纠纷的解决,合意型纠纷解决方式更切合区域善治和行政边界区域环境法治的价值需求,合意型纠纷解决路径的缺失必然阻碍多元化区域环境纠纷解决机制的构建,不符合区域环境纠纷多样性和复杂性的客观现实和发展趋势。

(二)在诉讼与非诉讼之间——区域环境纠纷解决司法介入不足

"多元化纠纷解决机制是指在一个社会中,多种多样的纠纷解决方式以其特定的功能和特点,相互协调地共同存在,所结成的一种互补的、满足社会主体的多样需求的程序体系和动态的运作调整系统。"①区域环境纠纷解决机制同样也应该是各种纠纷解决方式分工协作、相互配合和缜密衔接的系统。我国现有的区域环境纠纷解决机制,散见于部分法律法规之中,缺乏整体性和全局性的设计和考量,所以并未形成一个协调的体系。突出的问题就是,诉讼承载了人们很高的期待,可是区域政府间环境纠纷排斥司法介入,同时,区域环境污染损害赔偿诉讼也面临诉讼主体、管辖、举证责任和因果关系等环境诉讼一系列的问题,深陷"立案难、审判难、执行难"等困境中。越来越多的人希望法院能中立地审理区域环境纠纷并做出合理合法的裁判。但是,法院因为缺乏足够的环境司法专业人员和切合的司法机制而实际上限制了区域环境纠纷解决的司法介入,导致众多流域性污染损害纠纷、行政边界区域大气污染纠纷都难以进入司法程序。

正是因为合意解纷途径的缺失和司法介入的不足,导致区域环境纠

---

① 范愉. 非诉讼纠纷解决机制研究 [M]. 北京:中国人民大学出版社,2000:17.

纷更多地依赖行政解决，而因为府际不良竞争和地方政府的市场主体利益追求，难以保证公正地解决区域环境纠纷。因而，必须加强主体间合意性的纠纷解决方式，同时强化区域环境诉讼解纷机制。行政边界区域环境法治中，诉讼解纷机制以及基于行政的或主体间合意的各种非诉讼解纷机制都有其不可替代的功能和优势，应该充分发挥其各自效能，建立行政边界区域环境法治的多元纠纷解决机制。而根据纠纷解决的一般原理，首当其冲的是要建立机制推动和保障当事人自己合意解决纠纷。

二、行政边界区域环境纠纷非诉纷解决机制的价值

非诉讼纠纷解决方式通常被视为"替代性纠纷解决方式"（Alternative Dispute Resolution，ADR）的同义术语。ADR 概念源于美国，是各种诉讼外纠纷解决方式或机制的总称。这类纠纷解决方式具有如下几个要素①：首先，是指对法院审判或判决方式的代替。需要强调的是，这种替代性并不意味着取代诉讼，诉讼是法治所必不可少和无以取代的。广义上而言，把处于法院做出判决之前的任何纠纷解决方式都可称之为 ADR，既可以包括当事人借助第三者的中介达成的自行协商和解，也可以包括各种专门设立的纠纷解决机构的裁决、决定；既可以包括传统的调解，也可以包括当代行政机关所进行的各类裁定、决定；等等。这些替代性纠纷解决方式通常是以基本的法律规范或社会规范作为其基准的。狭义的 ADR 概念把仲裁和行政机关的准司法纠纷解决程序与一般的 ADR 区别开来，把 ADR 限定在"非诉讼非仲裁的纠纷解决方式"范围内。其次，当事人自主合意的选择性。这种选择是当事人的一种自主权利，既可以是对程序的选择，也可以是对纠纷解决结果的处分，但

---

① 范愉. 非诉讼纠纷解决机制研究［M］. 北京：中国人民大学出版社，2000：17.

归根结底意味着在法院的审判和判决与各种非诉讼方式之间进行选择。因此，现代替代性纠纷解决方式的存在和运作，是以法院和诉讼程序的存在以及当事人的诉讼权利和处分权为前提的，ADR 只能为当事人提供选择的可能性，而绝不能剥夺当事人的诉讼权利和处分权。在此基础上，当事人可以对纠纷解决的方式、规范、程序和结果进行自主的选择，其选择的动机和标准也可能是多方面的——既可能是基于成本效益、便利快捷方面的考虑，也可能是对情感和长远关系的顾及；既可能是由于对诉讼的回避，也可能是出于对常理性公正的追求。多种选择机会和可能，不仅为当事人及时便利地解决纠纷创造了条件，也在很大程度上分担了法院的压力。由于 ADR 本身无法改变诉讼的内在弊端，因此，提供另一条纠纷解决的途径供当事人选择，就是其根本宗旨所在。最后，基本功能是解决纠纷。这一特定功能区别于一般组织或行政机构的管理性、职能性活动，以及行政机关的附带性纠纷解决工作。同时，以解决当事人双方纠纷为目的的 ADR，也不同于纵向的、单方面的问题解决方式（如信访、申诉等）。替代性纠纷解决方式的特点，在于它是通过促成当事人和解和妥协来达到解决纠纷的目的。另一方面，替代性纠纷解决方式的这一基本功能，也是它们可能与法院的民事诉讼程序相互衔接和互补的根本性联结点。基于这一功能，在现代社会中，形形色色的替代性纠纷解决方式与诉讼和审判共同构成了一种多元化的纠纷解决机制，从而承担着更为重要的社会功能①。非诉讼纠纷解决方式与行政边界区域环境法治具有内在价值的统一性。但是本文为了集中针对区域环境纠纷的主要矛盾，将区域环境纠纷非诉讼解决方式限于非依赖司法权力或行政权力的诉讼解决方式，包括协商、调解与仲裁等，行政

---

① 范愉．非诉讼纠纷解决机制研究［M］．北京：中国人民大学出版社，2000：17．

处理目前作为解决污染损害赔偿纠纷的解决方式，法律上视为调解，主要还是依赖当事人的合意解决，而不是依靠行政权力裁决，因而也属于这类非诉讼解决方式。

（一）非诉讼纠纷解决方式是区域环境纠纷的"法的治理"方式

人们担心非诉讼解决方式存在着排除法律适用和缺乏合意真实的"去法治化"的危险。实际上，在非诉讼纠纷解决方式中，"法律的作用更像意译而非直译"，法律规范并非"不在场"，而是如影相随，成为非诉讼解纷方式每一步的依据或准则，"更具体地说对法庭判决的预测，被称为'作为一种威胁、可以使原告对其要求做出某种程度的让步'"①。法治社会，非诉讼纠纷解决方式必然也是"法的治理"方式，是为了弥补多元社会中诉讼解纷机制的不敷使用。克服诉讼机制的弊端，为法治开启更开放多元的途径。行政边界区域环境法治内在地要求开放多元的规则治理，仅仅依赖诉讼解纷机制或依靠政治的或行政的方式解决纠纷会造成大量纠纷无法进入法治轨道，处于纷杂变动、缺乏准则和预期的状态，这将导致区域环境纠纷成为区域不满情绪的渊薮，群体性事件的肇因，影响社会稳定和发展。作为诉讼的替代性方式，非诉讼解决纠纷方式只有融法治的精神和程序正义的基本要求，并以诉讼解纷方式为后盾才能够获得区域环境纠纷各当事人的信赖。因此，非诉讼解纷方式是行政边界区域环境法治不可缺少的"法的治理"方式，这些方式的规范化、法治化和普及化建立在区域环境治理的内在需求之上，彰显相互尊重与宽容的价值，使区域环境纠纷解决从对抗走向对话、从单一价值走向多元化、从不平等走向平等。

---

① 小岛武司. 诉讼制度改革的法理与实证 [M]. 北京：法律出版社，2001：195.

（二）非诉讼纠纷解决方式是行政边界区域环境法治利益主体的平等商谈机制

非诉讼纠纷解决方式强调通过协商和对话来达成合意解决纠纷，体现了对社会主体人格尊严和自治权利的尊重，为法治注入了丰富的"合作"内涵。现代环境法治提倡公私益一致，以及在行为模式上的政府与公众相互尊重、信任和支持，这需要开放合作、平等商谈机制。在区域环境纠纷解决中更是如此，因而，基于合意的非诉讼解决方式有助于区域环境纠纷的及时、妥善解决，具有价值上的正当性。

行政边界区域环境纠纷的非诉讼解决方式是一种"在场"的商谈机制，只有各类主体的"在场"，才能形成全面的利益表达，才可能形成符合或平衡各方利益诉求的纠纷解决方案。纠纷解决中只有部分利益主体的参与或由部分强势主体所控制纠纷解决过程，则不可能真正解决纠纷，当前行政边界区域环境法治中过于依赖政府间"协商"和"协调"解决区域环境纠纷，事实上也造成了各类行政边界区域环境问题丛生的现实，亟需建立区域环境纠纷非诉讼解决方式，展现其主体的规范性和代表性，实现各类利益主体的充分平等商谈。区域环境治理是为了克服传统行政"条块分割"导致的市场失灵和政府失灵，充分发挥市场机制、政府管制机制和公民社会自治机制各自的优势并克服其不足，以形成社会良性发展的合力，实现区域善治。这必然要求区域内各类主体形成平等协作关系，区域环境纠纷非诉讼解决方式有助于形成这些多元主体平等协作，使每个主体对区域公共利益都享有平等的话语权、参与治理权和区域利益分享权。

（三）非诉讼纠纷解决方式是行政边界区域环境法治主体的社会参与机制

行政边界区域环境纠纷的解决，既需要国家公权力的介入和保障，又需要民间组织和社会团体的参与。由于区域环境问题的整体性，它不仅要求行使管理国家、区域或地方环境公共事务的政府部门及其公务员的参与，也要求社会主体的全面参与，特别是区域环境治理息息相关的利益主体的参与。替代性纠纷解决方式也是一种社会参与机制。对行政边界区域环境纠纷的处理，关键不在于工程技术环节，而在于相关主体的参与以实现合作共治。环境法治尤其是行政边界区域环境法治不仅要在管理体制上通过分工合作以及不同行政区环境权力主体的沟通与协作，及时解决区域环境治理的矛盾和避免新的矛盾产生；同时，还要根据区域治理和善治的基本原理充分发挥公权力以外的私主体或者社会权力主体的能动性，使其能充分知情、参与决策和立法，提出批评和建议，并有权启动对决策进行修改的程序或诉请救济。这就不仅要求完善传统的环境管理体制，强化环境管理主体的平等协作，同时要高度重视和认可个人和社会权力在行政边界区域环境法治中的主体性地位，确定他们相应的法律地位与权力，设置科学严谨的程序，完善环境保护的信息公开制度和参与制度，建设规范而灵活的区域环境多元决策与协作机制。

以当事人之间合意为基础的非诉讼纠纷解决机制，是现代社会重新发现人与人之间沟通与对话价值的产物①。它与行政边界区域环境法治不仅不背离，反而在精神实质上保持着鲜活的制度活力。主体的"在场"、平等协商与广泛的社会参与构成了替代性纠纷解决方式在应对区域环境纠纷时的特殊价值立场，这些都决定了替代性纠纷解决方式在解决区域环境纠纷领域存在的合理性和所具有的生命力。

---

① 吕忠梅. 环境友好型社会中的环境纠纷解决机制论纲 [J]. 中国地质大学学报（社会科学版），2008（3）.

三、行政边界区域环境纠纷非诉讼解决机制之完善

行政边界区域环境纠纷的解决机制，必须是诉讼机制和诉讼替代机制的多元并存。在我国，已经建立的诉讼机制与非诉讼机制不能很好地发挥作用，区域环境纠纷解决难的问题十分突出，主要原因在于缺乏合理的程序保障。"从某种意义上讲，中国环境法的实效差及长期以来不重视程序法保障，与没有将纠纷解决机制当作法律发展的动力直接相关。"① 因此，行政边界区域环境法治要从根本上扭转程序法缺失与不足的局面，改变国家权力与社会参与不平衡的状况，在完善纠纷的诉讼解决机制的同时，针对不同非诉讼解决机制的特性逐步完善非诉讼解决机制。

（一）协商

协商是双方当事人意思自治解决纠纷的方式，充分体现了解决纠纷的自主性，也是一种最便利、快捷、低成本甚至无成本和符合实际的纠纷解决方式，它可能得到"多赢"的结果。在很多场合，甚至可以立刻履行，这种程序上的优势往往能抵消当事人在利益上所做出的让步，换来更大的长远利益。协商解决充分体现了纠纷解决的意思自治，是区域环境纠纷解决手段中最能展现平等、参与与相互尊重的非诉讼纠纷解决方式，对于区域环境纠纷解决具有重要的制度价值。运用行政边界区域环境法治的基本理论，适当的延伸对现有法律规定的理解，将有助于理解协商的作用与本质。针对区域环境问题，我国《环境保护法》《水法》和《水污染防治法》等都将"协商"作为"跨行政区"环境纠纷

---

① 吕忠梅. 环境友好型社会中的环境纠纷解决机制论纲 [J]. 中国地质大学学报（社会科学版），2008（3）.

的解决方式予以明确规定。考察现有这些规定，协商解决区域环境纠纷需要做进一步完善。

首先，协商主体的范围应扩大解释。对区域环境问题的协商解决，其主体被规定为地方人民政府，因而在实践中，往往只依靠具有"环境与资源保护"职能的县级以上地方人民政府之间的协商，往往作为矛盾指向对象的"肇事"企业的参与不充分，更不用说基层社会组织和成员甚至乡镇基层政府。循着协商解决的总体思路，考虑到区域环境的整体性及对区域内环境的重大影响，可以扩大协商主体的范围，吸收行政边界区域环境法治的其他多元主体。这些主体应当包括国务院环境保护部门、相邻行政区地方政府、企业、非政府组织以及区域居民，应区域治理需要而组成的区域协作组织也应该成为协商的主体。

其次，平等应成为区域环境纠纷协商的基本原则。区域治理要求区域主体就区域问题上下互动、左右联动进行平等协作，协商的纠纷解决机制的价值就在于能将政府主体、企业主体以及相邻行政区各类社会主体的意愿都能在纠纷解决过程中获得平等、合理的考虑，任何依赖自身掌握的经济、政治、文化等的强势主宰都会造成主体间在纠纷解决中的不平等，则主体意愿表达就难以充分或至少难以获得平等考虑，这样即使能形成解决方案，也容易导致不服和反悔，还是解决不了纠纷。因此，在区域环境纠纷协商解决方式中，必须在制度设计上保障掌握国家权力的政府主体和掌握雄厚经济实力的企业主体与民间主体平等相待，在程序上更充分保障弱势的社会主体的话语表达和平等决策权利。

再次，协商应有规范的程序保障。协商主体参与协商的基本程序、方式、效力等要素均需要有法律规定。要以保障公众能够有效参与、制约权力为宗旨，确保各主体在区域环境纠纷解决中充分表达自己的诉求，并能与其他主体进行平等的"讨价还价"互为进退，最后达成解决纠纷的合意。

(二) 调解

调解是指在第三方主持下，以国家的法律、法规、规章和政策以及社会公德为依据，对纠纷双方进行斡旋、劝说，促使他们互相谅解、进行协商，自愿达成协议，消除纷争。调解是以当事人的自愿为前提，在中立第三方的参与下进行的纠纷解决活动，具有程序的便利性和处理的灵活性。调解从本质上奉行"和为贵"的原则，将对话建立在协商的基础上。"诉讼的特点是由法院完全根据法律来裁断利益，除支持合法要求外而不考虑双方的其他意愿，它的公式是'胜诉者全得（Winner-takes-all）'；调解的特点是经过第三方劝说，使争议双方达成协议，利益纠纷的解决是当事人的合意，它的公式是'退让一点、取得一点'，与诉讼相比，它的一个最大特点是具有关系修复功能。"① 在我国，调解有着悠久的历史传统，但是在"依法治国"的不同理论视域里，逐渐忽视了调解的积极意义，而认为权利意识的增长和诉讼的利用是互为前提、相互依存的关系。然而，"审判既不是实现权利唯一的场所，也不一定是实现权利最有效的方法"②，权利主张和审判利用并非互为表里或不可分的因和果，实际上处于一种二律背反的关系，"即一方面强烈的权利主张可能会超出现行法制度的框架，从而增加对审判的不信任和减少利用审判的机会；另一方面，完全建立在依存性信任基础上的审判利用看上去似乎合乎权利主张和审判利用互为前提的见解，但实际上

① 黄建武. 利益结构对法行为的制约 [J]. 现代法学，1995 (4).
② 棚濑孝雄. 纠纷的解决与审判制度 [M]. 王亚新，译. 中国政法大学出版社，1994：207.

这种形式的审判利用是否真正地伴随着权利意识的觉醒却是成问题的"①。相反,权利意识的增长使当事者之间合理的对话成为可能,反而不必利用审判,减轻了诉讼解纷机制的压力。

　　对于行政边界区域环境纠纷,由于牵涉面大影响广泛,往往容易导致矛盾激化,调解可以最大限度地预防和减少纠纷的发生和激化,使纠纷消灭于萌芽状态,避免酿成社会动荡,引发社会冲突。调解具有程序的便利性和处理的合理性,在证明责任、适用规范以及运用方式上都具有很大的灵活性,对于当事人双方都是一种重要的程序利益,当事人也乐于接受这种解决方式,从而最早介入纠纷,找出法律规范和现实生活的差距,为现在和将来的环境立法积累经验。另外,由于我国目前的环境监测技术落后,取得的数据不全面、不确切而且环境污染和破坏的危害后果无法准确计算。加之环境污染和破坏作用机理复杂,影响因素众多,对环境纠纷不宜做硬性处理。因此,采用调解手段,协商解决,使纠纷处理更符合各方的意愿,可以弥补因技术落后可能导致的公平性欠缺。在解决现实环境纠纷的同时,还应看到调解的另一功能,即促进实体法的发展,这对于我国作为新兴法律部门的环境法的完善极为重要。调解还可以促进法律的发展,主要表现在以下几方面②:(1)促进对法律制度的反思和纠纷当事人的反思,积极协调实体法和纠纷当事人的主张;(2)通过规范的竞合和选择,提供法律发展的契机,以弥补实体法与生活规范间的裂隙;(3)基于个别纠纷的具体情况,对权利关系做出判断,实现实体法律规范的具体化;(4)使潜在的纠纷外在化,增加对程序法的要求;(5)把日常生活规则和程序内的行为规范,以

---

①　棚濑孝雄.纠纷的解决与审判制度 [M].王亚新,译.北京:中国政法大学出版社,1994:243.

②　季卫东.调解制度的法律发展机制 [J].比较法研究,1999 (4).

更利于当事人主义的态度予以规制，以此来发展程序法规则；（6）通过对严格审判程序的部分解放，达到形式正义与实质正义的平衡。

在我国，调解是解决区域环境纠纷的重要形式，为了避免滥用"合意"，牺牲调解的部分灵活性而使其走向程序化、制度化则是必然的选择。

第一，确认环境调解协议的法律效力是首要问题。鉴于民间调解工作的实际规模和成效，根据我国宪法和有关法律、法规的规定，应明确我国人民调解制度在解决民事争议的各种法定途径和程序中乃至在我国的司法制度和体系中所处的地位，以科学界定人民调解工作的法律地位，从而进一步强化人民调解的发展与社会功能。民间调解协议的效力问题，最终只能依赖程序本身来加以解决。最高法院《关于审理涉及人民调解协议的民事案件的若干规定》明确了人民调解协议的合同性质，实际上为调解协议的裁判找到了实体法根据。应当说是一条在现行法律制度规定内保障人民调解制度得以发挥作用的路径，具有积极的作用。可行的思路是在《民事诉讼法》所规定的人民法院对人民调解工作的指导的基础上，将其制度化为一种司法审查确认程序，即当事人达成的调解协议，只有经过法院的审查和确认，方具有强制执行力。只要调解协议不违背强行法的规定，并在双方自愿的基础上达成，人民法院就应确认其与生效判决有同等的法律效力。如果违背自愿原则或违反强行法的规定，人民法院应对该调解协议予以撤销，或经双方当事人同意直接转入诉讼程序。从长远来看，应该加强民间调解制度通过立法的形式加以确认，协调调解协议和法院审判的关系。

第二，完善相应调解程序，特别是法院调解的程序性规范。鉴于法院调解在立法及实践中存在的一些问题，理论界和实务界提出了一些建言，如完善调解论、调解前置论、废除调解而设立和解论。结合我国目前的法院调解制度来看，调审合一是其最大的制度弊端。提倡调审分离，并不主张调解从民事诉讼中完全脱离，法院调解应该与法院的审判之间保持一定的张力。也就是说法院调解要适当与审判分离，这样才能体现调解制度的优势，分流诉讼案件，减少成本；同时法院调解要和审判保持关联，从而使得法院调解与民间调解、行政调解相区别，保证法院调解与诉讼能够衔接起来。

第三，创设民间、行政以及法院环境调解的协调机制。对于纠纷解决机制的构造而言，应当诉讼机制与其他非正式的社会调整机制的衔接机制，构筑起化解社会纠纷的有效系统。各种社会的、民间的组织及其纠纷解决机制将会有更大的发展空间。因此，关键不是 ADR 与诉讼两者的取舍或侧重，而是如何将两者打通、沟通。换言之，在思考弘扬程序正义理念的同时，不能只是一味地强调正式的诉讼审判制度，不能把法治兴国简约为诉讼至上，不能把民间私下解决纠纷简约为法盲行为，更不能忽视类似 ADR 的中国民间调解的正当性①。

（三）仲裁

仲裁是根据当事人的合意（仲裁契约）把基于一定的法律关系而发生或将来可能发生的纠纷的处理，委托给法院以外的第三方进行裁决的纠纷解决方法或制度。仲裁具有合意性、终局性和灵活性等特点②。

我国的环境纠纷仲裁学理上研究很不充分，也缺乏实践积累，同时存在法律规定的缺失。现行环境法中有明确规定的只有海洋环境污染纠纷可以仲裁，1994 年颁布的《仲裁法》规定仲裁的受案范围为"平等

---

① 张梓太. 环境纠纷处理前沿问题研究 中日韩学者谈［M］. 北京：清华大学出版社，2007：306.

② 范愉. 非诉讼纠纷解决机制研究［M］. 北京：中国人民大学出版社，2000：193 - 195.

主体的公民，法人和其他组织之间发生的合同纠纷和其他财产权益纠纷"。其中的"其他的财产权益纠纷"是否包括环境纠纷是备受争议的。但是，环境污染纠纷本身特性符合《仲裁法》规定的受案范围，根据当事人双方的心理，也有达成仲裁的可能性，所以这种纠纷解决方式应该更多地运用于环境污染纠纷的解决过程中。当然，仲裁的引起须以有仲裁协议和一方提出的仲裁申请为前提。因环境保护工作实践的需要，一些地方环境行政机关也试行通过环境行政仲裁来解决环境污染纠纷，如在江苏、上海、黑龙江等地进行的环境仲裁实践。但是，因为缺乏法律依据，这些仲裁裁决并不具有法律约束力，还不是法律意义上的仲裁。

区域环境纠纷仲裁解决同样没有法律依据和实践积累，但是，理论上看并非不可能。第一，由于环境仲裁将协商和协调的精神和诉讼的严谨和效力相融合，既促进了平等协商以利于形成共识，又使纠纷能比诉讼更经济地获得有法律约束力的裁判。当事人对其并不具有排斥心理。第二，随着基层民众环境保护意识的增强，环境保护运动和环境保护团体（非政府组织）发展和壮大，为建立专业性仲裁组织和说服当事人签订仲裁协议建立了一个良好的社会与组织基础，也为环境利益的协调与公众参与原则的实现提供了一个可行通道。第三，现代科学技术水平的发展，我国环境管理和环境监测水平的增强，为环境仲裁优势的发挥奠定了技术性基础。第四，我国社会发展的目标，是人与自然和谐发展，社会、经济和环境的协调发展，在此目标指引下的舆论和政策、环境管理能够吸引或说服行业团体，在所属企业发生环境纠纷时，提交一定的仲裁机构进行仲裁。可持续发展的深入人心，也促使企事业单位接受仲裁维护社会形象。第五，我国环境纠纷解决机制明显滞后，已不适应解决纷繁复杂的环境纠纷，这要求我国必须寻求多元化的解决方式，使非诉讼解决机制和诉讼解决机制并行不悖，共同预防和解决环境纠纷。在区域环境纠纷解决中，仲裁比诉讼更有利于多元主体平等参与。

为了公正、迅速地运用仲裁处理区域环境纠纷，在立法方面，应修改《仲裁法》，将环境纠纷仲裁纳入仲裁法的"另行规定"。同时制定《环境纠纷仲裁条例》，对环境纠纷仲裁的各种特殊问题做出具体而明确的规定①：（1）允许突破行政区限制建立多种形式的仲裁机构。这包括建立民间的环境纠纷仲裁委员会、行政机关环境纠纷解决机构，承认企事业团体、环保组织纠纷解决机构的仲裁功能。需强调的是行政机关环境纠纷仲裁解决机构应是专门的环境纠纷解决机构，而不是环境行政主管部门的附属，当然，这些机构都必须符合法律所规定的组成条件。（2）建立环境纠纷仲裁员资格认证制度。环境纠纷特点要求仲裁员具备较高的专业知识。建立资格认证制度，可以保证仲裁员来源的可靠性和当事人对仲裁的信任。（3）承认以多种形式达成的仲裁协议的有效性。环境纠纷仲裁的难度在于当事人如何签订仲裁协议。为保证环境纠纷仲裁的有效进行，应允许第三方（主要是环保团体）介入仲裁协议的签订，他们既可以作为帮助人而存在，也可以作为代理人而存在。同时对于仲裁组织、企业联合会和行业协会、企事业单位所达成的仲裁承诺，只要对方当事人同意仲裁，即视为签订仲裁协议。这主要是为了克服环境纠纷发生后说服企业参加仲裁的困难。（4）明确仲裁范围。不仅损害赔偿问题可以提交仲裁，而且对于持续环境破坏或污染的停止行为请求，为预防将来的损害适宜地设置防护措施，改变作业时间和地点等引起的纠纷都可成为仲裁的对象。（5）规定必要的工作程序。除了

---

① 吴勇. 论环境纠纷仲裁 ［M］//环境资源法论丛：第5卷. 北京：法律出版社，2005：267 – 270.

准用《仲裁法》程序外，特别规定有关涉及因果关系认定、生态鉴定和公众参与方面的程序。（6）仲裁费用承担。民间仲裁收取必要的手续费，其他仲裁不收取费用。（7）司法监督。仲裁组织所在地法院对于有明显侵害公共利益等法律规定情形的，可以撤销仲裁裁决。

（四）行政处理

区域环境污染纠纷发生后，受害者一方强烈希望纠纷解决，而排污企业则意图维持现状，继续获取利润，不希望纠纷的解决。即使第三者介入，也因不希望解决的一方故意拖延或采取顽固态度而不能达到纠纷的解决，而行政机关拥有对违法活动的调查权、管理权和对违法者的行政处罚权，对于排污企业有潜在影响力，有能力迫使他们对受害者的要求做出积极回应。行政处理区域环境污染纠纷的意义在于以下几点。

1. 行政处理为纠纷双方当事人之间沟通的媒介

通常在发生流域水污染的情况下，虽然实际上已经发生了损害，但由于复合性的面源污染，排污者众多，谁是法律意义上的加害者却由于受害者调查能力有限而难以确定。环境保护部门通常有能力帮助受害者把确定法律意义上的加害者这一责任转移给有关方面，从而使受害者起诉成为可能。

2. 行政机关具有信息优势

行政机关通过监督监测的方法掌握了企业的生产经营和排污情况，而且对各企业运用的治理污染技术方法比较了解，所以它在信息的收集和判断上具有优势，能有效改善受害者在信息获取方面的劣势地位，使更为符合实际地解决纠纷成为可能。

3. 行政处理的双重功能

行政处理可将事后的纠纷处理与以后的事先预防相结合，积累经验，及时完善环境污染政策和规范以预防以后的纠纷的发生。"像这样以个别的纠纷处理为起点，通过自己的管理权限进一步发掘问题并谋求更具一般性的根本解决，正是行政性纠纷处理机关的最大优势。"①

根据《环境保护法》（1989）第41条第2款规定，环境污染发生后的污染责任纠纷和赔偿金额纠纷，可请求环保行政主管部门或其他依照法律规定行使监督管理权的部门处理。此后通过法律解释和修订其他环境单行法都将该"处理"明确为"调解处理"。将"行政处理"理解为"调解处理"，环境保护部门就环境污染损害责任及赔偿金额进行处理后，当事人不服的，可以向法院提起民事诉讼。环境保护部门做出的有利于受害人的确认，受害人据以提起民事诉讼时，就会出现如下问题：法院能否将环保局的调查结论作为证据？若法院将其作为证据加以使用，对此证据如何审查？民事审判庭是否有权对行政行为的效力进行审查？若环境保护部门做出有利于致害人的确认，被告则会以此作为证据在民事诉讼中要求免责，同样存在是否将环境保护部门的调查结论作为证据使用、是否对其进行审查以及如何审查的问题。对此，有学者提出应建立专门的环境诉讼制度，将对环境机关的行政行为审查与民事证据的运用相结合，实现对公民环境权的有效保障②。关于行政机关所认定的事实在私人损害赔偿请求诉讼中的证据效力问题，可借鉴美国的相关制度。如美国州际通商法第908条规定，当水上公共运输人因违法行为致他人损害时，受害人可请求损害赔偿及支付合理范围内的律师费，在请求程序上，受害人可直接诉之于法院，也可先向州际通商委员会申诉。于后者之场合，只要委员会认为理由成立，即可对运输人发布命

---

① 棚濑孝雄. 纠纷的解决与审判制度［M］. 北京：中国政法大学出版社，2004：87.

② 吕忠梅，江涛. 环境诉讼初探［M］//环境纠纷处理的理论与实践. 北京：中国政法大学出版社，2002：67.

令，限期支付赔偿金，当该命令未被履行时，受害人可提起民事诉讼。在此类诉讼中，委员会的认定和命令中所陈述的事实将作为"初步证据"得以承认。因此，当委员会认为受害人的请求理由成立时，受害人可援用委员会的承认提起诉讼，而如果委员会判断请求理由不成立，并不对受害人的民事诉讼发生证据力。即只在行政机关对受害人做出有利判断的场合才承认其证据法上的特殊效力，其目的在于为民事请求提供便利，使行政处理与诉讼制度更好地相互衔接①。

以上就我国各种非诉讼方式处理区域环境纠纷存在的问题做了些分析，虽然它们各有特色，但它们所共有的缺陷就是只有双方当事人达成协议之后才能使纠纷进入处理过程。在适用诉讼解纷机制情况下，只要有一方当事人的请求就能够形成诉讼，即使对方当事人不同意也可以强迫他应诉，并通过有既判力的生效判决使当事人不能就案件再行争执，从而强制性解决纠纷。强制性特征提高了诉讼作为纠纷解决手段的实效性，但像审判那样具有强制性的制度，为了保证其判断的客观性、正确性，同时也为了让当事人承认其正当性，往往不得不采用极其慎重的程序，然而这种慎重的形式有形式化的要求，又涉及诉讼的固有弊端——程序复杂、费用高昂、诉讼的迟延、诉讼量激增。而非诉讼方式有当事人的合意作为终极性的担保，所以在简化程序、迅速地处理以及更加符合实际情况的解决结果等方面都有比审判更大的回旋余地。

任何一种制度设计都不可能十全十美，行政边界区域环境纠纷的解决应是一个整体性的过程，也是一种综合性的社会机制，而诉讼是纠纷

---

① 田中英夫，竹内昭夫．私人在法实现中的作用［M］．李薇，译．民商法论丛：第12卷．北京：法律出版社，1999：330-331.

的法律解决的典型形式，它所提供的是一种法律的标准答案，也是其他解决方式的参考系数，其功能和样态直接决定着其他纠纷解决方式和整个纠纷解决机制的状况①。

第二节　行政边界区域环境纠纷诉讼解决机制

一、诉讼在行政边界区域环境法治中的地位

"在利益保护方面，如果合法的双方受益结构中一方违约，另一方的行为选择取决于对将来关系的期望：如果希望修复维持关系，则选择协商、调解和仲裁；如果只想彻底分清利害，则一般选择诉讼，至于主体是希望修复关系还是不顾关系存续只图分清利害，还受制于双方的关系复杂程度。"②区域环境纠纷的产生和发展一般轨迹其实就反映了这样一个关系衡量的社会心理过程，开始人们在本地地方政府的"大局观念"影响下，总是善意地希望企业不会对环境产生多大影响，利于地方经济发展。出现环境问题了则相信政府总会采取什么措施慢慢解决问题的，因而没必要跟政府和企业过意不去。到最后，环境污染和破坏后果明朗化了，不仅仅财产受到损失、甚至连健康乃至生命都受到现实威胁，而越往后越发现这些企业不愿意承担基本的社会责任，于是，向政府申告。最后，撕破脸来对企业采取"过激行为"或向法院起诉，要求企业承担责任，保障民众基本环境权益。

---

① 范愉. 非诉讼纠纷解决机制研究 [M]. 北京：中国人民大学出版社，2000：31.
② 黄建武. 利益结构对法行为的制约 [J]. 现代法学，1995（4）.

　　诉讼是经由法院行使司法职权解决纠纷的机制，是现代法治社会公平正义的最后保障手段，也是寄托人们社会正义理想的社会控制机制。"从现代国家权力设置和社会体制的要求看，法院的根本职能在于实现法治、维护社会正义。解决当事人之间的纠纷、保障当事人的合法权益都是为了实现法院的宗旨。""司法是法治社会中一个极富实践性的基本环节，是连接国家与社会之间的主要桥梁"①。通过司法实现正义，是法律实现正义的最重要方式，通过受过专业化培养和熏陶的法官根据严谨的法律程序适用法律而使人们对正义的追求在现实生活世界实现，总的看来，"司法通过审判将合理的确定性和法则的可预见性与适度的自由裁量相结合，这种形式优于实施正义的其他任何形式"②。"就形成社会控制的历史和逻辑的链条来看，社会控制的首要任务不是控制异常行为，而是造就能够针对异常行为迅速做出反应的社会机制，其中司法角色的行为方式就是这种机制的具体表现。大概还没有什么比司法角色严格、高效地依法履行职责和良好的公众形象更直接有效的社会控制机制了。"③"在西方，无论地方自治程度的高低，通过司法程序对地方进行监督的做法已被普遍采用。"④ 主要通过两种途径启动司法监督程序：一是由地方居民以监督者的身份启动；二是由国家监督机关启动。法院通过审查后可以做出撤销、宣告违法判决和签发履行令等，地方当局必须服从。我国还没有采用司法对地方的监督方式，中央对地方监督倚重人事控制和行政强制，该控制方式自身的局限性无法保证地方对法律的

---

①　吕忠梅. 司法公正价值论 [J]. 法制与社会发展，2003（4）.
②　罗纳德·德沃金. 法律的概念和观念 [J]. 法学译丛，1991（3）.
③　程竹汝. 社会控制：关于司法与社会最一般关系的理论分析 [J]. 文史哲，2003（5）.
④　应松年，薛刚凌. 地方制度研究新思路：中央与地方应用法律相规范 [J]. 中国行政管理，2003（2）.

执行。"只有中央化的司法权才有足够的权威去实现法律，才足以维护法律的权威，使所有权力走到法律之下，从而实现权力的网络化。因为网络化的权力结构的依托是法律的权威而不是任何权力主体的权威，相反，任何权力主体都必须在法律的权威之下。"①

学者们的论述实际揭示了诉讼（司法）并非只是解决个案纠纷，"在现代社会中，司法具有三个方面的功能：一是解决纠纷或冲突，包括权利的实现和秩序的维持。二是向社会提供规则，通过无数个案处理中具体法律规范的实现或展示来诱导社会秩序的形成。三是司法作为维持政治及社会体系的一个基本支点，能够在整个社会的治理结构中发挥正当性的再生产功能"②。也就是说诉讼具有解纷、向社会提供规则和维持政治和社会体系的功能，这一认识深入了诉讼或司法的更核心的本质，即诉讼或司法本身是政治的产物，是国家政治结构的有机成分：司法权是政治权力的组成部分，司法部门归根到底还是国家的一个部门，司法的结构和布局是应政治的需要而构成的，司法是政治过程的一个环节，政治力量决定着司法机构的人员组成，司法承载着重要的政治功能，主流政治意识形态实际影响着司法的运作过程，司法权离不开政治力量的支撑和保障。总之，具有"司法与政治发生关系的不可避免性"③。法律人都期待司法独立，常常对政治抱有戒心，但这不能成为回避现实理由，认同诉讼或司法的政治功能，防止司法政治异化，是法律人的基本任务。

笔者认同江必新副院长对政治的界定："政治是人类社会与经济、文化现象并列的一种社会现象（相对应的有政治文明、物质文明和精

---

①　周永坤. 权力结构模式与宪政［J］. 中国法学，2005（6）.

②　吕忠梅. 水污染纠纷处理主管问题研究［J］. 甘肃社会科学，2009（3）.

③　江必新. 司法与政治关系之反思与重构［J］. 湖南社会科学，2010（2）.

神文明）是不同的利益主体，为了自身的生存、发展，满足自身的利益和需要，或谋求一定的社会地位，而组织、协调、整合社会力量并进行有效合作的活动、过程、措施及其所形成的所有组织设施。政治的本质是不同利益群体或社会力量之间为了实现协调和合作而进行的博弈，在阶级社会表现为不同阶级或阶层之间的妥协与斗争，在有政权存在的国家中，则集中表现为各种政治力量围绕统治权所进行的博弈。"① 政治反映一个社会的利益结构和权力结构，这正是行政边界区域环境法治所必须面对的，行政边界区域环境法治一个核心目标实质上就是要通过法律机制的建构与完善避免区域环境问题的泛政治化，将区域环境问题以个案方式按普适的法律规范标准达至"接近正义"，"通过诉讼审判，司法有可能把一般问题转化为个别问题、把价值冲突转化为技术问题，从而使可能给政治及社会体系正统性带来重大冲击的某些复杂问题或矛盾得以有效地分散或缓解"②。行政边界区域环境法治追求的是改造"自上而下"的区域环境治理模式，发挥"自下而上"的主体能动性以解构和优化区域利益结构和权力结构。因而，要面对的核心政治就是"中央集权"，这也是我国最核心的政治，中华人民共和国成立以来所有的改革都坚守着这一政治，诉讼或司法在这一政治中的地位决定了它在行政边界区域环境法治中的地位。

---

① 江必新. 司法与政治关系之反思与重构 [J]. 湖南社会科学, 2010 (2).
② 吕忠梅. 水污染纠纷处理主管问题研究 [J]. 甘肃社会科学, 2009 (3).

强化中央司法权力，实现"司法国家化"① 和真正的司法独立②，发挥司法个案解决纠纷的独特优势，避免将普通的简单纠纷转变成政治性群体性事件，这样才是我国保障"中央集权"、克服地方保护主义的政治目标的治本之策。"通过建立独立强大统一的司法体系，逐渐形成统一的法律秩序，较之立法上的集中统一，以及行政中央集权，能够更有效地实现国家领土的政治和经济一体化。"③ 通过司法途径实现中央集权，有利于社会形成敬仰法律的文化，更容易使居民成为有凝聚力的公民社会成员，司法和法律权威一经树立，中央集权就能获得保障。"弱小被害者的诉讼活动是国民手中最强有力的手段。长期以来，通过对社会问题不断地起诉，已形成强大的社会舆论。以诉讼为契机，唤起人们对社会问题的关心，多少可以推动立法、行政活动的进程。"④

总之，强化区域环境纠纷的诉讼解决机制，是国家实现"中央集权"的政治目的、维护国家和地方环境、建立和谐社会的最佳选择，在行政边界区域环境法治中具有无可替代的主要地位。

---

① 刘作翔教授不赞同"司法权中央化"的提法，认为它"有上下级等级隶属的含义，会更加加剧原有的司法权行政化的弊端"；而"司法权国家化"则体现了司法权属于国家的理念，较准确地表达了司法权的国家属性。参见刘作翔. 中国司法地方保护主义之批判：兼论"司法权国家化"的司法改革思路 [J]. 法学研究, 2003 (1).

② 我国"审判独立"的概念较之"司法独立"的概念更具有宪法和法律上的依据，但是，"司法独立"的概念比"审判独立"的概念更接近司法改革目标。"司法独立"的概念表达了一个体制性的概念，"它既涵括了司法的内部体制，也涵括了司法的外部体制，它将司法体制看作为是整个国家政治体制中不可缺少的组成部分"；而"审判独立"的概念则"主要指向审判体制内部，即似乎成为法院系统内部的事情，甚至会缩小为审判程序的问题"。刘作翔. 中国司法地方保护主义之批判：兼论"司法权国家化"的司法改革思路 [J]. 法学研究, 2003 (1).

③ 曾宏伟. 司法功能与中央权威 [J]. 法律适用, 2006 (5).

④ 小岛武司. 诉讼制度改革的法理与实证, [M]. 陈刚, 译. 北京：法律出版社, 2003：70.

二、行政边界区域环境纠纷的可诉性分析①

环境问题产生之初，更多的是依靠民事手段②，但是通过诉讼途径追究污染者的民事责任是相当困难的，环境法治领域形成这样的情况："一方面是中国当前因环境问题引发的社会矛盾与冲突的高发，另一方面是法院受理的环境案件极少；一方面是案件的类型单一，另一方面是一些基本的环境司法规则没有得到良好运用；一方面是经过司法裁判的案件少，另一方面却是进入申诉程序的案件多。"③ 还有就是环境诉讼作为受害方的原告胜诉的少，中华环保联合会环境法律服务中心法律援助部在 2007 年受理的 22 起环境案件中，仅有两起案件获得胜诉。不予立案、无从鉴定、停滞不前的案件有 13 起。汪劲教授对全国两院系统万人调查问卷发现，被调查者普遍认为："现行环保立法对国家司法机关正确处理环境纠纷案件还存在着较大的影响，问题的根源主要在于环保立法在纠纷处理方面的规定或处于空白状态、或过于原则，无法适用于对具体环境纠纷案件的审理"④。环境诉讼这种整体疲软的情况必然在区域环境纠纷解决领域体现甚至更为严重。

目前我国环境法对环境纠纷规定了两大类环境纠纷，一是"跨行政区的环境污染纠纷"；二是"污染损害赔偿纠纷"，即污染损害赔偿责任和赔偿金额的纠纷，并分别规定了不同的处理机制。但是对究竟什

---

① 本节的讨论所引条款均为 2013 年以前的旧条文，之所以不根据新法做彻底修改，除了时间原因之外，更主要的是考虑全书的系统性、逻辑的统一性。而且，本节所要表达的思想，笔者认为在当前还具有切实的现实意义。

② 金瑞林，汪劲. 20 世纪环境法学研究评述 [M]. 北京：北京大学出版社，2003：270.

③ 吕忠梅，张忠民，熊晓青. 中国环境司法现状调查：以千份环境裁判文书为样本 [J]. 法学，2011（4）.

④ 汪劲. 我国环保法律实施面临的问题：国家司法机关工作人员的认识：对30 个省份法院和检察院万人问卷调查的比较分析 [J]. 中外法学，2007（6）.

么是跨行政区的环境纠纷没有规定，对损害赔偿纠纷是否包括跨行政区的污染损害赔偿也没有规定。这两类法律明文规定的环境纠纷在跨行政区边界区域就体现为上文所说的"区域政府间环境纠纷"和"区域环境污染损害赔偿纠纷"。

（一）"行政边界区域政府间环境纠纷"不具有可诉性

对于跨行政区的环境纠纷的规定主要是《环境保护法》（1989）第15条①、《水法》（2002）第56条②、《水污染防治法》（2008）第28条③，在《大气污染防治法》等其他污染防治单行法均没有类似规定，这或许可以解释是因为水的流动性、流域性为立法者所重视，但是行政区边界大气污染纠纷越来越多，而且也早就发生固体废物污染边界区域环境的案例④，并且随着对土壤污染和重金属污染研究的深入，垃圾处理场或焚烧站、尾矿库甚至核电站等所引发的跨行政区边界区域环境纠纷类型将越来越多，如果都遵循我国《环境保护法》的总括规定，则《水污染防治法》等单行法就不需要做出规定。《环境保护法》第15条、《水污染防治法》第28条都处在"监督管理"一章，可见这类跨行政区污染纠纷是作为政府环境管理制度来对待的，不是与损害赔偿纠纷同质对待的。《水法》的规定更明确地说明了这点，该法在"水事纠

---

① 该条规定"跨行政区的环境污染和环境破坏的防治工作，由有关地方人民政府协商解决，或者由上级人民政府协调解决，做出决定"
② 该条规定："不同行政区域之间发生水事纠纷的，应当协商处理；协商不成的，由上一级人民政府裁决，有关各方必须遵照执行。在水事纠纷解决前，未经各方达成协议或者共同的上一级人民政府批准，在行政区域交界线两侧一定范围内，任何一方不得修建排水、阻水、取水和截（蓄）水工程，不得单方面改变水的现状。"
③ 该条规定："跨行政区域的水污染纠纷，由有关地方人民政府协商解决，或者由其共同的上级人民政府协调解决。"
④ 周自丰. 贯彻执行《环境保护法》，解决跨行政区环境问题 [J]. 中国环境管理，1996（1）.

纷处理与执法监督检查"一章中规定了"不同行政区域之间发生水事纠纷"（第56条）后马上又规定了"单位之间、个人之间、单位与个人之间发生的水事纠纷"（第57条），显然，这里关于跨行政区环境污染纠纷仅指区域内各政府间"环境污染和环境破坏的防治工作"，是政府环境监管方面产生的纠纷，而不包括平等民事主体间的区域环境污染侵权纠纷。所以可以把这类环境纠纷称作"区域政府间环境纠纷"。

需要指出的是，在我国环境法治存在严重的"行政依赖"的现实背景下，人们缺乏充分的能力和意愿通过民间的或司法的渠道救济其受到排污企业的污染侵害，这类纠纷是典型的环境民事纠纷，但现实中的处理方式往往带上浓重的管理色彩：污染受害者将其受到相邻行政区某企业污染的情况反映给本辖区政府，政府重视而与该排污企业沟通处理，但是因为该企业不受其管辖，企业通常不会配合，于是受污染方的政府观念上便将该污染视为该企业对其行政辖区的污染侵害，转而与污染企业的属地政府沟通。因为地方政府的市场主体性，如果该污染企业或受污染者是各自辖区重要的利税贡献者，这类纠纷很容易蜕变成相邻政府之间的纠纷，而真正的纠纷当事人主体地位弱化甚至成为异化后纠纷的附庸。应该说这是行政介入不当而"和稀泥"的方法，这是要坚决予以厘清和避免的。因为政府这种介入进行协商、协调尤其是对纠纷做出"决定"或"裁决"并要求遵守的处理方式，显然会导致政府对该环境侵权民事主体的权益做出处分，这是违背法治的基本法理的。正确的做法是相邻政府应该自始至终充分尊重该纠纷双方的民事主体地位，本着公共服务的精神为纠纷双方搭好解纷的桥梁，双方政府更类似于居中调解者的地位。

综上所述，"区域政府间环境纠纷"应该限于"跨行政区环境污染和环境破坏的防治工作"，即仅限于环境行政管理事务，而绝不能处分民事主体的诉权。

对于这类"区域政府间环境纠纷"，法律规定是由有关地方人民政府协商解决，或者由其共同的上级人民政府协调解决。由此，我们可以认为是建立了一种行政解决机制，排除了诉讼解决的方式。之所以如此，是鉴于：第一，水资源属于国家所有，人民政府及其水行政主管部门作为国家所有权的代表，有权按照统筹兼顾的原则依法对水事权益进行处分；第二，调处地区间的水污染纠纷往往涉及水资源的调配、江河治理、水利规划和水利建设，不少纠纷需要采取工程措施和巨额的资金投入，所有这些只有政府和水行政主管部门才能胜任。

上级政府在协调后做出决定，一旦做出决定，双方必须坚决执行，我国《水法》明确规定"协商不成的，由上一级人民政府裁决，有关各方必须遵照执行"，并且如果"拒不执行上一级人民政府的裁决的""对负有责任的主管人员和其他直接责任人员依法给予行政处分"（第75条）。可见，对这类纠纷的解决，强调的是行政服从和行政责任，是一种管理手段，而不是民事意义上的纠纷解决，其实质是规定的"跨区协调制度""就是正确处理跨行政区（包括乡镇与乡镇之间、县区与县区之间、市地与市地之间、省市与省市之间）的环保相邻关系的法律制度"，协商与协调"均应由人民政府出面"，环境保护部门可以参与，提供必要的资料与意见等，"但不能代替政府做出决定"①。这里需要指出的是，关于这类"区域政府间环境纠纷"，法律明确了其解决纠纷的主体是"有关地方人民政府"或"上级人民政府"，并不排除乡镇基层政府的主体地位，只有"单位之间、个人之间、单位与个人之间发生的水事纠纷"协商不成可以申请"县级以上地方人民政府或者其

---

① 游成龙. 环境保护法解析［M］. 北京：中国环境科学出版社，1991：70－73.

授权的主管部门处理",因为这类纠纷属于民事主体之间的环境纠纷,对这类纠纷,我国环境法明确规定了行政"调解处理"的制度。

有人认为"有关各方必须遵照执行""是裁决的行政行为效力的体现,而不是裁决属于最终裁决的体现",因此,"《水法》第56条规定的上一级人民政府对不同行政区之间水事纠纷的裁决不属于最终裁决,因而具有可诉性"①。笔者认为这是不恰当的,因为行政裁决是指"行政主体依照法律授权。以中间人的身份,对特定的民事纠纷进行审理和公断的具体性这个行为""作为行政裁决对象的民事纠纷,包括民事赔偿纠纷、民事补偿纠纷、有关财产所有权和使用权的纠纷等"②。《水法》第56条中的"裁决"的做出机关不具有"对象上的民事性""身份上的中间性"等行政裁决的法律特征,不能凭字面就将其定性为"行政裁决"③。即使将区域政府间环境纠纷比照平等民事主体之间的纠纷,至少目前在实践上由政府起诉其上一级政府这样的"官告官"的诉讼目前是不可想象的,这样的纠纷即使裁决有误,也只能通过行政方式或政治方式纠错而不可能诉诸司法。但是,如果所做出的"裁决"侵害了公民的合法权益,该公民以做出"裁决"的该上级人民政府为被告提起行政诉讼是恰当的。环境法应该明文规定这类争议的可诉性。但是这是公民与"上一级人民政府"之间的纠纷,而不是区域政府间环境纠纷,区域政府间环境纠纷不具有可诉性。当然,随着政府由"发展型政府""管制型政府"整体转型为"服务型政府"后,政府之

---

① 江滔. 跨行政区水事纠纷解决机制研究[D]. 昆明:昆明理工大学,2008:26.
② 胡建淼. 行政法学[M].2版. 北京:法律出版社,2003:273.
③ 如《行政诉讼法》第53条第二款规定:"人民法院认为地方人民政府制定、发布的规章与国务院部、委制定、发布的规章不一致的,以及国务院部、委制定、发布的规章之间不一致的,由最高人民法院送请国务院做出解释或者裁决。"这里的"裁决"公认为不是真正意义上的"行政裁决"。

间的纠纷也应该纳入司法主管范围，法律规定不可诉的除外，这对解决
公益性突出的区域环境问题具有非常积极的意义。

（二）"行政边界区域环境污染损害赔偿纠纷"具有可诉性

环境法都没有对"区域环境污染损害赔偿纠纷"的解纷机制做出
明确规定。从《水法》第56条、第57条的规定来看，应该是将这类纠
纷等同于一般的污染损害赔偿纠纷，视为其基本内容之一，遵循同样的
规则。这样"区域环境污染损害赔偿纠纷"同样具有可诉性，当事人
可以请求环保部门处理，不服则可以起诉，也可以直接起诉。因为这类
纠纷属于典型的民事纠纷。因为这类纠纷虽然当事人处于不同行政区，
但是他们仍然是法律上的平等民事主体，这类纠纷并没有因行政边界分
割而改变其主体之间平等民事主体关系。因此如果选择诉讼救济途径，
就向法院以对方当事人提起环境损害赔偿诉讼，即使无论哪一行政区有
关行政机关对该纠纷做出调解决定，都不影响对该决定不服的当事人以
对方当事人提起民事诉讼。理论上看，似乎按现行环境法规定的污染损
害赔偿救济机制就足以解决这类环境纠纷，但是，司法介入的严重不足
已成为这类纠纷解决机制的突出问题①。

首先，行政处理排斥司法介入。如前所述，"区域政府间环境纠
纷"不具有可诉性，只有协商和协调处理这类非诉讼解纷机制，而排
除了诉讼解纷机制的适用。但是，法律并没有明确这类纠纷的具体范
围，地方政府很容易大包大揽，不由自主地把本行政区"子民"与邻
行政区"子民"的纠纷上升为政府间问题，尤其是当该纠纷涉及本行
政区经济发展或"地方稳定"等政绩性问题时，政府很容易越俎代疱，
而不是帮助民事主体沟通、协调解决纠纷；而另一方面，因为社会组织

---

① 吕忠梅. 水污染纠纷处理主管问题研究 [J]. 甘肃社会科学, 2009 (3).

化程度非常低的现实，公民对政府有过强的依赖心理，"有事就找政府"也成为政府体现亲民的政治广告，所以发生区域环境污染损害纠纷，面对另一行政区强势当事人，弱势一方当事人就下意识地将所有希望都寄托在政府，这样实际上剥夺了将这些纠纷诉请司法救济的机会。即使现行的行政处理制度本身已经完备，行政主体执法行为的合法性也需要司法审查监督和保障；行政相对人与执法主体间的争议也需要有一定途径加以裁断；执法者不作为应该受到法律的追究。而仅依靠行政机关的自觉不可能做到这些，即使设立行政系统自我监督机制，其公正性、权威度和公信力也都难以得到社会广泛认同。因而，明确区域环境污染纠纷处理问题上行政权与司法权的分工，并建立合理的运行机制，是解决这类问题的首要之举。从区域的视角审视，环境法对污染损害赔偿纠纷行政处理的法律性质以及处理机关相互之间的关系不清有待明确，环境法规定，当事人对污染损害赔偿纠纷行政处理决定不服的，可以向人民法院起诉，也可以直接向人民法院起诉。目前，根据有关法律解释①，当事人对处理决定不服的，只能重新提起民事诉讼。这一做法使行政机关的处理行为不受司法监督，因而在区域环境纠纷可能影响其政绩的时候，会很乐意代表本辖区有关主体积极处理纠纷，而一旦估计不会在任期内对政绩造成影响时，政府便互相推诿。造成区域环境问题积年难返。

---

① 1992 年 1 月 31 日，全国人大常委会法制工作委员会对国家环境保护局的有关请示做出正式答复："因环境污染损害所引起的赔偿责任和赔偿金额的纠纷属民事纠纷。环境保护行政主管部门依据《中华人民共和国环境保护法》第 41 条第 2 款规定，根据当事人的请求，对因环境污染损害所引起的赔偿责任和赔偿金额纠纷所做的处理，当事人不服的，可以向人民法院提起民事诉讼，但这是民事纠纷双方当事人之间的民事诉讼，不能以做出处理决定的环境保护行政主管部门为被告提起行政诉讼。"

其次，对损害赔偿纠纷以外的纠纷未明确司法主管权力。环境法规定："造成环境污染危害的，有责任排除危害，并对直接受到损害的单位或者个人赔偿损失。"显然环境污染危害的责任包括"排除危害"和"赔偿损失"，但是只对赔偿损失的纠纷规定了救济机制，因"排除危害"的诉求而产生的纠纷被排除在诉讼救济之外，这也许正是环境民事案件中法院不支持"排除危害"诉求的"合法"原因。此外，仅将污染纠纷涉及"直接受到"的财产损害和人身损害纳入诉讼救济范围，但是从环境公平与正义的价值追求看，环境司法救济的范围不仅应包括排除危害案件，还应该包括对环境本身损害进行赔偿的案件。前者基于污染损害的不可逆性和污染防治的预防优先原则的基本要求，后者基于落实科学发展观的要求，而且需要通过司法来促进环境执法和立法。

再次，主体参与司法渠道封闭，难以抵制地方保护主义。从管辖制度来看，我国《民事诉讼法》第29条规定："因侵权行为提起的诉讼，由侵权行为地或者被告住所地人民法院管辖。""侵权行为地"包括侵权行为实施地和侵权结果发生地。但是水污染、大气污染、甚至日益突出的重金属生物性或化学性、物理性迁移污染经常发生在具有整体性的生态单元中，决定了"侵权行为地"往往跨越多个行政区。在某一行政区法院诉讼。因为"地方化"积弊，地方法院受本辖区利益和政治影响而有意无意不立案或拖延案件审理，这样的审理很难获得相邻行政区政府和当事人的充分认可，法院裁判的公信力大打折扣，导致判决难以得到有效执行。此外，法院审理区域环境污染纠纷案，对相邻行政区的司法协助要求很高，而现实中，相邻行政区政府甚至法院常常无故不予协助或故意拖延，甚至各行政区都以具有合法资质的鉴定机构出具根本相矛盾的环境鉴定结论，使法院审理举步维艰。因此，应该改善管辖制度，使区域相关主体都有平等参与机会。

从原被告主体来看，我国法律规定适格当事人应与案件有"直接利害关系"，否则无权向法院提起诉讼。对区域环境污染纠纷而言，固守这种条件，无论是受害者的私益救济还是对区域环境的公益救济都很难实现。在私益救济中，环境污染影响面广、当事人多，而且带有不确定性。要求单个受害者分别提起诉讼，成本巨大，使受害者可能不愿提起诉讼。而代表人诉讼的门槛过高，而且为了追求案件数量，法院很少采用代表人诉讼形式。受害者授权的组织或团体的诉讼资格也根本无法得到确认，这样区域环境纠纷必然很难进入司法程序。而对于公益救济，因为直接利害关系理论，流域管理部门的诉讼主体资格都一直受到污染者的强烈质疑，更不用说其他公益组织了，政府的原告资格也因为缺乏法律明确规定而不断受到质疑。虽然早在 1989 年甘肃高院判决了青海乐都县政府诉甘肃连城铝厂大气污染案①，并且此案颇受全国人大和最高法院关注，但是，在黑龙江鸡西市梨树区政府诉沈阳冶炼厂转移有毒化工废渣造成重大环境污染案②中，黑龙江省高院裁定鸡西市梨树区人民政府不具备诉讼主体资格，其起诉不符合法定起诉条件，撤销鸡西市中院裁决，驳回梨树区政府起诉。此判定引起鸡西市当地的不满。

三、行政边界区域环境纠纷诉讼解决机制调整

（一）区域环境司法"国家化"

司法"国家化"严格说起来与司法"中央化"一样是很不严谨、不科学的命题，学者们公认为一个主权范围内，司法权是整体的，只能

---

① 解振华. 中国环境典型案件与执法提要 [M]. 北京：中国环境科学出版社，1994：258 - 260.

② 李艳芳，唐芳. 环境保护法典型案例 [M]. 北京：中国人民大学出版社，2003：93 - 98.

是整个主权范围的，不得像立法权和行政权那样进行分割，"地方制度是国家制度的重要组成部分，无论地方是否实行自治，涉及的都是行政权的分配问题，重要事项的立法必须为国家保留，司法权也不能在国家和地方之间分割"①。我国单一制宪政体系下，司法权本来就是国家的，但是法院和法官的人财物受制于地方这一制度安排使司法权异化，而形成了"地方化"的现实。因为司法"地方化"而针对性地提出"国家化"予以纠正，这本身只是一种"应激"性权宜，正如针对司法"行政化"的现实，如果提出司法"司法化"，未免怪诞。但是，为了行文与现实和"共说"的"话语统一"以求对问题本身形成"共识"，本文还是以讹传讹地使用司法"国家化"而加强讨论的针对性。

行政边界区域环境法治面临最大的障碍就是行政分割导致的地方主义，以及司法本身地方化和行政化的弊端。区域环境纠纷无论所涉及的是两个平等民事主体环境侵权损害这样的简单明了的"环境私益"纠纷上，还是区域政府间环境公益纠纷，其实总会轻易地吸引该区域各政府、民众的注意力。因而，事实上，"行政化"和"地方化"的背景下，任何一个地方法院审理区域环境问题，其公正性都会受到"合理"怀疑，即使将地方法院全"国有"了，这种"合理"怀疑还会在一定时期存在。因而，区域环境纠纷解决机制必须面对国家化的问题。区域环境纠纷的解决最理想的是有一整套独立的能不受地方任何掣制的司法体系，所有法院的人、财、物都不受地方政府的制约，法院和法官的职能专注于维护国家法制的统一，除了宪法和国家法律没有任何其他上司。正如1985年第七届联合国预防犯罪和罪犯待遇大会通过、联合国

---

① 应松年，薛刚凌. 地方制度研究新思路：中央与地方应用法律相规范［J］. 中国行政管理，2003（2）.

大会决议核准的《关于司法机关独立的基本原则》指出的："司法机关只依据事实和法律来裁决其受理的案件，而不应为任何直接或间接的不当影响、怂恿、压力、威胁或干涉所左右。"司法的权威源于其中立性和法院、法官能忠实地执行国家法律，实现法的目的，即人们对法院和法官的信任和尊重，或司法具有公信力。

独立的能妥善覆盖行政边界的法院系统绝不是一个"五年计划""十年规划"就能实现的，但是这并不意味着当前区域环境纠纷诉讼只能被动等待司法大环境的改善才能有所作为，也并非将所有的法院都实行了中央直管了才叫"司法国家化"。笔者认为，行政边界区域环境司法国家化这一目标，可以考虑如下方案。

首先，明确将行政边界区域环境纠纷初审上收一级，由中级人民法院或高级人民法院初审，从审级上初步摆脱与行政边界区域环境具有最密切经济利益联系的县级人民政府。行政边界区域环境纠纷往往始于"小微"，逐渐累积待到纠纷毕现或者提交有关部门或者诉至法院时早已激发了，对区域内各行政区实际上已经产生了"重大影响"，现在因为司法系统对污染危害的累积性和生物放大性还缺乏基本理解，更不用说对生态价值的考量。如果充分考虑环境资源的生态价值与生态规律，将环境风险防范原则融入司法逻辑之中，则可以根据我国《民事诉讼法》第19条、第20条，将区域性环境纠纷作为"在本辖区有重大影响的案件"交由中级人民法院或高级人民法院管辖。行政边界区域环境纠纷初审上收一级，既有利于规避当地县级人民政府的干扰，更好地在审理中保障国家法制的统一性，增加区域各行政区基层社会对诉讼的信任，能更好地配合诉讼进程，维护国家的司法权威；同时又有利于预防环境问题和环境纠纷恶化。但是可能增加中级人民法院的负担，这可以通过在中级人民法院建立专门化和专业化的审判机制予以避免。

其次，基于在区域问题上我国地方法院受制于行政区划而难以摆脱地方化的现实，由最高人民法院直接往省级行政边界区域灵活派出巡回法庭打破审级限制、三大诉讼分立、地域限制直接审理行政边界区域重大纠纷或二审案件，尤其是区域环境纠纷案件。如果发生区域环境纠纷，当事人可以按照民事诉讼法向有管辖权的中级人民法院起诉或向有管辖权的高级人民法院起诉，不服判决的可以向最高人民法院巡回法庭上诉；也可以直接向巡回法庭起诉，由最高人民法院巡回法庭决定是否由本法庭审理，本法庭不能审理必须指定恰当的地方中级或高级人民法院审理。我国的异地审判制度也可以作为借鉴，以避免本地政府的干涉，但是必须考虑环境案件特性而在案情和证据等方面设置有利于异地审判的规则。如果考虑到司法地方化和行政化的现实以及宪法行政法对"跨行政区域的事务"由共同的上级人民政府或国务院决定的规定，由最高人民法院巡回法庭管辖跨行政区纠纷也是合理选择。巡回法庭的上诉审兼顾事实审和法律审，其判决为终审判决，"二审终审制"必须得到彻底的贯彻。"司法的形式公正使法律体系能够像技术合理性的机器运行一样，成为公平公义的'生产线'，极大地提高了法院和法官的公信力"，按照联合国《关于司法机关独立的基本原则》，司法权威的体现为："法官负有对公民的生命、自由、权利、义务和财产做出最后判决的责任；司法机关对所有司法性质的问题享有管辖权，并拥有绝对的权威就某一提交其裁决的问题按照法律是否属于其权力范围做出决定；法院做出的司法裁决不应加以修改"，因此，"司法权威的集中表现在于终审制度。"① 宁肯用严苛的法官职业评价和监督机制，建立判决公开和充分说理制度，并迫使法官对自己的审判活动负责，同时采取有效

---

① 吕忠梅. 司法公正价值论［J］. 法制与社会发展，2003（4）.

措施激励和保障法官独立办案，而不得延续"再再审"的做法摧毁司法公信力。

（二）区域环境司法"专门化"

行政边界区域环境问题涉及多元主体的利益关系和多元主体的权力结构关系，因此，很容易被强势权力所泛化，脱离开纠纷本身的基本性质。笔者认为，环境纠纷尤其是区域环境纠纷之所以成为群体性事件的四大核心原因之一，一是因为企业的本性以及政府对 GDP 片面追求，与关涉居民生命健康和安全的那部分环境权益存在现实的冲突，不存在单由高尚品德解决问题的逻辑空间；二是因为环境纠纷涉及的广泛专业技术性，使因果关系不易明确，所以很容易吸引、汇聚不直接相关的"利益"关系，而使纠纷很快模糊化或泛化。因此，区域环境纠纷的诉讼救济机制内在地要求司法人员具有环境法专业知识和技能，能敏锐地抓住核心问题，使诉讼回归区域环境纠纷本身。因为当前环境诉讼受三大诉讼体系所困扰等问题，环境诉讼专门化成为化解区域环境诉讼困境的理性选择。环境诉讼专门化不仅仅是设立专门的环境法庭这样的审判机构，而更应该是指整个环境司法制度，尤其是环境诉讼程序制度的建立和完善，"环境审判专门化不仅是形式上设立专门的审判组织，同时也是审判程序上的融合"[1]。因而学者主张借鉴《海事诉讼特别程序法》通过专门的《环境诉讼法》确立专门的环境诉讼机制，"环境诉讼之所以具有专门性，其中一个原因就在于其负有特殊的任务，即通过司法的手段推动公民环境权的生成，推动国家环境保护和环境法律的前

---

[1] 张敏纯. 环境审判专门化的省思：实践困境及其应对 [J]. 中南民族大学学报（人文社会科学版），2011（1）.

进"①。环境诉讼专门化应该以保障环境权益为价值追求，在诉讼目的、审判模式、诉讼类型、当事人、审判组织、证据制度、诉讼时效、审判程序等整个诉讼制度各方面都充分考虑到环境权益本身以及行政边界区域环境纠纷的特殊性。

1. 突出区域环境诉讼的目的

区域环境诉讼应该突出三个目的：一是"定纷止争"，及时有效地解决当事人之间的环境纠纷，以防止行政边界区域环境问题的继续发展和当事人矛盾的进一步恶化，维护行政边界区域环境法律秩序和社会关系的稳定；二是推动形成区域环境价值的共识，发挥司法形成社会公共政策和规范的功能，推动区域环境公共政策和环境法律制度的制定与完善；三是保障行政边界区域环境公共利益，行政边界区域环境纠纷的复杂往往是因为私益和公益的混合难分并且总是涉及不同行政区以及各类利益主体的公益和私益，所以行政边界区域环境诉讼常常需要考虑区域环境利益本身。"以公益的促进为建制的目的与诉讼的要件，诉讼实际的实施者虽或应主张其与系争事件有相当的利益关联，但诉讼的实际目的往往不是为了个案的救济，而是督促政府或受管制者积极采取某些促进公益的法定作为，判决的效力亦未必局限于诉讼的当事人。"②

2. 优化行政边界区域环境诉讼的模式选择

环境权的社会权属性要求法院立足于社会本位，避免传统的自由主义基础上的当事人主义给诉讼带来的不利影响，在诉讼中全面衡量私益与公益、经济利益与环境利益，这些利益可能都具有充分的合理性和合法性，因而必须基于"公共利益最大化"的原则考虑其各类利益的实

---

① 吴勇．论环境诉讼立法的进路与选择［J］．湘潭大学学报（哲学社会科学版），2009（3）．

② 叶俊荣．环境政策与法律［M］．北京：中国政法大学出版社，2003：224.

现问题，而不能完全受限于当事人的请求。传统诉讼考察的是纯私益或纯公益的纠纷，而环境纠纷中除了少数纠纷的公私益分明外，更多的是公私益交织、环境利益和经济利益交融。行政边界区域环境纠纷这种公私经济利益和环境利益交融一体性更为突出。这使得环境司法尤其是行政边界区域环境诉讼总缺少适切的法律规范，但是，各国司法都有形成新的公共政策和法律规范的职能，"作为一种司法策略，法官可以以相邻关系的处理方式为基础，适用财富最大化原则解决环境权利冲突侵害的纠纷，对"相邻关系"做扩大解释以包括各类相邻环境权益①；同时可以适用司法"便利"原则采用司法调解或者和解等"法院附设环境ADR"方式审结环境案件。这要求法院在诉讼中负有较强的释明能力和义务。因此，可分为环境私益诉讼和环境公益诉讼。对于单一的环境私益诉讼（包括当前单一的环境民事私益诉讼和环境行政私益诉讼），按照既有规则进行审理；对于涉及民事、行政甚至刑事的公私益混合型纠纷或纯粹的环境公益纠纷，一律按照环境公益诉讼进行审理，这需要从诉讼程序制度上创新。

3. 扩展行政边界区域环境诉讼主体资格

首先，需要保证公民可以为自己的权益提起环境侵权之诉，也可以为保护环境本身提起公民之诉；其次，通过法律制度的创设使当代人有权代表后代人提起环境诉讼的主体资格，并为自然权利诉讼留下空间；最后，基于我国的特定法律文化背景，以及我国没有公益诉讼传统这一现实，即使赋予公民起诉权，个人也常会以种种原因而不起诉。所以，我国赋予相关国家职能机关如环保机关代表国家提起环境公诉是必要

---

① 周林彬，冯曦. 我国环境侵害司法救济制度的完善：一种法经济分析的思路［J］. 中山大学学报（社会科学版），2005（3）.

的，也是对公民之诉的补充。

我国宪法和地方人大和地方政府组织法都规定县级以上人大和政府都对本辖区的环境与资源保护负有责任，通俗地说就是"守土有责"，不仅仅是保证行政区划边界不被随意更改，更是要守护辖区环境和资源具有可持续发展的能力，正如学者分析黑龙江鸡西市梨树区人民政府诉鸡西市化工局、沈阳冶炼厂转移有毒化工废渣造成重大环境污染案时所指出的："根据《土地管理法》规定属于国家所有，而鸡西市梨树区人民政府则代表国家行使所有权，与本案有直接的利害关系，且事实上被污染区域的人员安置、污染治理等都需政府出面解决，更有实体上的权利义务利害关系，本案裁决结果对其均具有至关重要的影响，且在诉讼中能以自己独立的名义进行起诉与应诉，故根据民事诉讼原告的资格条件进行衡量，鸡西市梨树区人民政府符合起诉主体资格是不容置疑的。"①　因而，1999 年 11 月 2 日，最高人民法院《关于黑龙江省鸡西市梨树区人民政府与鸡西市化工局、沈阳冶炼厂环境污染纠纷案的复函》（〔1999〕民他字第 31 号）认定："梨树区人民政府有权作为原告提起民事诉讼。"在曾引起我国最高权力机关关注的 1987 年至 1989 年的"青海省乐都县人民政府诉甘肃省连城铝厂大气污染案"中，受害区域的乐都县政府作为原告的资格也实际上得到肯定②。在立法上，1999 年的《海洋环境保护法》第 90 条规定："对破坏海洋生态、海洋水产资源、海洋保护区，给国家造成重大损失的，由依照本法规定行使海洋环境监督管理权的部门代表国家对责任者提出损害赔偿要求。"事实上在

---

① 李艳芳，唐芳．环境保护法典型案例［M］．北京：中国人民大学出版社，2003：96.
② 解振华．中国环境典型案件与执法提要［M］．北京：中国环境科学出版社，1994：258，218.

海洋环境侵权中赋予了海洋环境监管机关民事诉讼的原告资格。

此外，各地检察机关也经常代表国家作为原告提起民事诉讼。近来各地方兴未艾的环保法庭，也纷纷规定检察机关以及政府职能机构可以作为原告提起"公益诉讼"。"但在民事诉讼中，政府或政府部门作为被告的比较罕见"①，考虑到区域环境纠纷中政府主体的地位和未来服务型政府建设的需要，可以考虑赋予政府作为区域政府间纠纷的原告与被告资格，这既有上述政府作为土地所有权人的法律地位以及政府环境保护职能做理论基础，也有借"相邻关系"做有利于环境保护解释的理论空间②。我国现行法律规定，解决行政机关间争议的基本规则是：行政系统内部解决，争议双方共同的上级机关为争议的最终解决机关。这样，排除了诉讼救济的可能，不符合宪政与法治的基本精神，难以在这类纠纷解决中捍卫基本的公平正义。横向地方府际争议涉及地方公益事务，司法途径能够维护社会公义，故而"司法最终原则"是解决府际争议的归一之道。

4. 运用群体诉讼

环境侵害对象常常是相当范围内不特定多数人或物，所以，群体诉讼应该成为当事人寻求救济的主要方式。我国采取的群体诉讼形式是代表人诉讼，但法院为了案件数量上的成绩而往往宁愿将案件拆解成单个诉讼，曾轰动一时的《山东省高级人民法院新类型、敏感、疑难案件受理意见（试行）》中甚至明确规定规定："对群体性诉讼事实统一、

---

① 汪劲，黄嘉珍，严厚福. 对松花江重大水污染事件可能引发跨界污染损害赔偿诉讼的思考 [J]. 清华法治论衡，2010（1）.

② 周林彬，冯曦. 我国环境侵害司法救济制度的完善：一种法经济分析的思路 [J]. 中山大学学报（社会科学版），2005（3）.

请求近似、当事人众多时，应化整为零，分案处理，尽量……减轻压
力。"① 有必要根据区域环境保护的需要，借鉴我国法律体系的团体诉
讼和英美法系的集团诉讼进行完善。

5. 设立专门的审判组织

如上文所述，因为区域环境诉讼是对公益和私益进行综合衡量、对
行政行为和民事权利进行综合审查的司法机制。同时，区域环境纠纷案
件具有处理难度大、恶化迅速、技术性强等特点，所以需要专门的环境
司法机构审理。这种司法机构的设置，可以是专门的环境法院，也可以
是法院内设环境法庭，诸如在最高法院巡回法庭专设环境审判庭等。同
时，为了贯彻公众参与原则，也为了给环境案件的审理提供中立的科技
支撑，行政边界区域环境诉讼应该设立来自区域内各行政区甚至全国的
有关专家和学者的专家库，以便在环境诉讼中随机调请专家提供帮助；
此外，还应该改进陪审员制度，广泛吸收本区域的公众代表、环保专家
作为法院陪审员参加对环境案件的审理。

（三）加强区域司法协助

司法协助是指一法院为便利其他法院司法业务之目的依法或基于互
惠而在其管辖区域内实施的作为或不作为的协助行为。除了三大诉讼法
对于文书送达、委托执行和协助执行等具体诉讼程序有零星的规定外，
现行法律基本没有其他有关国内法院司法协助方面的规定。事实上，在
行政边界区域环境法治中司法协助不应该仅仅限于不同行政区法院之间
的具体司法实务的协助，还应该包括在司法过程中可能涉及的行政尤其
是环保行政部门的对司法工作的协助。因为，环保等部门有更强的地方
保护性，而其所掌握的环境信息包括监测数据、监测方法等都可能影响

---

① 山东淄博铁鹰钢铁有限公司环境污染纠纷案。

到行政边界区域环境诉讼进程。在 2001 年江浙边界水污染案中就有环保部门不积极协助法院调取有关证据，而积极支持为本土企业做出与法院认可的结论具有本质差异的鉴定结论。

作为法制统一的国家，法律及适用法律的基本规则和标准本应在全国得到一体遵守。理论上讲，法院适用法律的结果应该是同案同判，但各省区乃至各地市都有其自身的特殊自然、社会和经济环境。因此，不少高级人民法院甚至是中级人民法院制定了内部会议纪要、指导意见或操作规则，各省高级人民法院甚至有些中级人民法院也编辑了参考性案例指导本院司法工作，加上区域内各行政区法院在司法理念、审判业务水平等方面也存在各种差异，因此，很容易导致区域内不同行政区相同或类似案件得不到相同或类似的判决，这损害法院公信力和司法权威。这些地方法院的有关文件并不向社会公开，不仅纠纷当事人甚至相邻行政区法院也彼此无从获知其中的内容，更不要说利用这些文件来维护自身环境权益或确保公正司法。因此，如果地方高级人民法院或中级人民法院的指导意见或案例确实有利于因地制宜做出令人信服的裁判，那么，首先应该公开，并向最高人民法院备案，同时抄送相邻行政区法院，否则应视为违法。最高人民法院有权撤销地方人民法院发布的司法指导性文件和案例，以既统一司法标准又保证地方司法能够结合地方实际情况。其次，应该在区域环境司法中积极予以协助，可以在当前的区域环境司法过程中，相邻行政区法院专派有关法官参与有关司法过程，但不得影响司法审理。

区域内各行政区法院之间还可以通过司法协助会议、司法协作论坛等方式加强各行政区司法协助工作。国内也有不少这类实践，如"环太湖"地区法院定期召开司法协作会议，沪、苏、浙三地高级人民法院组织"长三角地区人民法院司法工作协作交流联席会议"，还有"长三角"地区部分基层院司法协作院长会议等。但是这些协作散见于有关媒体报道，有关文件和具体材料未能广泛公开，相关的学术研究和实务经验借鉴都无法获得支持，需要对这些实践做系统的分析以求规范化和制度化。

结　论

　　行政边界区域环境问题的产生是因为行政分割破坏了区域环境整体性，各地方人民政府遵循属地管辖原则，只对本辖区的环境质量负责，而现行环境法治又偏赖于行政权力自上而下行使，既忽视国家公权力中的立法权和司法权功能的发挥，又忽视公民社会的能动性，对公民社会主体在行政边界区域环境法治中的主体地位严重忽视。我国现行环境法相关法律只规定了跨行政区环境事务由有关地方政府协商解决或由共同的上级政府进行协调做出决定，对如何协商和协调以及协调决定的法律效力等都没有进行规定，这对区域环境问题的解决难以提供有效的法治途径。为解决这一问题，囿于当前环境法中有关规定的细枝末叶的修改或修补，显然难臻其效。

　　为解决区域性环境问题，学者们通常主张加强上级尤其是中央环境保护行政主管部门的职权以解决跨行政区环境问题，或设立跨行政区的权力实体。国家环境保护总局升格为国家环境保护部，各省级环境保护局相应升格为环境保护厅，以及全国环境保护督查中心的设立在很大程度上加强了环境保护行政主管机关的权力，但是近年来层出不穷的行政边界区域环境问题表明这种思路对解决区域环境问题乏力。也有不少学者主张赋予当前流域水资源管理机构以及环保部六大督查中心更充分和普遍的行政执法权，这在一定程度上会起到遏制和解决区域环境问题的作用。放眼全球，环境保护大区运用行政强制力解决区域环境问题的效力也极其有限，与其说是大区环境保护机构行政权力，不如说是其畅通的公民参与机制、公民诉讼以及政府机构起诉污染企业的机制导致美国区域环境机构在行政边界区域环境法治中发挥了卓有成效的作用。此外，我国学者长期主张环境保护行政主管部门实行垂直管理，以此避免地方政府的保护主义，但是环境问题的多元性和多质性（既是经济问题，又是社会问题和政治问题，甚至还是一个基本的文化问题①），涉及政府各层级各部门，也涉及到社会各个层次各个方面，垂直管辖既需要建立庞大的环境保护行政主管机关，也需要更大的行政执法权力，这是很不现实的，而且诸如税务、工商等垂直管理的部门，同样存在权力边界冲突问题，"长三角"的税收竞争也事实上成为制约"长三角"经济一体化的重要问题之一。可见，垂直管理并不能解决行政边界区域环境法治问题。

究其实质，上述观点都是局限于传统的"行政依赖"的环境管制思维，这种思维下，环境法治难以摆脱"命令—控制"机制的束缚，即使舶来国外功效显著的排污交易、环境税费等制度也难以真正发挥市场机制的基本效力，甚至产生更多的权力寻租市场。因为"命令—控制"型环境法治偏赖于行政权力自上而下运行，其先天的封闭性无法避免政府行政权力的任性，表现到行政边界区域环境法治上就会使地方

---

① 吕永峰，杨庭硕，罗康隆等生态人类学学者对利用文化制衡机制防治水土流失等生态环境问题进行了深入研究。参见吕永峰，杨庭硕. 人类的根基：生态人类学视野中的水土资源［M］. 昆明：云南大学出版社，2004；罗康隆，黄贻修. 发展与代价［M］. 北京：民族出版社，2006；罗康隆. 文化适应与文化制衡：基于人类文化生态的思考［M］. 北京：民族出版社，2007.

政府缺乏起码的环境保护协作的内生动力。

　　行政边界区域环境法治力图摆脱传统环境法治的一般分析框架,借鉴国际范围内广泛用来分析区域性公共事务及其政策与法律的新区域主义及其推动下较为规范的区域治理理论,借鉴公共管理学、政治学和社会学中对区域环境治理的研究成果展开分析,以明确行政边界区域环境法治问题的实质,确定行政边界区域环境法治的主体,理解行政边界区域环境法治中的利益结构和权力结构,基于主体间性的立场考虑行政边界区域环境法治的协作机制和纠纷解决机制,以求通过多元、开放的沟通与协作而达致区域环境治理的良法善治。

　　行政边界区域环境法治中的"区域"是指存在行政区划分割的具有生态功能整体性的自然地理区域,典型地体现为"跨行政边界",尤其是跨省级行政边界的区域。"区域法治"是地方法治的一部分,是指主权国家内,对跨行政区的区域性事务(尤其是行政边界区域事务),在坚持国家法治统一前提下,由相关主体通过多种途径协商、合作、参与,灵活多样地贯彻实施宪法和法律,协调并贯彻实施地方法律法规,以实现区域利益均衡。"行政边界区域环境法治"是指基于自然环境的区域性,为克服行政区划等人为分割区域环境所产生的不利影响,通过政府尤其是区域内各行政区政府、企业以及利益相关的居民和社会组织之间广泛、开放的协商与合作而推行的地方环境法治。

　　新区域主义指导下的区域治理理论强调通过多元主体之间基于信任和开放的平等协作以实现区域善治,这一理论架构有助于形塑行政边界区域环境法治价值目标,即环境权益的区域均衡;重构行政边界区域环境法治的公共权力体系;引导区域环境法治主体机制、协作机制和纠纷解决机制的建构与完善,最终实现行政边界区域环境治理的"和谐法治"状态。"协同法治"是"和谐法治"的本质特征,强调以民生为本、有序规束公共权力以及利益的动态均衡性。行政边界区域环境治理的"协同法治"包括"法律至上，法、理、情相得益彰""整体政府和责任政府""人民主体，区域社会共治"等实质要素，也包括"协同立法""协同执法""权威司法与多元解纷机制"等形式要素，这些法治的基本要素揭示了行政边界区域环境法治的内在规定性。

影响行政边界区域环境法治的核心因素是各类主体及其内在关系。行政边界区域环境法治的主体是指基于主体间性的、具体的行政边界区域环境法律关系的主体，是那些能够影响区域环境决策或者能够被区域环境决策所影响的任何个人和群体，包括政府主体和社会主体。政府主体包括中央政府和地方政府（其中乡镇政府的主体性长期被忽视，这很大程度上阻断了底层社会与国家意志的贯通互动），也包括有关政府部门以及行使国家权力的有关公务员，这类主体的共同特征是行使管理国家或地方行政区内环境公共事务的权力。社会主体包括个人主体和集体主体，个人主体是与行政边界区域环境保护直接相关的自然人，尤其是行政边界区域内居民；个人主体还包括专家，他们对行政边界区域环境决策影响不可忽视；集体主体包括企事业单位、非政府组织以及实际上具有"准政府"性质的村/居委会等"基层群众自治组织"和有关"人民团体"。这些主体之间存在多元的利益关系，其结构表现为政府之间、政府与企业之间、政府与公民社会主体之间、社会主体相互之间的经济利益关系、环境利益关系以及经济—环境利益关系，其中地方政府和企业具有经济发展目标的内在一致性，易于形成经济利益共同体而忽视环境保护；政府环保职能机构、环保公益组织、受到或可能受到环境污染和破坏危害的公民因为其环境公益或环境私益诉求的基本一致性，较易于形成环境利益共同体。如果法治机制有效，会促进两种典型的共同体的合作博弈，达致行政边界区域利益的动态均衡。影响利益结构调整或自适应的主要是权力结构，当前行政边界区域环境治理中的行政依赖导向，忽视了各级人大和司法机关调整社会关系功能的发挥，更忽视了社会权力对经济和社会稳定和谐发展以及对行政边界区域环境保护的积极意义。加强人大职能和司法功能的发挥、保障宪法规定的公民参与国家（尤其是区域或地方的）公共事务管理，这符合世界公共治理的基本趋势，也是行政边界区域环境法治不可回避的选择。

行政边界区域环境法治需要建立有效的协作机制。多元协作是行政边界区域环境法治的根本。要平衡区域利益结构和权力结构，首先需要建立多元的立法决策机制，其中尤其是要注意发挥地方人大以及公民社会组织在各行政区环境立法中的主体性、积极性，偏赖于地方政府间行政协议或合作宣言等无法形成政府和社会的区域共识，不可能产生具有充分合法性（指法律性合法和政治性合法，后者主要指获得社会认同）的"良法"，则作为行政边界区域善治本质的"和谐法治"或"协同法治"也成为空中楼阁。组建规范化的区域环境立法协作会议制度（包括人大和行政部门以及公民社会主体）及其程序机制，这有利于形成区域环境法治共识。协作的另一个至为重要的方面是行政边界区域环境执法联动机制，即行政边界区域内各行政区政府（包括其各相关部门）之间、政府与生产经营者以及社会组织等主体之间通过沟通和信息交流，形成对区域整体利益以及区域环境执法的共识，进而整合资源、统筹安排、互相监督、互相协调、协同行动。

区域环境纠纷复杂多样，需要多元解决机制进行化解。发挥公民社会主体的社会关系调整功能，是社会自适应性的内在要求，诉讼外解纷机制在区域环境法治中能充分有效地调动"硬法"规范和多元"软法"规范，有利于多层次多面向地化解区域环境纠纷。当前偏赖于行政调解或协调的非诉讼解决机制事实上已经无法回应越来越多且复杂的区域环境纠纷，并往往使问题恶化。任何多元化的社会都不可能忽视司法在社会调整中的意义，把司法作为调整社会利益结构和权力结构的最终保障，将司法最终原则确立为区域环境法治的基本原则，既有利于国家法制统一的真正落实，又有利于社会多元规范的相互协调尤其是与国家法律规范的相互协调、转化和促进。司法独立和司法"去地方化"是解决区域环境行政分割、实现区域环境和谐法治的根本保障。

概而言之，"目标判断—主体识别—利益结构与权力结构分析—立法协作—执法协作—非诉讼解纷—司法最终裁制"的"协同法治"框架，是分析行政边界区域环境治理问题、推进行政边界区域环境法治的可行途径。

参考文献

一、著作类

[1] 吕忠梅. 长江流域水资源保护立法研究 [M]. 武汉：武汉大学出版社，2006.

[2] 吕忠梅. 沟通与协调之途——论公民环境权的民法保护 [M]. 北京：中国人民大学出版社，2005.

[3] 吕忠梅. 环境法新视野 [M]. 北京：中国政法大学出版社，2000.

[4] 吕忠梅. 环境法学 [M]. 2 版. 北京：法律出版社，2007.

[5] 韩德培，陈汉光. 环境保护法教程 [M]. 北京：法律出版社，2018.

[6] 曹明德. 生态法原理 [M]. 北京：人民出版社，2002.

[7] 陈才. 区域经济地理学 [M]. 北京：科学出版社，2001.

[8] 陈慈阳. 环境法各论（一）合作原则之具体化：环境受托组织法制化之研究 [M]. 台北：元照出版公司，2006.

[9] 陈慈阳. 环境法总论 [M]. 北京：中国政法大学出版社，2003.

［10］陈瑞莲．区域公共管理导论［M］．北京：中国社会科学出版社，2006.

［11］陈瑞莲等．区域公共管理理论与实践研究［M］．北京：中国社会科学出版社，2008.

［12］陈新民．中国行政法学原理［M］．北京：中国政法大学出版社，2002.

［13］范愉．非诉讼纠纷解决机制研究［M］．北京：中国人民大学出版社，2000.

［14］郭道晖．社会权力与公民社会［M］．北京：译林出版社，2009.

［15］郭湛．主体性哲学——人的存在及其意义［M］．昆明：云南人民出版社，2002.

［16］何渊著．区域性行政协议研究［M］．北京：法律出版社，2009.

［17］胡建淼．行政法学［M］．北京：法律出版社，2003.

［18］黄淼．区域环境治理［M］．北京：中国环境科学出版社，2009.

［19］解振华．中国环境典型案件与执法提要［M］．北京：中国环境科学出版社，1994.

［20］李长晏．迈向府际合作治理：理论与实践［M］．台北：元照出版有限公司，2007.

［21］李艳芳，唐芳．环境保护法典型案例［M］．北京：中国人民大学出版社，2003.

［22］李煜兴．区域行政规划研究［M］．北京：法律出版社，2009.

［23］林水波，李长晏. 跨域治理［M］. 台北：五南图书出版有限公司，2005.

［24］罗豪才，宋功德. 软法亦法——公共治理呼唤软法之治［M］. 北京：法律出版社，2009.

［25］孙兵. 区域协调组织与区域治理［M］. 上海：上海人民出版社，2007.

［26］汪劲. 环境法学［M］. 北京：北京大学出版社，2006.

［27］汪劲主编. 环保法治三十年：我们成功了吗［M］. 北京：北京大学出版社，2011.

［28］王灿发. 北京市地方环境法治研究［M］. 北京：中国人民大学出版社，2009.

［29］王春业. 区域行政立法模式研究——以区域经济一体化为背景［M］. 北京：法律出版社，2009.

［30］王人博，程燎原. 法治论［M］. 济南：山东人民出版社1998.

［31］文正邦，付子堂主编. 区域法治建构论——西部开发法治研究［M］. 北京：法律出版社，2006.

［32］肖建华等. 走向多中心合作的生态环境治理研究［M］. 长沙：湖南人民出版社，2010.

［33］谢庆奎，杨宏山. 府际关系的理论与实践［M］. 天津：天津教育出版社，2007.

［34］杨东平. 中国环境发展报告2010［M］. 北京：社会科学文献出版社，2010.

［35］叶俊荣. 环境政策与法律［M］. 北京：中国政法大学出版社，2003.

［36］游成龙．环境保护法解析［M］．北京：中国环境科学出版社，1991．

［37］俞可平．权利政治与公益政治［M］．北京：社会科学文献出版社，2005．

［38］张志红．当代中国政府间纵向关系研究［M］．天津：天津人民出版社2005．

［39］赵胜才．论区域环境法律［M］．北京：光明日报出版社，2009．

［40］赵树凯．乡镇治理与政府制度化［M］．北京：商务印书馆出版社，2010．

［41］周珂．环境与资源保护法［M］．北京：中国人民大学出版社，2009．

［42］周黎安．转型中的地方政府：官员激励与治理［M］．上海：格致出版社，上海人民出版社，2008．

［43］埃莉诺·奥斯特罗姆．公共事物的治理之道——集体行动的演进［M］．余逊达，译．上海：上海三联出版社，2000．

［44］奥尔森．集体行动的逻辑［M］．陈郁，译．上海：格致出版社，上海三联书店，上海人民出版社，1995．

［45］伯特尼，史蒂文斯．环境保护的公共政策［M］．上海：上海三联书店，上海人民出版社，2004．

［46］凯斯·桑斯坦．权利革命之后：重塑规制国［M］．钟瑞华，译．北京：中国人民大学出版社，2008．

［47］黑川哲志．环境行政的法理与方法［M］．肖军，译．北京：中国法制出版社，2008．

［48］小岛武司．诉讼制度改革的法理与实证［M］．陈刚，译．北

京：法律出版社，2003.

[49] 原田尚彦．环境法 [M]．于敏，译．北京：法律出版社，1999.

[50] 安东尼·吉登斯．气候变化的政治 [M]．曹荣湘，译．北京：社会科学文献出版，2009.

二、中文学术论文

[1] 曹明德．《黄河法》立法刍议 [J]．法学评论，2005（1）．

[2] 常纪文．域外借鉴与本土创新的统一：《关于推进大气污染联防联控工作 改善区域空气质量的指导意见》之解读（下）[J]．环境保护，2010（11）．

[3] 陈阿江．水污染事件中的利益相关者分析 [J]．浙江学刊，2008（4）．

[4] 陈彪，邵泽义，蒋华林．区域联动机制的建立——基于重大灾害与风险视阈 [J]．吉首大学学报（社会科学版），2008（5）．

[5] 陈光．论我国区域立法模式的选择——兼评王春业之《区域行政立法模式研究》[J]．安徽大学法律评论，2010（1）．

[6] 陈光．我国区域立法主体制度探析 [J]．兰州学刊，2009（9）．

[7] 陈新民．论中央与地方法律关系的变革 [J]．法学，2007（5）．

[8] 程金华．地方政府、国家法院与市场建设——美国经验与中国改革 [J]．北京大学学报（哲学社会科学版），2008（6）．

[9] 程竹汝．社会控制：关于司法与社会最一般关系的理论分析 [J]．文史哲，2003（5）．

[10] 丁寰翔，陈兵．论地方法治［J］．求索，2010（5）．

[11] 方世荣，王春业．经济一体化与地方行政立法变革——区域行政立法模式前瞻［J］．行政法学研究，2008（3）．

[12] 封丽霞．中央与地方立法权限的划分标准："重要程度"还是"影响范围"［J］．法制与社会发展，2008（5）．

[13] 冯之东．社会公权力的司法救济与民间化——以公私法域交融背景下的足球协会为研究个案［J］．南京大学法律评论，2010（2）．

[14] 谷德近．区域环境利益平衡——《环境保护法》修订面临的迫切问题［J］．法商研究，2005（4）．

[15] 郭道晖．论社会权力——社会体制改革的核心［J］．中国政法大学学报，2008（3）．

[16] 郭道晖．权力的多元化与社会化［J］．法学研究，2001（1）．

[17] 郭道晖．社会权力：法治新模式与新动力［J］．学习与探索，2009（5）．

[18] 郭玉华，杨琳琳．跨界水污染合作治理机制中的障碍剖析——以嘉兴、苏州两次跨行政区水污染事件为例［J］．环境保护，2009（6）．

[19] 韩立新．强者承担责任，弱者得到补偿——日本治理环境的经验对中国的启示［J］．绿叶，2010（4）．

[20] 何士青，徐进．责任政府与政治文明［J］．国家行政学院学报，2004（2）．

[21] 虎小军，张世远．主体间性哲学研究的新范式［J］．宁夏社会科学，2007（2）．

[22] 郇庆治，李向群．中国区域环保督查中心：功能与局限

[J]. 绿叶，2010（10）.

[23] 黄冀军. 从"两不管"到"管到底"嘉兴破解跨界污染难题 [J]. 中国环境报，2010 - 07 - 20.

[24] 黄建武. 利益结构对法行为的制约 [J]. 现代法学，1995 （4）.

[25] 简博秀. 没有治理的政府：新区域主义与长江三角洲城市区域的治理模式 [J]. 公共行政学报，台湾（总第27期），2008.

[26] 江必新. 司法与政治关系之反思与重构 [J]. 湖南社会科学，2010（2）.

[27] 郎友兴. 走向共赢的格局——中国环境治理与地方政府跨区域合作 [J]. 中共宁波市委党校学报，2007（2）.

[28] 李步云，赵迅. 什么是良法 [J]. 法学研究，2005（6）.

[29] 李步云. 法治国家的十条标准 [J]. 中共中央党校学报，2008（1）.

[30] 李龙，汪进元. 良法标准初探 [J]. 浙江大学学报（人文社会科学版），2001（3）.

[31] 李清伟. 论公共治理理念及其法律范式的构建 [J]. 法商研究，2009（1）.

[32] 刘大生. 完善人民代表大会制度的十条建议——为纪念人民代表大会制度建立50周年而作 [J]. 政治与法律，2004（6）.

[33] 刘海波. 利益结构视角下的中央与地方关系 [J]. 北京行政学院学报，2006（1）.

[34] 刘君毅. 中央与地方关系法制化初探——对美国制度的借鉴 [J]. 中国行政管理，2008（10）.

[35] 刘水林，雷兴虎. 区域协调发展立法的观念转换与制度创新

[J]. 法商研究, 2005 (4).

[36] 刘亚平. 区域公共事务的治理逻辑: 以清水江治理为例 [J]. 中山大学学报, 2006 (4).

[37] 刘作翔. 中国司法地方保护主义之批判——兼论"司法权国家化"的司法改革思路 [J]. 法学研究, 2003 (1).

[38] 陆新元. 区域环境综合整治"锰三角"模式的启示 [J]. 环境保护, 2009 (1 (A)).

[39] 吕忠梅, 张忠民, 熊晓青. 中国环境司法现状调查——以千份环境裁判文书为样本 [J]. 法学, 2011 (4).

[40] 吕忠梅. 长江流域水资源保护统——立法刻不容缓 [J]. 红旗文稿, 2000 (8).

[41] 吕忠梅. 地方环境立法中的专家角色初探——以珠海市环境保护条例修订为例 [J]. 中国地质大学学报 (社会科学版), 2009 (6).

[42] 吕忠梅. 水污染的流域控制立法研究 [J]. 法商研究, 2005 (5).

[43] 吕忠梅. 水污染纠纷处理主管问题研究 [J]. 甘肃社会科学, 2009 (3).

[44] 吕忠梅. 司法公正价值论 [J]. 法制与社会发展, 2003 (4).

[45] 吕忠梅. 再论公民环境权 [J]. 法学研究, 2000 (6).

[46] 吕忠梅. 长江流域水资源保护立法问题研究 [J]. 中国法学, 1999 (2).

[47] 罗豪才, 宋功德. 和谐社会的公法建构 [J]. 中国法学, 2004 (6).

[48] 罗康隆. 侗族传统社会习惯法对森林资源的保护 [J]. 原生态民族文化学刊 [J]. 2010 (1).

[49] 罗小龙, 沈建法, 陈雯. 新区域主义视角下的管治尺度构建——以南京都市圈建设为例 [J]. 长江流域资源与环境, 2009 (7).

[50] 马春燕. 新《水污染防治法》第二十八条之法律适用解析 [J]. 四川环境, 2010 (4).

[51] 马燕. 我国跨行政区环境管理立法研究 [J]. 法学杂志, 2005 (5).

[52] 梅萍. 论利益均衡与伦理和谐 [J]. 道德与文明, 2010 (6).

[53] 孟庆垒. 论法治主体的二元性 [J]. 法治论丛, 2005 (5).

[54] 孟涛. 长三角地区环境保护立法协调问题研究 [J]. 社会科学辑刊, 2008 (4).

[55] 苗长虹. 从区域地理学到新区域主义: 20 世纪西方地理学区域主义的发展脉络 [J]. 经济地理, 2005 (5).

[56] 秦长江. 协作性公共管理——国外公共行政理论的新发展 [J]. 上海行政学院学报, 2010 (1).

[57] 任剑涛. 环保的绩效困局与政治保障 [J]. 绿叶, 2011 (2).

[58] 沈荣华. 地方政府法治化是建设我国社会主义法治国家的突破口 [J]. 政法论坛 (中国政法大学学报), 2000 (6).

[59] 宋方青, 朱志昊. 论我国区域立法合作 [J]. 政治与法律, 2009 (11).

[60] 苏力. 当代中国的中央与地方分权——重读毛泽东《论十大关系》第五节 [J]. 中国社会科学, 2004 (2).

[61] 孙笑侠. 局部法治的地域资源——转型期"先行法治化"现象解读 [J]. 法学, 2009 (12).

[62] 唐国建. 共谋效应：跨界流域水污染治理机制的实地研究——以"SJ 边界环保联席会议"为例 [J]. 河海大学学报, 2010 (2).

[63] 唐亚林. 从行政分割到区域善治——长江三角洲区域政府合作模式的创新 [J]. 政治与法律, 2008.

[64] 汪劲. 我国环保法律实施面临的问题：国家司法机关工作人员的认识——对 30 个省份法院和检察院万人问卷调查的比较分析 [J]. 中外法学, 2007 (6).

[65] 王灿发. 跨行政区水环境管理立法研究 [J]. 现代法学, 2005 (5).

[66] 王金南, 宁淼. 区域大气污染联防联控机制路线图 [J]. 中国环境报, 2010 - 09 - 17.

[67] 王学辉. 超越程序控权：交往理性下的行政裁量程序 [J]. 法商研究, 2009 (6).

[68] 文正邦. 应开展区域法治研究——以西部开发法治研究为视角 [J]. 法学, 2005 (12).

[69] 吴勇. 论环境纠纷仲裁 [M] // 环境资源法论丛：第 5 卷. 北京：法律出版社, 2005.

[70] 吴勇. 论环境诉讼立法的进路与选择 [J]. 湘潭大学学报 (哲学社会科学版), 2009 (3).

[71] 夏光. 论环境保护的国家意志 [J]. 环境保护, 2007 (6).

[72] 夏勇. 论西部大开发的法治保障 [J]. 法学研究, 2001 (2).

[73] 徐显明. 论"法治"构成要件——兼及法治的某些原则及观念 [J]. 法学研究, 1996 (3).

[74] 薛刚凌. 中央政令不畅的原因与对策——基于对地方公务员的调查数据分析 [J]. 国家行政学院学报, 2010 (2).

[75] 杨寅. 行政区域利益冲突的法律规制 [J]. 法学评论, 2006 (3).

[76] 姚建宗. 法治的多重视界 [J]. 法制与社会发展, 2000 (1).

[77] 叶必丰. 长三角经济一体化背景下的法制协调 [J]. 上海交通大学学报 (哲学社会科学版), 2004 (6).

[78] 叶必丰. 我国区域经济一体化背景下的行政协议 [J]. 法学研究, 2006 (2).

[79] 俞可平. 治理和善治: 一种新的政治分析框架 [J]. 南京社会科学, 2001 (9).

[80] 俞可平. 治理和善治引论 [J]. 马克思主义与现实, 1999 (5).

[81] 俞可平. 中国公民社会: 概念、分类和制度环境 [J]. 中国社会科学, 2006 (1).

[82] 张紧跟. 区域公共管理制度创新分析: 以珠江三角洲为例 [J]. 政治学研究, 2010 (3).

[83] 张文显. 和谐精神的导入与中国法治的转型: 从以法而治到良法善治 [J]. 吉林大学社会科学学报, 2010 (3).

[84] 张文显. 论中国特色社会主义法治道路 [J]. 中国法学, 2009 (6).

[85] 张晏. 中国环境司法的现状与未来 [J]. 中国地质大学学报 (社会科学版), 2009 (5).

[86] 章剑生. 知情权及其保障——以《政府信息公开条例》为例

[J]. 中国法学, 2008 (4).

[87] 竺乾威. 从新公共管理到整体性治理 [J]. 中国行政管理, 2008 (10).

[88] 祝捷. 从主体性到主体间性——宪法解释方法论的反思 [J]. 广东社会科学, 2010 (5).

三、学位论文

[1] 封慧敏. 地方政府跨区域合作治理的制度选择 [D]. 济南: 山东大学博士学位论文, 2009.

[2] 李红利. 中国地方政府环境规制的难题及对策机制分析 [D]. 上海: 华东师范大学博士论文, 2008.

[3] 马斌. 政府间关系: 权力配置与地方治理 [D]. 杭州: 浙江大学博士学位论文, 2008.

[4] 马海龙. 行政区经济运行时期的区域治理——以京津冀为例 [D]. 上海: 华东师范大学博士学位论文, 2008.

[5] 蒙冰峰. 主体间性道德人格教育研究 [D]. 西安: 西安理工大学博士学位论文, 2010.

[6] 孙波. 我国中央与地方立法分权研究 [D]. 长春: 吉林大学博士学位论文, 2008.

[7] 詹立炜. 台湾跨域治理机制之研究——理论、策略与个案 [D]. 新竹: 台湾中华大学经营管理研究所硕士论文, 2005.

[8] 张世杰. 公共治理机制: 实现责任行政的途径 [D]. 长春: 吉林大学博士学位论文, 2008.

四、外文文献

[1] Richard J. Lazarus. Advocacy Matters Before and Within the Supreme Court：Transforming the Court by Transforming the Bar [J]. Georgetown Law Journal, Vol. 96, 2008：1487 - 1564.

[2] Joseph Raz. The Authority of Law：Essays on Law and Morality [M]. OXFORD UNIVERSITY PRESS 1979：212 - 221.

[3] Reynolds L. Intergovernmental cooperation, metropolitan equity, and the new regionalism [J]. Washington law review, 2003, 78 (1)：93 - 160.

[4] Richardson B. J. The Ties that Bind：Indigenous Peoples and Environmental Governance [J]. SSRN Electronic Journal, 2008, 15 (15)：312 - 324.

[5] Hettne, Bj? rn, S? derbaum, Fredrik. The New Regionalism Approach [J]. Social Science Electronic Publishing, 1998 (17)：6 - 21.

[6] Hettne B. The New Regionalism Revisited [M] // Theories of New Regionalism. 2003.

[7] R. Edward Freeman. The Politics of Stakeholder Theory：Some Future Directions [J]. Business Ethics Quarterly, 1994 (4)：409 - 421.

[8] Bidhan L. Parmar, R. Edward Freeman, Jeffrey S. Harrison, 等. Stakeholder Theory：The State of the Art [J]. Academy of Management Annals, 2010, 4 (1)：403 - 445.

[9] Rasmussen, J. L. , et al. , Dividing the waters：The case for hydrologic separation of the North American Great Lakes and Mississippi River Basins, J Great Lakes Res (2011)：1 - 5.

[10] Hamilton D. K. Developing Regional Regimes：A Comparison of Two Metropolitan Areas. Journal of Urban Affairs, 2004, 26 (4)：455 - 477.

［11］James W. Ely, Jr. and David J. Bodenhamer, Regionalism and A-merican Legal History: The Southern Experience, 39 VAND. L. REV. 539, 542 - 44 (1986).

［12］Nolon J R. In Praise of Parochialism: The Advent of Local Environmental Law ［J］. 2002, 26 (2): 365 - 416.

［13］Nolon, John R. GRASSROOTS REGIONALISM THROUGH IN-TERMUNICIPAL LAND USE COMPACTS ［J］. St Johns Law Review, 1999, 73 (4): 1011 - 1039.

［14］Kassinis, George and Nicos Vafeas Corporate boards and outside stakeholders as determinants of environmental litigation ［J］, Strategic Management Journal, 2002, 23 (5): 399 - 415.

［15］L. Reynolds. Intergovernmental cooperation, metropolitan equity, and the new regionalism ［J］. Wash. l. rev, 2003, 78 (1): 93 - 160.

［16］Michael Jay Polonsky. A stakeholder theory approach to designing environmental marketing strategy. JOURNAL OF BUSINESS & INDUSTRIAL MARKETING 1995, 10 (3): 29 - 46.

［17］Mitch Kunce, Jason F. Shogren, On interjurisdictional competition and environmental federalism. Journal of Environmental Economics and Management 2005, 50 (1): 212 - 224.

［18］Nick J. Sciullo. Regionalism, the Supreme Court, and Effective Governance: Healing Problems that Know No Bounds, THE SOCIAL JUSTICE LAW REVIEW, 2006, (8): 21 - 55.

［19］Revesz, Richard L. "Federalism and Environmental Regulation: A Public Choice Analysis" ［J］. 2001, 115 (2): 553 - 641.

六、网络文献

[1] 李启家，李丹. 环境法的利益分析之提纲 [EB/OL]. 武汉大学环境法研究所网站，2003 - 10 - 12.

[2] 翟明磊，童剑华. 一个跨省河流污染维权事件的 5 年观察 [EB/OL]. 21CN 网，2006 - 04 - 14.

[3] "锰三角" 区域环境联合治理合作框架协议 [EB/OL]. 中华人民共和国环境保护部网站，2011 - 05 - 26.

[4] 环保部召开太极洞风景名胜区环境污染和生态破坏问题协调处理工作座谈会 [EB/OL]. 安徽省政务公开网，2009 - 08 - 10.

[5] 章珂. 中国环境 "局部好转、总体恶化" [EB/OL]. 新浪财经网，2010 - 02 - 01.

[6] 李建文. 中国环境质量局部好转但总体在恶化，要重细节 [EB/OL]. 中国广播网，2010 - 03 - 11.

[7] 陈安庆，周范才. 贵州百亿工程被指污染遭抵制 湖南争抢 [EB/OL]. 中国日报网，2010 - 04 - 07.

后　记

　　白驹过隙，倏忽间博士毕业已经 6 年有余。回首 2012 年毕业答辩结束后满脑子的学术兴奋点和研究计划。在与恩师辞行告别时，恩师也嘱咐尽快完善论文并出版；可是，因各种原因，回到单位后竟然身不由己沉入学院日常行政工作，忙得顾此失彼。夜深人静偶尔想起恩师嘱咐，满心愧疚却又不敢匆匆提笔修改。转眼两年过去，我国《环境保护法》于 2014 年正式完成修订颁布实施，随后，环境保护单行法密集修订，中央环境保护新政策与计划接二连三发布。担心没掌握好新法新政策，加上后来工作单位变动，在新的工作和生活环境中，有诸多不能不考虑的事情，便更难以提笔修改了。未能战胜自己的懈怠和无头绪忙碌，机遇与光阴就只能不断被蹉跎。不过，因为最初的执着，再忙也一直没有放下这个主题，没停下阅读相关资料，还努力推动并作为核心成员参与了湘鄂渝黔边界酉水河保护立法研究，随后加入湖南师范大学环境法学团队，更是频繁参与流域（区域）环境法治的理论和实践研究。也算是初心未改。

　　2018 年，多位师友督促我尽快将博士论文修改出版，于是我断断续续开始了论文的修改。下半年经申请，本书被光明日报出版社纳入"光明社科文库"出版计划，本书出版因而进入快车道。此外，还有如下几个原因促使我要将该书出版。

一是行政边界区域或者跨行政区环境法治机制还远未形成。十八大以后，国家着力推进生态文明建设，用最严厉最严密的法治保障青山绿水，强化山水林田湖草一体化治理，对行政边界区域环境问题也高度重视。尤其是我国2014年《环境保护法》修订后，我国环境法进一步要求建立跨行政区重点区域或者流域环境污染或者生态破坏的联合防治协调机制，并对信息公开和公众参与做了更具体详细的规定。在司法领域，建立与行政区划相分离的司法机构、设立专门的环境司法机构、确立环境公益诉讼制度。同时，新一轮党和政府机构改革重组自然资源部门和生态环境部门、全面推进省以下环境保护垂直管理、大力推进生态环境保护综合行政执法体制改革、将生态保护补偿制度逐步完善并推向实践落实、全面推行"河（湖）长制"等。这一系列法律制度和政策的展开，行政边界区域环境"协同法治"的图景日见端倪。但是，治理区域或流域环境问题的观念和机制还没有实质性变化，对环境行政的过分依赖还没有根本性缓解。这个主题还迫切需要深入系统研究，需要更多的研究成果提供智力支持。

二是本书还有出版的价值。本书借鉴新区域主义和区域治理理论，从主体间性的视角，提出的**"价值目标判断—主体识别—利益结构与权力结构分析—立法协作—执法协作—非诉讼解纷—司法最终裁判"**这一行政边界区域环境"协同法治"框架，对解决行政边界区域环境治理问题仍不乏参考价值。

三是为了对过去的思考有一个交代。对这个主题，我确实心心念念多年，虽然非常遗憾毕业后被俗务侵扰而耽搁了不少时间，错过了出成果的好时机，但是这个问题看来一时半会儿还难以从根本上破解，只是以后的研究需要更深入，需要"啃硬骨头"。将本书出版，也是对过去做个交代，以便轻装上阵继续这一主题的研究。

回首当初，受所生活、工作的湘鄂渝黔边界发生的"锰三角"污染事件的影响，从 2007 年就开始关注行政边界区域环境治理问题。博士一年级的时候就围绕该主题申报了国家社科基金项目并获得立项，后来，博士论文选题也围绕这一主题展开。博士毕业后，在博士论文基础上断断续续做了较多增删和修改，2014 年申请结题并顺利通过评审以"良好"结项。当时，正值《环境保护法》修订通过，想根据新法修改后出版。可是接下来换工作单位，又满腔热情地投入湖南师范大学环境法团队建设。眨眼耽搁整五年！不过目前看来，本书立论的现实基础还在，诸多思考还不乏参考价值，因此，这次不宜大修大改，时间也来不及。因此，首先是将题目进一步明确为"行政边界区域环境法治研究"，与全书整体内容更为契合。其次是删除了部分节、目，几乎重写了法律和政策变化很大的联动执法等节的内容。最后是对全书诸多词句和观点做了更准确、科学的表述，对重要的法律或政策新规定添加了脚注和说明。

本书即将付梓出版，几许期待，几许遗憾，回首过往，感激之情充盈于心，顿感幸福满满。感恩的人生便是幸福人生！

感谢恩师吕忠梅教授！自从进入师门，"敬畏"与"敬爱"两个词便在心里形影相随。恩师对为学与为人的严格要求从来不留余地，而课余或讨论会间歇师生相聚时，恩师的诙谐幽默以及对学生们无微不至的关爱又令人如沐春风。恩师"没有差生只有差异性发展"的教学观充满了环境法学"母性的人文关怀"，令人肃然起敬！恩师言简意赅、不厌其烦的点拨和及时的鼓励，是我迎难而上的动力。特别是恩师不嫌我的愚钝和拙作的粗陋，亲自为本书作序，护犊之情跃然纸上。收到恩师序言的那晚，我又一次激动难眠，踌躇满志地要以此激励自己在这个主题研究上做出更好的成绩!

感谢高利红教授、余耀军教授这对环境法学界的著名伉俪!在读博和毕业论文写作过程中,两位老师不断给我支持和鼓励。感谢同样在论文开题或者答辩时给我诸多启迪的王树义教授、李启家教授、雷兴虎教授、王广辉教授、刘茂林教授、张德淼教授、樊启荣教授!感谢湖南师范大学法学院的肖北庚教授、李爱年教授!从我进入师大攻读硕士学位到现在,他们不断给我帮助和指导!特别感谢李老师,作为我的硕士导师之一,她在2015年反复向学院和学校争取,使我得以破格引进湖南师范大学。非常感谢湖南师范大学原书记李民教授、原校长刘湘溶教授多次亲自过问本人的调动和入校后的工作和生活情况。学校领导们能海纳百川破格引进我,令我铭记于心并不断鞭策自己不负厚望。感谢原华中科技大学中国乡村治理研究中心主任贺雪峰教授!2010年贺教授不仅在百忙之中接见了素昧平生的我,指导我跟踪案例进行法治实证调研,还慷慨地将其杰作《村治模式:若干案例研究》赠予我,其勉励后学之精神激励我终生善待任何乐于求学的学生!

感谢中南财经政法大学环境资源法研究所的张忠明博士、陈虹博士、尤明青博士、郭红欣博士、郭少华博士、吕萍博士、程芳博士等老师们!感谢读博期间同受南湖风光、学术、人文熏染的各位师兄弟姐妹:刘超博士、黄中显博士、赵立新博士、宋晓丹博士、熊晓青博士、张丽君博士、张宝博士、张敏纯博士、贺思源博士、杨凯博士、潘泊博士、李静博士、阮丽娟博士、黄凯博士、肖礼祥博士、王宏卫博士、刘佳奇博士、宁伟博士、孟琦博士、彭彦博士、刘先辉博士、赵翔博士等,是这些来自五湖四海的睿智明达的头脑促我学业进步,更让我收获了手足情谊!感谢温文尔雅的师兄吴勇教授长期以来的关怀和帮助!

感谢我先后供职的吉首大学法学院、湖南师范大学法学院为我学业和事业发展提供的一切便利！感谢光明日报出版社将本书纳入"光明社科文库"给予部分资助出版！

非常感谢肖和华博士！我的每一步成长都离不开他兄长般的关怀和帮助。感谢儒雅、宽厚、睿智的王飞跃教授！不仅待我如兄弟，更为我树立了读书人典范。感谢吉首大学法学院吴文平院长多年来给予的关爱！感谢聪颖博学的李峻博士、梁志文博士、丁祥高博士、马群英博士、李奇伟博士、彭本利博士等挚友长期以来情同手足的无私帮助和不断激励！特别是李峻博士，当年他在华中科技大学读博，周末只要有时间，我便去他的公寓式宿舍，改善生活，抵足而眠，总有扯不完的话题，聊不完的学术兴奋点。无论是大论文还是小论文，无论是句子、语法还是布局谋篇逻辑，我的法学博士学业，很多时候就是这样跟他的教育哲学和政策学在周末"一锅炖"的。

在此，请让我以无比崇敬的心情表达对我的硕士导师陈汉光教授以及师母的感激！近20年不间断的联系让我深深体会到知冷知热的亲情！陈老师对中国环境法治的执着追求，对我学业、工作的不断鞭策与鼓励；师母对我生活的关怀备至，常常令我想起"常回家看看"！

在我国，一个人的学业往往是整个家庭支撑起来的。我能一步步求学直到完成博士学业，离不开父母呕心沥血和兄弟们的无私帮撑！对他们无论怎么感谢都不过分！同样感谢岳父母对我家庭和学业的支持！感谢妻女让我有家的牵挂，激励我不断振奋精神面对生活、工作和学业的压力！

纸短情长，我还想感谢很多很多鼓励和帮助过我的人！祈愿所有这些善良的、智慧的人们安康幸福！

为学与为人，没有自己能宣称最终圆满画上句号的机会。文章尚未做完，在这条酸甜苦辣急缓不由自主的道路上，我还将继续有些激昂又有些疲惫、有些自信又有些自卑地奔向最后那个句号。但愿在最后一刻，我会陶醉、安详、心安理得并保留着童真！

肖　爱

2012 年 5 月初稿于武汉南湖之滨

2018 年 12 月修改于湖南师大环境法所

2019 年 6 月定稿于岳麓区陋室